エッセンス憲法

新版

中村英樹・井上亜紀・相澤直子 編
Hideki Nakamura, Aki Inoue, Naoko Aizawa

法律文化社

はしがき

　本書は2017年に刊行した『新・エッセンス憲法』の新版である。同書自体，2012年刊行の『エッセンス憲法』の新版としてこれに『新』を付して刊行したものであったが，この度，長らく編者を務められた安藤高行先生からわれわれ３名に編者が交代することとなり，これを機に４名の新たな執筆者をお迎えし，また，前書以来の執筆者においても複数の担当箇所の変更を生じたため，改めて『エッセンス憲法［新版］』として出版する運びとなった。

　本書は，憲法を初めて学ぶ人にも利用しやすい概説書として企画されたものであるが，同時に，法学部における専門科目としての「憲法」の講義で用いるのに十分な内容を備えることも目指した。これは，前書『エッセンス憲法』，更には，その前身の『基本憲法学』以来一貫して刊行のねらいとしてきたところである。そのため，憲法を理解するうえで最低限必要となる知識や基本的な争点について網羅的に解説するとともに，最新の判例や学説，立法等をできるだけフォローし，憲法をより深く学びたい人の関心にも応えられるように努めた。概説書としてのコンパクトさを目指した関係上，後者の意図については十分達成できたとは言いがたいところもあるが，国会による憲法改正の発議が現実味を帯びつつある今日，初学者であれ，既にひととおりの知識を有する者であれ，ともに憲法改正の最終的決定権を有する国民＝主権者として，その行使に向けて憲法に対するより深い関心と知識を保持することの重要性は高まっている。本書がその契機となり得るならば幸いである。

　前書に引き続き，本書においても多くの執筆者にご参加いただいた。多忙な中，また，前書から編者も交代し，行き届かない面が多々あったにもかかわらず，編者の要請に応じ積極的にご協力いただいたことに心よりお礼申し上げたい。併せて，本書の企画から刊行まで，何かとお骨折りいただいた法律文化社の八木達也氏にも，この場を借りて改めて感謝申し上げる次第である。

　　2023年10月　　　　　　　　　　　　　　　　　　　　　　**編者一同**

凡　例

1　カッコ内で法令名と条項数を示す場合は，次のようにした。
　①　日本国憲法については，法令名は記さず，条項数のみを記した。
　②　その他の主要な法令については，次のように略称し，条項数を付した。

大日本帝国憲法(明治憲法)—明憲	学校教育法—学教
刑法—刑	刑事訴訟法—刑訴
刑事訴訟規則—刑訴規則	皇室経済法—皇経
皇室典範—典範	公職選挙法—公選
国籍法—国籍	国会法—国会
国家行政組織法—行組	国家公務員法—国公
財政法—財	裁判官弾劾法—裁弾
裁判所法—裁	裁判官分限法—裁限
衆議院規則—衆規	参議院規則—参規
政治資金規正法—政資	出入国管理及び難民認定法—入管
内閣法—内閣	地方自治法—地自
民事訴訟法—民訴	民法—民
労働組合法—労組	

2　判例の引用は，通常の例に従った。すなわち，最大判（決）とあれば，最高裁大法廷判決（決定），最判（決）とあれば，最高裁小法廷判決（決定），東京地判（決）とあれば，東京地方裁判所判決（決定）の意である。
　またその次の「昭和」あるいは「平成」以下は昭和，平成の年月日の略であり，判決ないし決定が出された日付を示している。

3　判例の引用の場合を除き，年号については原則として西暦によった。

4　学説の引用や紹介については，カッコ内で研究者の姓のみを記した。ただし同姓の複数の研究者がおられる場合や憲法専攻以外の研究者の場合はその例外としている。

目　次

はしがき
凡　例

序　日本国憲法の成立 ……………………………………………… 1
Ⅰ　憲法の意味……〔山本　　弘〕… 1
　　形式的意味の憲法　　実質的意味の憲法
Ⅱ　憲法の性質……〔山本　　弘〕… 3
　　自由の基礎法　　最高法規
Ⅲ　憲法の誕生……〔山本　　弘〕… 5
　　近代国家の成立と憲法
Ⅳ　日本国憲法のなりたち……〔山本　　弘〕… 9
　　大日本帝国憲法の成立　　日本国憲法の誕生
Ⅴ　憲法改正……〔相澤　直子〕… 15
　　憲法改正の意義と手続　　憲法改正の限界

第Ⅰ部　基本的人権

第1章　人権の保障をめぐる基本問題 ……………… 〔木村　　貴〕… 22
Ⅰ　人権思想の発展と人権の類型……22
　　人権思想の発展　　人権の類型
Ⅱ　人権の享有主体……26
　　国　民　　天皇・皇族　　外国人　　法人（団体）
Ⅲ　人権規定の私人間効力（第三者効力）……32
　　問題の意味　　学説の考え方　　判例の立場
Ⅳ　人権の制約――特別な法律関係と公共の福祉……35
　　公務員　　在監者　　公共の福祉

第2章　幸福追求権と平等権……………………………〔中村　英樹〕…39

Ⅰ　幸福追求権……39
　　幸福追求権の意義　　幸福追求権の保障内容　　幸福追求権の具体的内容

Ⅱ　平　等　権……48
　　平等権の意義　　日本国憲法と平等権　　平等問題に関する合憲性審査の判断枠組み　　平等権をめぐる判例

第3章　精神的自由権……………………………………………………59

Ⅰ　思想・良心の自由……〔相澤　直子〕…59
　　思想・良心の自由の保障の意義　　思想・良心の自由をめぐる判例

Ⅱ　信教の自由……〔梶原　健佑〕…66
　　信教の自由保障の沿革　　日本国憲法における信教の自由の保障　　政教分離

Ⅲ　学問の自由……〔井上　亜紀〕…79
　　学問の自由の意義　　学問の自由の内容　　大学の自治の意義と内容　　学問の自由をめぐる判例

Ⅳ　表現の自由……〔梶原　健佑〕…85
　　表現の自由の保障の意義　　表現規制の類型論と裁判所による審査の厳格度　　表現の自由に対する具体的規制と判例　　集会・結社の自由，通信の秘密

第4章　経済的自由権………………………………………〔中村　英樹〕…107

Ⅰ　職業選択の自由……107
　　職業選択の自由の意義と内容　　職業選択の自由に対する規制と違憲審査基準

Ⅱ　居住移転の自由と外国移住・国籍離脱の自由……112
　　居住移転の自由　　外国移住・国籍離脱の自由

Ⅲ　財　産　権……115
　　財産権保障の沿革　　日本国憲法の財産権保障の内容　　財産権の制限と判例　　財産権の制限と損失補償

目　次

第5章　人身の自由……………………………………………〔河北　洋介〕…123

 Ⅰ　人身の自由の一般的保障……123

  人身の自由の意義　　奴隷的拘束・苦役からの自由　　適正手続の保障

 Ⅱ　被疑者の権利……128

  令状主義　　逮　捕　　抑留・拘禁の要件　　住居等の侵入・捜索・押収の要件

 Ⅲ　被告人の権利……132

  公平な裁判所の迅速な公開裁判を受ける権利　　証人審問権と証人喚問権　　弁護人依頼権　　不利益供述の強要禁止　　自白の証拠能力の制限　　遡及処罰の禁止　　拷問・残虐な刑罰の禁止

第6章　受益権と社会権……………………………………〔大西　斎〕…138

 Ⅰ　受　益　権……138

  請願権　　裁判を受ける権利　　国家賠償請求権　　刑事補償請求権

 Ⅱ　社　会　権……142

  生存権　　教育を受ける権利　　勤労の権利　　労働基本権

第7章　参　政　権……………………………………………〔牧本　公明〕…154

 Ⅰ　選挙権と被選挙権……154

  選挙権　　被選挙権　　選挙の原則

 Ⅱ　その他の参政権……162

  国政におけるその他の参政権　　地方政治におけるその他の参政権

第8章　国民の義務……………………………………………〔牧本　公明〕…166

  国民の義務の意義　　教育の義務　　勤労の義務　　納税の義務

第Ⅱ部　統治機構

第1章　天　　皇 〔德永 達哉〕…170

Ⅰ　天皇の地位……170

国家の基本原理　　象徴という地位と君主・元首の関係　　象徴と皇位の継承　　摂政と臨時代行

Ⅱ　天皇の権能……180

国事行為　　内閣の助言と承認　　国事行為以外の行為

Ⅲ　皇室の経済……185

第2章　平和主義——憲法9条 〔浮田　徹〕…186

序　日本国憲法の平和主義

Ⅰ　9条の解釈……187

学説の9条解釈　　政府の9条解釈

Ⅱ　我が国の安全保障と自衛隊の海外活動……192

日本国憲法と国際連合による安全保障　　日米安全保障条約と自衛隊の活動領域の拡大

Ⅲ　9条をめぐる裁判……197

自衛隊の合憲性に関する裁判と憲法9条, 平和的生存権　　日米安全保障条約の合憲性が争われた事例

第3章　国　　会 〔田中 祥貴〕…202

Ⅰ　国会の性格と地位……202

国民の代表機関　　国権の最高機関　　唯一の立法機関

Ⅱ　国会の構成——二院制……205

二院制の意義と類型　　衆議院と参議院の関係　　衆議院議員と参議院議員の選挙制度

Ⅲ　国会の権能……209

立　法　　予算の審議・議決　　条約締結の承認　　内閣総理大臣の
　　　　　指名　　憲法改正の発議　　弾劾裁判所の設置　　その他の憲法上の
　　　　　権能　　法律に基づく権能
　　Ⅳ　議院の権能……212
　　　　　内部組織に関する自律権　　議院運営に関する自律権　　国政調査権
　　Ⅴ　国会の活動……216
　　　　　会　期　　会議の原則　　衆議院の解散　　参議院の緊急集会
　　Ⅵ　国会議員……220
　　　　　国会議員の地位と権能　　国会議員の特権
　　Ⅶ　政　党……222
　　　　　政党と憲法　　政党の法的規制

第4章　内　閣 〔井上 亜紀〕…225

　　Ⅰ　内閣の地位……225
　　　　　行政権の主体　　行政権の意義　　行政委員会
　　Ⅱ　内閣の組織と権能……226
　　　　　内閣の構成　　内閣の権能
　　Ⅲ　内閣と国会の関係……233
　　　　　内閣の責任と総辞職　　議院内閣制

第5章　裁判所 〔棟形 康平〕…236

　　Ⅰ　司法権の概念と範囲……236
　　　　　司法権の概念　　司法権の範囲　　司法権の限界
　　Ⅱ　裁判所の組織と権能……240
　　　　　最高裁判所　　下級裁判所　　特別裁判所の禁止
　　Ⅲ　違憲審査制……246
　　　　　違憲審査の意義と類型　　違憲審査の対象　　違憲判断の方法　　違
　　　　　憲判決の効力　　日本の違憲審査制の現況
　　Ⅳ　裁判所の活動に関する原則……253
　　　　　司法権の独立　　裁判の公開

第6章 財 政 〔平 誠一〕…257

Ⅰ 財政に関する原則……257

財政民主主義　租税法律主義　国費の支出及び国の債務負担行為　公の財産の支出又は利用の制限

Ⅱ 予算・決算……261

予算の意義と法的性格　予算の種類　予算の作成と審議・議決　決算及び財政状況の報告

第7章 地方自治 〔相澤 直子〕…265

Ⅰ 地方自治の保障とその意義……265

地方自治権の本質　地方自治の本旨

Ⅱ 地方公共団体……267

地方公共団体の意義　地方公共団体の機関　地方公共団体の権能

Ⅲ 条例制定権……268

条例制定権の意味・内容　条例制定権の範囲と限界

事項索引

判例索引

序　日本国憲法の成立

I　憲法の意味

　唐突ではあるが以下2つの質問に対する回答を考えていただきたい。一つ目は，「日本国憲法の前に日本にあった憲法は何だろうか？　さらにその前に日本にあった憲法は？」という質問。そして，二つ目は，「《イギリスは18世紀から憲法を持つが，今なお憲法を持たない》としばしば言われるが，これはどのようなことを示しているのだろうか？」という質問である。本章では，この2つの質問の回答を考えながら，憲法の歴史についてアプローチしていきたい。

　憲法の歴史について考えていく前に，本節では憲法という言葉の持つ意味や性質を考えてみる。まずは「形式的意味の憲法」と「実質的意味の憲法」という概念から繙いてみたい。

1　形式的意味の憲法

　「憲法」という言葉を聴いて，六法全書のような冊子を思い浮かぶ方は多いだろう。形式的意味の憲法とは，憲法という名前の成文の法典（憲法典）のことを指す。すなわち成文の憲法典を持っていれば，その中身が自由主義的なものであれ社会主義的なものであれ立脚するイデオロギーや内容にかかわらず，形式的意味では憲法を有することとなる。先に出した質問:《イギリスは18世紀から憲法を持つが，今なお憲法を持たない》という文言は，イギリスは立憲主義の発祥の地とされながらも，成文の憲法典がない不文憲法の国であることをさしている。そのため，形式的意味において「今なお憲法をもたない」ことになるわけである。

2　実質的意味の憲法

　イギリスは「形式的意味の憲法」（成文憲法）を持たない国であるが，名誉革命などを通じて，比較的早いうちから君主の権限を制限する立憲主義国家となった。成文憲法を持たないのに，イギリスが憲法を有するという時は，「形式的な法典としての憲法」を持たないが，憲法典にはなっていないものの実質的に国家を統治する根幹の法を有していることを示す。イギリスでは，マグナカルタや権利請願，権利章典，議会法など重要な法典の集合体によって導き出される統治の基本的な考え方が「実質的意味の憲法」の内容である。

　イギリスの事例をもとに，「実質的意味の憲法」という概念をさらに考えれば，「国家統治の基本構造」あるいは「根本の秩序にかかわる法規範」の総体のことを指しているといえよう。換言すれば，憲法の内容に着目し，成文／不文を問わず国家を統治（支配）する基本構造，その国の根本的な秩序に関わる法規範が憲法ということになる。そう考えると，歴史的に見れば様々な時代に固有の「国家統治の基本構造」や「根本の秩序に関わる法規範」は存在するだろうし，地域的にも固有のものが存在するといえる。一方で，現在の感覚からすれば「憲法」といえば立憲主義における「憲法」を連想させるのも確かである。以下では，「実質的意味の憲法」の持つ意味をさらに掘り下げ，「固有の意味での憲法」と，「立憲主義的意味での憲法」という２つにわけて述べていく。

（１）固有の意味の「憲法」（国制）

　国家的集団は，時代や地域を問わずいかなる社会構造をとる場合でも，その国の歴史的な経緯を踏まえた権力及び支配体制（統治機構）と，その支配を受ける被支配者が存在する。その時代や地域において，権力者の権力がどのようにして存在し，その権力者の統治を実際に担う行政機関などがどのように形づくられ，さらに被支配者がどのような支配を受けていたのか。そうした権力やその作用，統治の組織やその相互関係，権力者と被支配者（国民）との基本構造を定める事実的な国家構造のことを「国制」と称したり「固有の意味の憲法」として語られたりする。その時代や地域における国家的集団の具体的な存在状態，統治構造の根本的法秩序の内容が「固有の意味の憲法」（国制）といえる。例えば，現代の日本はもちろん，鎌倉時代であっても，古代オリエント

であっても，国制（固有の意味の憲法）が存在しているのである。

（2）立憲的意味の「憲法」

　一方，近代以降において，国家権力の支配から人々は自由であるという考え方に基づき，専断的な権力を制限して広く国民の権利を保障する性格を持つ「憲法」が登場する。憲法によって，権力者による恣意的な支配を制限し，国民の権利を重視する立憲主義国家が誕生したのである。もちろん，公的事業のための税金徴収や治安維持など一定の権力作用は必要であるが，国民の自由と権利保障を主眼とし，専断的な権力を制限するという立憲主義思想によってつくられた憲法が「立憲的意味の憲法」である。

Ⅱ　憲法の性質

1　自由の基礎法

　「立憲的意味の憲法」という観点から憲法の性質を掘り下げていくと，「自由の基礎法」としての性質と「最高法規」としての特質が見えてくる。

　ここでは自由の基礎法としての性質について考えてみよう。いまを生きる我々個人の人格は，権力者によって容易に踏みにじられる性質のものではない。自分がどうあるべきだと考え，どう行動するのかといったことを決めるのは原則的にその人自身であり，その人格ないしは個人の尊厳というのは他の誰からも侵されることがあってはならないものである。多数集団によって個人の尊厳が侵害されたりとか，個人の考え方を無理やり変えさせられたりするような社会であってはならないのである。すなわち，個々人の考えは，個々人のものとして尊重することが，個人の尊厳に基づく人間の人格不可侵の原則であり，この原理が様々な基本的人権を生み出す原動力となったのである。ただ，この原則が成り立つ前提条件として，社会生活の上で何が必要かといえば，国家的権力の支配からの自由である。こうした自由の法秩序の基礎に位置づけられるのが「立憲的意味の憲法」である。次に，憲法が自由の基礎法であるという観点から，制限規範，授権規範，組織規範としての憲法について考えてみよう。

まず，憲法は，国民の自由を保障するために，統治権力の行使を制限する「制限規範」として位置づけられる。現在，国民が自由な恋愛のもと好きな人と結婚をすることや，自分が就きたい仕事を見つけて努力をすればその仕事に就くことができる。これは，歴史的に勝ち取ってきた国民の権利であって，以前は，例えば，権力者によっては，身分違いの結婚を許さない場合や，農民身分には農民としてのみ就業させる場合があった。しかし，国民の自由や権利を保障するために統治権力に対してそのような権力の行使に制限をかけたのである。具体的には憲法に人権規定を置き，権力者が国民の人権を侵害するような恣意的な支配を行わないようにしたのである。

　次に「授権規範」とは，国家の意思を最終的に決定する力（主権）を持つ国民が，権力者に対して統治する権限を授けるという憲法の社会契約的側面を表す。権力者は，社会契約たる憲法において授権された範囲のみ，国民の自由や権利に関する契約である憲法を遵守する限りにおいてのみ活動できるのである。また，憲法は，政府が国民を支配するための正統性の根拠を与える規範となる。

　そして，「組織規範」とは，統治機構のあり方や統治組織相互の関係についての規範たる憲法の側面である。例えば，権力の暴走を防ぎ，国民の自由や権利を守るため，権力分立をどうするのか，といったことである。憲法には，国会，内閣，裁判所などの位置づけや権限について定められている。

2　最高法規

　さらに最高法規ということが，憲法の持つもう一つの大きな性質である。憲法はその国の法秩序において最も強い効力を持つ最高法規であり，憲法に反する法令や条規は効力を持たない。憲法の根本的な規範は，個人の尊重とそれに基づく人権の体系である。人間の権利や自由を国家権力の恣意的な支配から不可侵のものとして保障する規範が憲法であり，国法秩序における最高法規となるのが憲法である。

Ⅲ　憲法の誕生

　冒頭で掲げた「日本国憲法の前の憲法は？」という質問に対する回答について，大日本帝国憲法（明治憲法）を想起した方が多いと思うがその通りである。では，「大日本国憲法（明治憲法）の前の憲法は何か？」という問いに対する回答については，どうだろうか。その答えは，「立憲的意味での憲法」はないということになる。もちろん，聖徳太子（厩戸皇子）の「憲法十七条」があるではないかという声もあると思うが，「憲法十七条」の実質的な内容は官人の倫理規定という性格のものであった。前近代の日本列島において，「憲法」という言葉は，たんに掟や決まりごと，公平さや公正さという意味で使われていた。現在我々が使っている「立憲的意味での憲法」という意味が付与されたのは，18世紀以降，西洋で誕生した「constitution」の訳語として使用されてからである。しばしば，法や制度というものを未来永劫このままだと思っている方がいる。しかし，髷を結った江戸時代の法曹官僚が，六法全書を片手に裁判をしていたわけではないことは容易に想像がつくだろう。現在の法や制度は歴史的産物なのである。「立憲的意味の憲法」もまた歴史的な経緯を経て誕生したのである。現在の日本国憲法の前の憲法は大日本帝国憲法（明治憲法）であるが，大日本帝国憲法（明治憲法）の前の時代に「立憲的意味の憲法」は日本に存在しない。では，大日本帝国憲法（明治憲法）はどのようにして成立したかと言えば，西洋において産み出された憲法を参照しながら制定されたのである。そこで，日本国憲法誕生までの歴史を述べる前に，本節では西洋における憲法の誕生とその素地となる近代国家の成立を概観することとする。

1　近代国家の成立と憲法

　まずはヨーロッパ中世の時代まで遡り，憲法が誕生するまでを眺望してみたい。西洋中世の社会は，自給自足の農業経済を基盤とし，国王を頂点とした諸侯（貴族）・騎士間の封建制と，領主・農民間の荘園制によって成り立っていた。封建制においては，主君が臣下に封土を与え，臣下は軍役などに従事する

という土地を媒介とした主従関係を結んだ。主君は臣下による土地や人民の支配を認める代わりに、諸税の貢納や軍役を課すわけである。一方、荘園制では、貴族や騎士等が領主として土地と農民を支配し、自分の所有する土地からの収穫物を税として徴収するとともに様々な賦役を課した。また、被支配者である土地の住民からすれば、自分たちの直接の領主である諸侯（貴族）からの支配を受けるとともに、さらにその上位の国王からも支配を受けるというような重層的な支配構造の下で生活を送っていたのである。さらに、人々は世俗的権力からの支配だけでなく、宗教的権力である教会勢力からの支配も受けていた。寄進などを通じて所領を有するに至った聖職者たちは領主となり貴族的地位にあった。教会勢力は、一般的な被支配者たる民衆に対してだけではなく、諸侯（貴族）や国王に対しても、宗教的権威として干渉することもあったのである。

　この中世の封建国家体制が変わるきっかけの一つとなったのが、商業と貨幣経済の発達である。これまでの中世の封建国家というのは、自分たちが住んでいる土地の中ですべてが完結しており、自分たちが住む土地における農業を中心とした自給自足的な生活であった。しかし、大航海時代の到来によって、農業中心の経済から、商業を中心とした貨幣経済へと大きく転換することになる。商業の根本的な考え方は、ある土地で安く仕入れたものを別の土地に持って行き高く売ることで利潤を得ることにある。中世における農業中心の経済体制では、土地からの収穫物が領主の利益に直結するので、耕作者たる農民を土地に縛りつけていた。しかし、都市や商業が発達し、貨幣経済が発展するなか、人々は貨幣による利得を志向することとなる。さらに商人たちは自由に土地を移動しなければ商業が成り立たないので、中世的な生活圏を越えた自由な移動を標榜することになる。16世紀頃、それまでの農業中心の経済から商業中心の経済へと社会構造が変化していったこと、さらに戦術の変化や国王直下の常備軍の設置によって騎士たちが軍事的意義を失い領主が単なる地主と化したことなどにより、封建制や荘園制は崩壊し、国王に権力を集中させる中央集権的な絶対主義国家がうまれる。絶対主義国家では、引き続いて国王を頂点とした身分制による支配は残るので、庶民に個人としての権利はなかったが、一方

で商業を担っている商人たちにとってみると，土地の移動が比較的自由になり他国と取引きすることも容易となった。

　この絶対主義国家の枠組みが近代国家の原型となるのだが，国王が統治権を一手に掌握しており，諸侯（貴族）や教会勢力を排除して君主の意思がそのまま法となるような状態であった。絶対主義国家では，移動の自由はそれまでの時代に比べると緩和された一方で，国王による場当たり的な税の徴収や政敵の処刑など国王による恣意的な支配，横暴な統治権の行使が行われる契機を孕むものであったのである。

　絶対主義国家で生きる人々にとっては，自分がせっかく稼いだお金をいつ税として徴収されるかわからないし，さらに，意図しなくとも国王に対して敵対行動を取ったとみなされればいつ処刑されるかわからない。自分がよかれと思った行動でも，国王の怒りを買えば，処罰されてしまう可能性があった。このように国王による横暴な統治権の行使が想定される状況下で，被支配者たる民衆の中からなぜ国王が統治権を持つのか，あるべき統治権の姿とは何かといった国王や支配に対する様々な議論が生まれる。これらの議論が近代国家や近代憲法の思想的基盤へとつながる。例えば高次法思想，自然権思想，社会契約思想といったものである。一つ目の高次法思想は，王権すらも制約する高次の法があるという考え方である。国王ですら守らなければならない法（高次法）があり，その法（高次法）を遵守して国王は支配をしなければならないという思想である。二つ目の自然権思想は，人間は生まれながらにして何によっても侵されない固有の権利を持つという思想である。もちろん徴税など一定の支配を受けることにはなるが，個々人には何によっても侵されることのない固有の権利を持つという考え方である。個人の考え方や財産に至るすべてが支配を受ける対象ではなく，個々人には誰からも支配されることなく生まれながら自然に備わっている固有の権利があるという思想である。三つ目の社会契約思想は，権力者の支配は市民との契約によって成り立っているという思想である。市民が権力者に対して支配する力を与え，市民から与えられた力によって権力者は統治する権限を有することになるという契約に基づく支配という考え方である。

これらの思想によって憲法が誕生する素地が形づくられた。権力者すら縛る法があるという高次法思想，そして市民が権力者に対して権限を授け，権力者は市民の自然権を侵害しない限りにおいて統治権を有するという契約（社会契約）といった思想を国家統治の根本に据える考えが生まれたのである。なお，これらの思想で想定された市民とは，支配を受けて他者から生き方を決められる者ではなく，自由に自分の生き方や考え方が決められる自律した個人であった。

　こうした思想的背景を集約し，「自律した個人の尊重」と「統治権行使のコントロール」という考え方の下，市民革命によって近代国家が成立するとともに近代憲法が誕生する。歴史的背景の下，その国を形づくるものとして誕生した「立憲的意味での憲法」が，国家の支配から自由な人々の権利を記した部分（Bill of Rights）と，その権利を保障するための統治機構について書かれている部分（Flame of Government）によって構成されていることは当然の帰結であるといえよう。

　国民の自由や権利を保障し，統治権行使をコントロールするため，欧米で生まれた近代憲法に共通する原理は，「基本的人権の宣言」，「国民主権」，「権力分立」である。まず，近代憲法では，自然権思想に由来する基本的人権を宣言し，国家権力の支配から自由であるとしている。誰と結婚し，どのような仕事につき，どこに住むのかは，その人の自由であり，権力者から干渉されることは原則的になくなった。国家による支配に対して，人々は自由で平等な存在という地位を得たのである。また，基本的人権は，生まれながらの権利（天賦の人権）であり，時と場所を問わず，すべての人間に自然に備わった権利として位置づけられた。近代憲法の基本的人権は，社会権や生存権などを含む現代憲法と比べて自由権が中心となっているが，近代憲法の時代においては国民の権利として国家権力の支配から自由である権利を獲得したことに意義があった。次に，近代憲法には，国民主権の原理が明記されている。絶対主義国家では最終的な政治的意思決定をする力は国王にあったわけだが，市民革命を経て，国民にこそ国を統治する力の源泉があるという考え方に転換したのである。さらに，近代憲法は権力分立を国家構成上の大原則としている。権力を一箇所に集

中させてしまうと，それまでいかに平和的な状態を志向し人間を平等に見ていた人物であっても横暴な統治権を行使する可能性があるということを，人々は絶対主義国家の歴史的経験を通じて学んだ。そこで，市民の自由を守るため，統治機構の権限を分散し，権力を一箇所に集中させないようにした。人々の権利や自由を守るため，権力分立の原理という自由主義の考え方を憲法に組み込んだのである。

Ⅳ　日本国憲法のなりたち

1　大日本帝国憲法の成立

　本節では，日本における憲法の成立について目を転じてみよう。先述した通り，日本国憲法の前にあった憲法は大日本帝国憲法（明治憲法）である。では，大日本帝国憲法はどのような経緯で誕生したのだろうか。その背景には，江戸幕府が幕末に欧米列強と結んだいわゆる不平等条約改正の動きと，とりわけ江戸末期以降の日本にもたらされた西洋の啓蒙思想に由来する自由民権運動の潮流とがある。

　そもそも不平等条約が締結されるに至った一つの大きな要因は，近代化を成し遂げた欧米列強に比して，当時の日本が旧態依然の政治体制にあったことにあった。したがって，日本が近代国家となり不平等条約を改正するためには，立憲主義を取り入れ国際社会において欧米列強諸国と対等・独立の関係を持つ主権国家へ移行する必要があったのである。

　一方，1868（明治元）年に維新政府の基本方針である「五箇条の誓文」には公議世論の尊重が明記されており，同年の「政体書」には三権分立や官吏公選について示されており，民主的な側面を有していた。また，在野からの動きとしても，1874（明治7）年に板垣退助が民撰議院設立建白を行うなど，自由民権運動の気運が高まるなか民間からの国会開設の建白があいついだ。さらに，1880（明治13）年頃からは各地で民間の憲法草案（私擬憲法）も作成された。福澤諭吉系の交詢社による「私擬憲法案」は議院内閣制を採用し，植木枝盛の「日本国国憲按」は革命権を定め，多摩地方の青年による「五日市憲法草案」

は諸種の人権規定が盛り込まれるなど先進的な内容を持つものもあった。政府においても，大隈重信はイギリスの政党内閣制を採用し即時憲法を制定して国会を開くという急進的な考えを持っていた。1881（明治14）年に大隈は伊藤博文によって政界から追放されたが，大隈を追放した伊藤は，皇帝の権限が強いプロシアの欽定憲法を採用し漸進的な立憲君主体制移行を標榜しつつ，自由民権運動への対応から「国会開設の勅諭」によって10年後の国会開設を約束した。そして1882（明治15）年，伊藤はヨーロッパへ憲法調査に旅立ちベルリン大学のグナイストやウィーン大学のシュタインらの講義を受け，1886（明治19）年頃からドイツ人顧問のロエスレルやモッセの助言を得ながら，井上毅，伊東巳代治，金子堅太郎らと憲法草案（夏島草案）の作成に着手する。1888（明治21）年に完成した憲法草案は，同年に設置された天皇の諮問機関たる枢密院において，天皇臨席のもと審議が重ねられた。そして，大日本帝国憲法（明治憲法）は，1889（明治22）年2月11日に発布され，翌1890（明治23）年の11月29日に施行された。西洋で成立した近代憲法が市民革命を経て国民が作った民定憲法であったのに対して，大日本帝国憲法（明治憲法）は君主である天皇が制定し臣民にあたえる形式の欽定憲法であった。

このような背景で成立した大日本帝国憲法の内容は，西洋由来の立憲主義的・民主的要素を含みながらも，天皇の宗教的権威に基づく非立憲主義的・非民主的要素を併せ持つ二面性的要素を有していた。

立憲主義的・民主的な要素としては，天皇は憲法の条規に従うこと（4条），天皇は国務大臣などの「輔弼」を得て統治を行うこと（55条）など，憲法によって君主の権限をコントロールするという立憲主義の性質を有していた。また，臣民の権利義務を定める権利宣言が存在し権利や自由が認められていたこと（第2章　臣民権利義務），民選の衆議院（35条），司法権の独立（第5章57～61条）など民主的要素を含んでいた。これらの要素は後の大正デモクラシー期の憲政擁護運動につながることになる。

非立憲主義的・非民主的要素については，天皇が主権者であり（1条）神聖にして侵すべからざる存在であること（3条），天皇は統治権のすべてを掌握する「総攬者」であること（4条），陸海軍の統帥権（11条）や勅令大権（8，

9条）など天皇大権の存在，華族や勅撰議員から構成される貴族院の設置（33条），臣民の権利は生来の自然権としてではなく天皇が臣民に対する恩恵として「法律の範囲内」で与えられたものであり法律によって制限可能であったことなどの側面があった。この要素がのちに臣民の自由・権利の締め付けへとつながっていく。

　先述した通り，大日本帝国憲法の民主的要素は，市民的自由や政治参加を求める「大正デモクラシー」の気風を生じさせる一因となった。藩閥政治や政党の外に立つ超然内閣を打倒する憲政擁護運動につながり，議会多数派の政党を基礎に組閣する政党内閣時代いわゆる「憲政の常道」といわれる時代の到来に結実するのである。また，1925（大正14）年には，衆議院の選挙権が納税額に関係なく25歳以上の男性に与えられ，有権者数は約1240万人（人口比20％）となっている。一方で，男子普通選挙制導入にともなう労働者階級の政治参加等に対応するため，国体の変革や私有財産制を否認する目的の結社を処罰対象とする治安維持法が制定された。この治安維持法は制定後拡大解釈されていき，国民の思想統制に広く用いられることになる。

　その後，1930（昭和5）年には，軍部の意向を無視したロンドン海軍軍縮条約調印断行によって浜口雄幸内閣に対する統帥権干犯問題が生じ，右翼や軍部の急進的な国家改造運動へとつながっていく。また，折しも発生した昭和恐慌による経済状況の悪化は農村の窮乏を産むなど民衆に打撃を与え，財閥や地主の代弁者となりがちな政党に対する批判など階級社会への不満が鬱積していった。そして，1931（昭和6）年には満州事変が勃発し軍部の政治的影響力が強化される。また，1935（昭和10）年には，美濃部達吉の天皇機関説に対して，神聖不可侵の天皇を国家の機関と位置づけるのは国体破壊の説だとして，貴族院において取締りを要求する質疑がなされた。そもそも天皇機関説は大日本帝国憲法の立憲主義的運用の可能性を引き出すものであり天皇主権を否定するものでなかったが，右翼団体や在郷軍人会を中心として天皇中心の国体観念を明確に打ち立てよとする「国体明徴運動」が全国的に展開することになる。国体というあやふやな概念を通じて，客観性や多様性を欠く排他的・独善的な言説・風潮が蔓延するのである。

こうした社会情勢の下，1937（昭和12）年には盧溝橋事件が起き日中戦争は拡大の一途を辿るとともに，1941（昭和16）年7月には南部仏印に進駐を開始，12月には対米開戦となる。

2　日本国憲法の誕生
（1）日本国憲法の成立過程

　日本国憲法の成立の端緒は，第二次世界大戦の只中である1945（昭和20）年7月のポツダム宣言にある。ポツダム宣言は，日本に対する降伏勧告であるが，その内容は日本の自由主義化・民主化を要求するものであり，天皇を主権者とする大日本帝国憲法の根本的改正を要求するものであった。結果的に日本はポツダム宣言を受け入れその履行の一環として日本国憲法が誕生することになるが，その制定過程において，GHQ（連合国軍最高司令官総司令部）による日本の自由主義化・民主化要求と，当時の日本政府による国体護持（天皇制維持）という対立軸のせめぎ合いの中で産声を上げることになる。

　日本は同年8月14日にポツダム宣言を受諾，翌15日に終戦の詔勅が出されて戦争が終わり，アメリカを主体とするGHQの占領下に置かれる。10月，連合国軍最高司令官であったマッカーサーは，近衛文麿に対して憲法改正の必要を示唆し，幣原喜重郎首相にも憲法の自由主義化を要求した。こうした憲法改正の要求に対して，日本政府は，松本烝治を委員長とした憲法問題調査委員会（松本委員会）を設置して憲法改正の議論を行う。そうしたなか，翌1946（昭和21）年2月1日，毎日新聞が松本委員会の憲法改正要綱（松本私案）をスクープする。その内容は，「天皇大権は削減するが残す」，「基本的人権という概念は無い」，「軍隊も残す」といった明治憲法と大差ない国体護持を目指すものであった。当初，GHQは，日本政府の自主性に委ねた憲法草案を作成させる方針であったが，松本私案の内容が日本の自由主義化・民主化に不十分であると判断し，2月3日にマッカーサー・ノートが発出され，GHQの憲法案を作成し日本政府に提示するという方針に転換する。マッカーサーが，GHQ民政局に宛てて，「天皇制の維持」，「戦争放棄」，「封建制度の廃止」を内容とする憲法案の作成命令（マッカーサー・ノート）を出したのである。2月4日から，

GHQ民政局にて，日本の民間憲法草案も参考にしながら総司令部案（マッカーサー草案）の起草が行われた。一方，2月8日に日本政府から提出された憲法改正要綱は，やはりGHQが要求する自由主義化・民主化の要求を満たすものではなかったため，GHQは拒否し，マッカーサー草案を基礎とする日本政府案作成を要請した。2月22日，日本政府はマッカーサー草案を基礎とする政府案作成を閣議決定し，3月2日に作成を終えた。GHQに提出された3月2日案は天皇主権を残し全体として大きく明治憲法に戻る内容であったため，その日から3月5日にかけて，GHQと日本政府による徹夜の検討・修正作業が行われ，3月6日，日本政府によって「憲法改正草案要綱」が発表されるに至る。なぜここまで急いだかといえば，日本の占領政策に対するGHQの思惑があった。日本での占領管理を担っていたGHQの上位機関として，連合国各国による最高政策決定機関たる極東委員会が設置され，3月7日に実質的に稼働することとなっていたからである。当時，GHQは日本での円滑な占領政策を行うため天皇制の利用を企図していたのだが，極東委員会を組織する連合国の中には天皇の戦争責任を追及する声もあり，天皇制の維持が困難となる状況が想定された。そこで，天皇制廃止という事態を避けるため，極東委員会が実質的な議論に入る前に，日本が天皇制を残しながらも自由主義的・民主的な国家となることを明らかにする必要があったのである。その後，4月10日，新選挙法による初の男女平等による衆議院選挙が行われ，17日に「憲法改正草案」が公表された。「憲法改正草案」は，8月24日衆議院で修正可決，10月6日に貴族院で修正可決され，翌10月7日に貴族院の修正通り，衆議院本会議で可決された。こうして誕生した日本国憲法は，1946（昭和21）年11月3日に公布され，翌1947（昭和22）年5月3日に施行された。

　このように日本国憲法は主としてGHQ側の日本の自由主義化・民主化を目指す動きと，日本政府側の天皇主権を旨とする国体護持の動きの中で誕生した。このことをもって，日本国憲法は「押し付け憲法」との見解がある。もちろん，GHQの強い指導の下で制定された経緯は事実であろうが，国民主権の原理や基本的人権の尊重の原理は近代国家において必要であったこと，女性にも参政権が与えられた完全な普通選挙によって選出された国会によって自由に

審議されたこと，日本政府は憲法施行1年後2年以内に改正の機会を与えられたにもかかわらず改正の必要がないという態度をとったことなどから押し付け憲法とは言いがたい。また，GHQ草案作成にあたって参考にされた高野岩三郎・鈴木安蔵ら民間の憲法研究会の憲法案は，国民主権を採用する一方で天皇制存続を認め，自由権だけでなく社会権や生存権を置くなど制定された日本国憲法の内容と共通点が多いものだった。自由民権期からつづく国内の自由主義，民主主義の潮流をも組み込みながら日本国憲法は誕生したと言うことができる。

（2）日本国憲法の三大原則

このようにして成立した日本国憲法は，「基本的人権の尊重」「国民主権」「戦争放棄」といういわゆる三大原則が特徴であるとされている。まず，基本的人権は大日本帝国憲法（明治憲法）でも宣言されていたが，臣民に恩恵として与えられ法律によって制限を受けるものであって，尊重はされていなかった。しかし，日本国憲法では侵すことのできない永久の権利として，自由権だけでなく社会権や生存権を含む幅広い人権が保障されるとともに，天賦の人権として尊重されることとなったのである。次に，大日本帝国憲法（明治憲法）において，天皇は，国のあり方を最終的に決定する主権を有し，統治権の総攬者とされていたが，日本国憲法では，日本国及び日本国民統合の象徴となり，主権は国民にあることが確立したのである。そして，大日本帝国憲法（明治憲法）下において軍国主義的傾向に歯止めがかからず戦争におよんだ反省から，日本国憲法は，前文で恒久の平和を念願する平和主義，国際協調主義を掲げ，第9条で戦争放棄，戦力の不保持，交戦権の否認を定めている。

こうして誕生した日本国憲法は，現在，18歳以上を憲法改正国民投票の投票権年齢とした憲法改正に関する議論，憲法9条と自衛隊の位置づけ，情報デジタル化・AI社会の到来や家族の多様化などに対応する新しい人権に関する議論，戦争や大災害に対応するための緊急事態条項導入の是非など，様々な議論が展開している。現在そしてこれからの憲法を考えるためにも，憲法を歴史的観点から捉えることもまた重要である。次章以降では，憲法の「これから」を考えるために，本章での憲法の歴史を踏まえ，現在の憲法議論について深く考

えていただきたい。

Ⅴ　憲法改正

　上に見たように，現行の日本国憲法は大日本帝国憲法の改正により誕生したのであるが，その後一度も改定されていない。しかし，改定を求める動きは，保守政党を中心に既に1950年代から見られ，2000年代，特に国民投票法制定（2007年）以降は，具体的改定内容をめぐる議論も活発化している。もちろん，憲法も社会の変化に対応する必要があり決して不変のものではない。しかし，社会の基本的なあり方を定める憲法の改定は，私たちの現実の日常生活に多大な影響をもたらすものとなる。それゆえ，憲法改定の是非は，それが現実味を帯びつつある今日に至っては，もっぱら施行以来の時間の経過（憲法の高齢化）や制定の経緯（押し付け憲法論）に依拠するのではなく，あくまでも内容的な改正の必要性と合理性を基本的視座として論理的・建設的に検討されるべきであろう。そして，何よりもここで確認しておくべきは，上記検討の末の最終的な決定は，私たち国民に委ねられているということである。

　そこで，以下では，そうした主権者としての権利と責任の自覚に向けた第一歩として，憲法改正の具体的手続やその限界について概観しておこう。

1　憲法改正の意義と手続
（1）憲法改正とは何か

　憲法改正とは，憲法所定の手続に従い憲法典の内容を削除・修正・追加することである。このように憲法改正は，憲法典の存続を前提に個々の条項を改変すること（部分改正）を意味し，もとの憲法典を廃して新しい憲法典にとりかえる行為を含まないのが原則である（佐藤幸治）。憲法も，社会の変化に対応する必要があることから絶対不変たりえず，上記のとおり自ら変更手続を定めるが，他方で，「国家の基本法」としてその内容が頻繁に変動するのも問題である。このため，憲法改正手続には，通常の法律の場合より厳格な要件が課されるのが通常であり（硬性憲法），以下にみるように日本国憲法（96条）も同様で

ある。

（2）日本国憲法の改正手続

（a）国会の発議　　憲法改正における「発議」とは，国民に対して提案される憲法改正案を国会が決定することをいう（よって，国会における議案の提案という通常の意味での「発議」とは異なる）。憲法96条は，この決定に，「各議院の総議員の3分の2以上の賛成」という加重した要件を設定している。

　発議に向けては，まず，改正原案の国会への提出（発案）が必要となる。国会議員は当然に発案権を有するが，国会法68条の2は，衆議院においては議員100人以上，参議院では議員50人以上の賛成を要するとして，56条1項の定める通常の議案提出の場合（衆議院で20人以上の賛成，参議院で10人以上の賛成）よりも要件を加重している。また，同法102条の7により，各議院に設置される憲法審査会も改正原案を提出することができるとされている。

　発案権をめぐっては内閣もこれを有するかが議論されてきた。肯定説は，国会が「唯一の立法機関」とされながら内閣にも法案提出権が認められるのだから国会が憲法改正発議機関とされていることに内閣の発案権否定の趣旨は読みとれない，内閣に発案権を認めても国会には自由な修正権があるなどの根拠を挙げるが，憲法改正は強度の国民の意思の発現であるからその発案は国民に直結する国会議員に留保されている，法律と同様の提案権を内閣にも認めると憲法と法律の形式的・実質的相違が曖昧になるなどとして否定的に解する立場が有力である。なお，内閣の発案権に係る明文の法規定がないのは，国会も内閣の発案権を認めない趣旨と解すべきとされる（毛利）が，実際には，議院内閣制の下では内閣構成員の大部分を国会議員が占めており，その資格で原案を提出できるので，こうした議論の実益はあまりない（芦部）とも指摘されている。

　発議は「各議院の総議員の3分の2以上の賛成」によりなされるが，各議院の議決の価値は同等であり衆議院の優越は認められない。また，「総議員」については，①法定の議員数か，②法定議員数から欠員を除いた現在議員数かの議論がある。欠員が反対票と同視されるのは不合理であるとする②が通説とされるが，欠員数が増加するほど憲法改正が容易となるおそれがあることや，憲

法56条の（通常の）議事議決の定足数では法定議員数を用いた計算が先例として確立していることなどに照らし，①を妥当とする見解も有力である。

(b) 国民投票による国民の承認　　憲法改正は国民の承認により成立し，この承認には国民投票における過半数の賛成が必要である（憲法96条1項）。「日本国憲法の改正手続に関する法律」（国民投票法）によれば，投票は，国会による発議の日から60日以降180日以内に実施され（2条），投票権者は年齢満18年以上の日本国民（3条）である。国会には国民投票広報協議会が設置され，改正案の内容や国会審議における賛否の意見などについての広報を行う（11条〜15条）。国民投票運動（賛成・反対の投票の勧誘行為）の自由は選挙運動に比して広く認められるが，特定の公務員の運動や公務員・教育者の地位を利用した運動は禁止されている（102条・103条）。投票は，改正案ごとに一人一票とされ，投票用紙に印刷された賛成・反対いずれかの文字を○で囲む方法で行われる（47条・56条・57条）。

承認の要件である「過半数」については，その母数を①有権者総数，②投票総数，③有効投票総数のいずれとすべきかが問題となるが，③が妥当であり法律で②と定めることも可能とする立場（芦部）が有力である。国民投票法も，98条2項で「投票総数」を「憲法改正案に対する賛成の投票の数及び反対の投票の数を合計した数」とした上で，「憲法改正案に対する賛成の投票の数が第98条第2項に規定する投票総数の2分の1を超えた場合」を承認の判断基準としており（126条1項），③を採用したものといえる。これに対しては，極端に投票率が低い場合には，その「過半数」もまた「国民の承認」と評価するのが困難なほど少なくなってしまう可能性があるため，一定以上の投票率を国民投票それ自体の成立要件とすべきであるとの指摘・主張が根強い。

投票結果に異議のある投票人は，結果告示の日から30日以内に東京高等裁判所に訴訟を提起することができ（国民投票法127条），裁判所は，国民投票の結果に異動を及ぼすおそれがある一定の事項が認められる場合，投票の無効を判決しなければならない（同128条）。訴訟の提起は投票の効力を停止しない（同130条）が，「憲法改正が無効とされることにより生ずる重大な支障を避けるため緊急の必要があるとき」，裁判所は，申立てにより，憲法改正の効果の発生の

全部又は一部を停止することができる（同133条）。

　(c)　天皇による公布　　国民投票で過半数を得て憲法改正が成立すると，天皇が①「国民の名で」，②「この憲法と一体を成すものとして」直ちに公布する（憲法96条2項）。①は，改正が主権者たる国民の意思に基づくことを明らかにする趣旨である。また，②については，改正は憲法の一部の条文を対象とし，憲法典自体を一挙に「新憲法」に取り替えることは予定していない意味とされる（毛利）が，現行憲法と同じ基本原理のうえにたち同じ形式的効力を有するという趣旨であり，憲法改正の限界を逸脱しない限り全部改正も可能（芦部）と説かれることも多い。

2　憲法改正の限界
（1）学説の対立

　憲法改正の限界については，その有無をめぐり見解が対立している。

　憲法制定権力（ないし国民主権）の全能性を前提に，改正権を憲法制定権力と同一視する理論や，憲法典の規定はすべて同一の形式的効力を有し改正の可否について区別・序列化することはできないとする立場からは，憲法所定の改正手続により主権者たる国民が承認しさえすればいかなる内容の改正も可能であると主張される（無限界説）。しかし，憲法の同一性や継続性を損ない憲法秩序の本質部分を変更するような改正はできないとして，一定の限界を認める見解（限界説）が多数説である。この見解では，無限界説とは異なり改正権と憲法制定権力とは区別され，改正権は，自らの根拠でもある憲法制定権力により創設された憲法を全面的に改変することはできないことになる（この点，日本国憲法誕生の経緯が問題となるが，それについては本書12-14頁を参照）。

（2）日本国憲法改正の限界

　改正手続による憲法制定権力の担い手すなわち国民主権の変更は，改正権が自らの存立基盤を変更する自殺行為であり，憲法の法的連続性の切断を意味するものとして許されないとされる（佐藤幸治）。そして，国民投票による憲法改正手続を廃止，変更することも，国民主権をゆるがすものとして許されないと考えられている。また，人権宣言の根本原則は憲法の根本規範というべきもの

であること，条文上「侵すことのできない永久の権利」（11条・97条）とされていることから，基本的人権の尊重を改変することもできない（ただし，基本原則が維持されるかぎり個別の人権規定を補正することは可能である）とされる。

　さらに，憲法9条が，戦争や武力による威嚇，武力の行使を「国際紛争を解決する手段としては，永久に」放棄する旨宣言していることや，国民主権及び人権保障と（いずれも戦争状態では現実に確保できないという意味で）不可分に結びついていることに鑑み，一般に平和主義も改正の限界にあたるとされる。もっとも，戦力不保持（9条2項）については，日本国憲法は非武装平和主義を採用するものであり同項も含めて改変できないとする説がある一方で，現在の国際情勢の下では軍隊の保有は必ずしも平和主義を否定するものではないとして理論上可能とする見解も有力である。

第 I 部
基本的人権

第1章　人権の保障をめぐる基本問題

I　人権思想の発展と人権の類型

1　人権思想の発展
(1)「人権」という言葉の登場
　「人権」という言葉は，現在日常生活の中でも普通に使われるようになっている。学生諸君にとっては，おそらく小学校に入って以来頻繁に耳にする言葉であろう。例えば，「人権週間」「人権標語」「人権侵害」「基本的人権」などというかたちで。

　当然，日本国憲法の中でも人権という言葉が登場し，人権について多くの規定が置かれている。例えば，11条は「国民は，すべての基本的人権の享有を妨げられない。この憲法が国民に保障する基本的人権は，侵すことのできない永久の権利として，現在及び将来の国民に与へられる」と定めており，基本的人権の尊重は，日本国憲法の最も重要な基本原理になっている。では，この「人権」という言葉はいつ頃から使われるようになったのだろうか。

　日本では，明治維新以降に「人権」という言葉が登場した。それはフランス人権宣言やアメリカ独立宣言の翻訳が紹介される過程で，訳語として「人権」という言葉が使われるようになったからである。では，この「人権」という言葉はどのような意味を持つのであろうか。

(2)「人権」という考え方
　日本において，「人権」という考え方が使われ始めたのは19世紀後半であるが，その始まりはイギリスのマグナ・カルタ（1215年）といわれる。このマグナ・カルタは，国王と封建領主との対立の中で，封建領主の特権を国王の侵害から擁護するための文書であった。そのため，すべての人間の権利を保障する

というものではなかった。だが，その後，権利請願（1628年），人身保護法（1679年），権利章典（1689年）が成立することによって，イギリスにおける人権保障の基本原理が定められるようになった。

　このような人権という考え方は，イギリスのみならず，アメリカやフランスにおいても独立宣言や人権宣言の中で発展することになる。そして，これらの宣言の背景には，人が生まれながらにして持ち，国家権力によっても侵すことのできない権利としての自然権という考え方がある。この自然権とは，17・8世紀にロック（J. Locke）やルソー（J.-J. Rousseau）などにより提唱された考え方であるが，ロックによれば，人間はもともと原始的な自然状態にあり，人は自分の力で自らの生命・自由・財産を守る権利を持っているとされる。しかし，自らの能力だけでは自然状態における生命・自由・財産の保全は不安定になるほかなく，人は社会契約を結ぶことによって国家を作り，その力によってこれらを保障しようとした。これが自然権思想に基づく社会契約説の主張である。この考えに基づけば，人間の権利は国家に先立つものとなり，国家は人々の権利を守るために存在するのであり，そもそも国家が人間の権利を侵害することは許されないことと考えられるのである。

　よって，ロックは，自由かつ平等な人間が生まれながらに持つ権利（自然権）を確実にするために社会契約を結んで政府に安全や秩序の確保のための権力行使を委任し，もし政府がそうした権力を恣意的に行使して人々の権利を侵害したら，市民は約束に違反した政府を打ち倒す権利を持つのだと論じた。

　このような考え方は，憲法的文書の上ではアメリカの独立宣言に見出される。具体的には，そこでは，「われわれは，自明の真理として，すべての人は平等に造られ，造物主によって，一定の奪いがたい天賦の権利を付与され，そのなかに生命，自由および幸福の追求の含まれることを信ずる。また，これらの権利を確保するために人類のあいだに政府が組織されたこと，そしてその正当な権力は被治者の同意に由来するものであることを信ずる」と，ロックの考え方が展開されている。

　さらに，フランス人権宣言（1789年）も，「人は，自由かつ権利において平等なものとして出生し，存在する」（1条）として，人間が生まれながらにして

自由かつ平等であり、国家以前に人権が存在するという自然権の考え方を明らかにしている。また、「すべての政治的統合の目的は、人の、時効によって消滅することのない自然的な諸権利の保全にある。これらの権利とは、自由、所有、安全および圧政への抵抗である」（2条）とも謳っている。

これらの宣言の内容は、それぞれの国で憲法の基本概念として継承されているが、その後制定される他国の憲法にも大きな影響を与えている。フランクフルト憲法（1849年）、プロイセン憲法（1850年）、大日本帝国憲法（＝明治憲法、1889年）、ワイマール憲法（1919年）などがそれであるが、第二次世界大戦を経て、日本国憲法（1946年）では、個人の尊厳や人権の不可侵性を謳うようになった。

そして、このような潮流は一国の憲法のみならず、世界人権宣言（1948年）へと受け継がれ、「経済的、社会的及び文化的権利に関する国際規約」（1966年）、「市民的及び政治的権利に関する国際規約」（1966年）により法的拘束力を持つ国際条約の成立へと発展した。さらには、個別具体的な人権条約も制定され、人種差別撤廃条約（1965年）、女子差別撤廃条約（1979年）、障害者の権利に関する条約（2006年）などが採択されている。

（3）人権という考え方の移り変わり

上で見たように、人権獲得の歴史は、長い時間をかけた人類による闘争の積み重ねの結果である。この点については、「この憲法が日本国民に保障する基本的人権は、人類の多年にわたる自由獲得の努力の成果であって、これらの権利は、過去幾多の試練に堪へ」と憲法97条でも明記されている。

人権は、18世紀には、封建的君主の支配下にあった国家からの解放を求めるという文脈で発展しており、そのような経緯から18世紀の人権思想を「国家からの自由」である自由権と呼ぶ。

19世紀になると、国家による恣意的な権力行使からかなり解放されるようになり、自由な経済活動を行うことができるようになったため、市民層の経済的・政治的地位が上昇することになった。また、古代ギリシアの都市国家に見られた自由の理解、すなわち、人は政治に参加できることにより自由であるという自由観もまた脈々と引き継がれていた。このような背景の下、「国家への

自由」が求められるようになり，選挙権・被選挙権などの参政権が国民の持つ憲法上の権利として確認されるようになった。

しかし，産業革命を経て資本主義が高度化するとともに新たな課題も生み出された。経済的強者（資本家）と弱者（労働者）の間の格差が広がり，財産を有する者の優位が保障されるような状況になったのである。このような状況に対して，20世紀に入って制定された憲法では，社会権と呼ばれる新しい種類の人権が保障されるようになった。これは，社会保障を受ける権利，労働者の権利，教育の権利，生存権など，国家の介入によって保障される人権であるため，「国家による自由」と呼ばれている。

このように18世紀から20世紀にかけて，その意味する内容が拡充されてきた人権思想であるが，21世紀に入り，その保障される内容はさらに広がりつつある。最近，プライバシー権や環境権などについてはよく知られるようになったが，ネット社会の発達に伴い，既存の人権概念である「知る権利」「報道の自由」などと抵触するおそれもある「忘れられる権利」なども論議されるようになっている。

2　人権の類型

日本国憲法では，第3章「国民の権利及び義務」の10条から40条までで国民の権利すなわち人権を規定している。これらの権利はそれぞれ密接に関連しているため厳格に分類することは望ましくはないが，本書第Ⅰ部第2章以下で説明する人権の見取り図を示すために，権利の性質に応じて分類することにする。

まず，人権は，歴史的変遷に基づいて，自由権（18世紀的人権，「国家からの自由」），参政権（19世紀的人権，「国家への自由」），社会権（20世紀的人権，「国家による自由」）に大別することができる。自由権は，さらに，精神的自由（思想・良心の自由，信教の自由，学問の自由，表現の自由），経済的自由（居住・移転の自由，外国移住・国籍離脱の自由，職業選択の自由，財産権），人身の自由（奴隷的拘束及び苦役からの自由，適正手続など）の三つに分類することができる。

以上の歴史的変遷に基づく分類に加え，さらにその他の重要な権利を加え

第Ⅰ部　基本的人権

て分類すると，①幸福追求権（包括的基本権）(13条)，②平等権（14条)，③自由権，④受益権，⑤参政権，⑥社会権となる。本書では，この分類に従い，以下叙述されていくことになるが，権利の分類というものは，あくまでも相対的なものであるから，個々の問題に応じて権利の性質を柔軟に考えていくことが必要である。

Ⅱ　人権の享有主体

1　国　民

　憲法の人権に関する条文を見ると，「すべて国民は」で始まる規定以外に，「何人も」で始まる規定もあるが，いずれにしろ，「国民」が人権の享有主体であることは当然のことである。この「国民」の要件については，憲法では10条で「日本国民たる要件は，法律でこれを定める」とだけ規定している。国籍法では「日本国民たる要件は，この法律の定めるところによる」（国籍1条）と規定されており，国籍法が求める要件によると，2条で出生による国籍の取得，3条では認知による場合の国籍の取得について規定されている。認知による国籍取得をめぐっては，国籍法違憲判決において，準正要件を定めた国籍法3条1項（当時）は憲法14条1項に違反すると判断された。

　また，「国民」に未成年者（20歳未満の者）が含まれることはいうまでもないが，参政権の制限（18歳未満）や酷使の禁止による保護など保障の対象について一定の制限・限定が規定されていることがあり，すべての権利が「国民」に適用されるわけではない。

　では，国民の持つ人権の享有主体性はいつ終わるのだろうか。一般的には，死亡と同時にその人の人権享有主体性も消滅すると考えられている。ただし，刑法230条2項の死者の名誉保護など，死後も保障される人権もある。

　＊　国籍法違憲判決（最大判平成20・6・4）
　　法律上の婚姻関係にない日本人の父と外国人の母との間に生まれた非嫡出子である原

告Aは，出生後に父から認知されたことにより2003年に国籍取得届を提出した。しかし，父母が婚姻していないことを理由に認められなかった。そこで，認知による親子関係確定後父母の婚姻により嫡出子（準正子）たる身分を取得した場合のみ届出による国籍取得を認めるとする国籍法3条1項（当時）は，嫡出子や母が日本人である非嫡出子などは2条により国籍を取得するのと比べて，Aを差別するものであり，憲法14条1項に違反するとして提訴した。一審は，憲法違反とするAの主張を認めたが，二審は，非嫡出子が認知と届出のみによって国籍を取得できるとすることは，裁判所が法に定めのない国籍取得要件を創設したことになるとして棄却した。

最高裁は，「我が国を取り巻く国内的，国際的な社会的環境等の変化に照らしてみると，準正を出生後における届出による日本国籍取得の要件としておくことについて」，日本との「密接な結び付き」を有する者に限り日本国籍を付与するという立法目的との間に合理的関連性を見出すことがもはや難しくなっており，「本件区別は，遅くとも上告人が法務大臣あてに国籍取得届を提出した当時には，立法府に与えられた裁量権を考慮してもなおその立法目的との間において合理的関連性を欠くものとなっていた」。したがって，「国籍法3条1項の規定が本件区別を生じさせていることは，憲法14条1項に違反する」と判断した（最大判平成20・6・4）。本判決を受けて，「父母の婚姻及びその認知により嫡出子たる身分を取得した子」は法務大臣に届け出ることによって日本国籍を取得することができるという国籍法3条1項のかっこの部分は，単に「父又は母が認知した子」に改められた。すなわち準正要件が撤廃されたのである。

2　天皇・皇族

　天皇・皇族も生身の人間という点においては，一般の国民と変わるところはない。そういう意味では，天皇・皇族も日本国憲法において保障される基本的人権の享有主体と考えられる。しかし，皇位が世襲制であり，天皇及び皇族ともに「門地」によって国民から区別された特別の存在であるという点を考慮すると，「国民」と同等の権利が保障されるとは考えにくい。

　天皇に関しては，明らかに憲法上の人権規定の中でもいくつかの権利は，その保障が否定されている。まず，選挙権については，そもそも天皇は象徴であり，憲法4条にも「国政に関する権能を有しない」と明示されているため，認められないと考えられる。よって，政治的な表現も認められていない。これは，2016年8月8日になされた天皇の生前退位に関する「お気持ち」の表明に際しても確認されたことである。

　その他にも，憲法21条で保障されている特定の政党に加入する自由や，22条

の外国移住の自由・国籍離脱の自由は象徴としての天皇の地位から認められず，23条の学問の自由や21条の表現の自由についても一定の制約を受けるものと考えられている。皇族も基本的には同様の制約を受けると考えられる。

3　外国人

(1) 外国人の人権に関する基本的な考え方

外国人とは，日本国籍を持たない人のことを指すが，国籍の有無を別にすれば，生身の人間という意味では，特に変わるところはない。また，憲法前文及び98条2項の国際協調主義からも外国人にも一定の憲法上の権利は保障されるべきである。しかし，憲法上のすべての人権が外国人にも保障されるわけではない。マクリーン事件*でも，権利の性質から外国人にも権利の保障が及ぶものとそうでないものがあると判示されている。

＊　マクリーン事件（最大判昭和53・10・4）

　原告マクリーンは，アメリカ国籍を有する外国人であるが，在留期間の更新を申請したところ，在留期間中の無届転職とベトナム反戦などの集会やデモに参加したという政治活動を理由に，「更新を認めるに足りる相当の理由があるとは言えない」として，被告法務大臣が更新不許可の処分をした。一審は，この処分を社会観念上著しく公平さや妥当性を欠くとして取り消したが，二審は一審判決を取り消したので，原告は上告した。最高裁は，まず，憲法上外国人は我が国に在留する権利を保障されてはいないという点を確認した。ただ，「憲法第3章の諸規定による基本的人権の保障は，権利の性質上日本国民のみをその対象としていると解されるものを除き，我が国に在留する外国人に対しても等しく及ぶものと解すべきであり，政治活動の自由についても，我が国の政治的意思決定又はその実施に影響を及ぼす活動等外国人の地位にかんがみこれを認めることが相当でないと解されるものを除き，その保障が及ぶ」と外国人にも一定の政治活動の自由があることは認めたが，こうした外国人に対する人権の保障は，外国人在留制度の枠内でのみ与えられているのにすぎないのであり，「在留期間中の基本的人権の保障を受ける行為を在留期間の更新の際に消極的な事情としてしんしゃくされないことまでの保障が与えられているものと解することはできない」と判示して，上告を棄却した。

---

(2) 参政権

憲法で保障されている権利のうち，外国人に制限されている権利の一つに参

政権がある。参政権の中でも選挙権・被選挙権は，国の統治活動は，国籍保持者に限定されるべきであるという考え方によるものであり，国民主権の原則から導かれる制限である。

ただし，地方選挙権について，最高裁は，「我が国に在留する外国人のうちでも永住者等であってその居住する区域の地方公共団体と特段に緊密な関係を持つに至ったと認められるものについて」，法律で選挙権を付与すること自体は，憲法は禁止していないという立場を明らかにした（最判平成7・2・28）（本書159頁参照）。

（3）公務就任権

公務就任権とは，公務員になる権利のことであるが，より正確には，公務員になる機会の保障のことである。公務就任権の問題は，職業選択の自由との関係で議論される。公務員の職種も多種多様であるから，外国人の公務就任権を一律に否定することはできない。外交官については，対外主権を代表するという点から日本国籍を有することが要件となっているが，一般の公務員についてはそうした要件を定めた法律上の規定はない。しかし長い間，公務員のうち大学教員や医師，運転手などの学術研究，技術的事務，機械的事務などの職のみが外国人にも開放されていた。

ただ地方公務員については，その後少しずつではあるが，公務就任権が認められるようになり，外国人（特に定住外国人）でも採用試験を受験できるようになってきた。とはいえ，採用された場合でも，立入検査や命令強制の権限を持つ職種やある一定レベル以上の役職には就けないなどの制限（任用制限）は残っている。

公務就任権について最高裁は，東京都が保健婦として勤務していた韓国籍の特別永住者に対して管理職選考試験の受験を拒否したことが争われた事案の中で，地方公務員のうち，公権力の行使に当たる公務員などを公権力行使等地方公務員と称した上で，国民主権の原理にのっとり，原則として日本国籍を有する者がそれに就任することが想定されていると見るべきであり，外国人がこうした公権力行使等地方公務員に就任することは，本来我が国の法体系の想定するところではないとして，受験拒否を容認している（最大判平成17・1・26）。

ただし、この判決が国民主権の原理に対する理解を欠くという問題点を指摘する学説もある（渋谷）。

（4）社会権

外国人に対する社会権の保障は、所属国によってなされるべきであり、当然に居住する国によってなされるべきものではないと理解されてきた。しかし国籍を基準とするのではなく、「社会構成員」という性質を基準にして、少なくとも日本社会に居住し、国民との同一の法的・社会的負担を担っている定住外国人には日本国民と同様の保障をすべきであるという考えもある。

外国人に関する社会権は、1979年の国際人権規約批准や1981年の難民条約加入に伴って社会保障関係法の国籍要件が原則として撤廃され、それまで国籍要件によって認められていなかった国民年金の被保険者資格や児童手当の受給者資格が外国人に認められるようになった。しかし最高裁は、塩見訴訟の中で「社会保障法上の国の施策において在留外国人をどのように処遇するかについては、国は特別の条約の存しない限り、……その政治判断によりこれを決定することができ」、「その限られた財源の下で福祉的給付を行うに当たり、自国民を在留外国人より優先的に扱うことも、許されるべきことと解される」としており、外国人に対する社会権の保障に積極的ではない（最判平成元・3・2）。

（5）入国の自由

外国人の入国の自由については、通説・判例ともに国家の裁量に委ねられているとする。国際慣習法上国家が自己の安全と福祉に危害を及ぼすおそれのある外国人の入国を拒否することは、当該国家の主権的権利に属し、入国の拒否は当該国家の自由裁量によると考えられるからである。もちろん、外国人の入国の諾否は国家の裁量に委ねられるといっても、それは国家による恣意的な拒否を認めるものではなく、また、外国人の再入国（我が国に適法に入国し在留する外国人がその在留期間満了日前に出国し、再び入国すること）に関しては、外国人は「憲法上、外国へ一時旅行する自由を保障されているものではない」（最判平成4・11・16）とする最高裁の判断に対し、学説は、著しくかつ直接に我が国の利益を害することのない限り、再入国が許可されるべきであるとする。

4　法人（団体）

　憲法で保障される人権は個人の権利であり，本来，人権の享有主体は自然人であると考えられてきた。しかし，経済社会の発展に伴い，自然人のみならず，法人その他の団体の活動の重要性が増すことにより，法人（法人格を持たない団体も含む広い意味での法人）も人権の享有主体であると解されるようになった。最高裁も，「憲法第3章に定める国民の権利および義務の各条項は，性質上可能なかぎり，内国の法人にも適用される」（八幡製鉄政治献金事件*）と，法人の人権享有主体性を認めている。

　しかし，法人に対する人権の保障は，自然人と同等に認められるわけではない。性質上可能な限り認められるというのが，通説・判例の認めるところである。生命や身体に関する自由や生存権，また選挙権などは自然人にのみ認められる人権で，法人には保障されないが，財産権，営業の自由，居住・移転の自由のような経済的自由権は法人にも保障される。さらに，精神的自由についても，宗教法人の信教の自由，学校法人の学問及び教育の自由，報道機関の報道の自由などが保障されると解されている。

　法人に人権が認められるとしても，当然に自然人に比較すると制約を受けることになる。法人には内部に多くの構成員を有しており，構成員の政治的自由と矛盾・衝突する場合には法人は自らの立場を強制できないとされる（南九州税理士会政治献金事件**）（思想・良心をめぐる事案につき本書65頁参照）。

＊　八幡製鉄政治献金事件（最大判昭和45・6・24）

　八幡製鉄株式会社の代表取締役が，会社を代表して自由民主党に政治資金350万円を寄付したのに対して，株主が，この行為は会社の定款に定める事業目的の範囲外であるとして，代表取締役に会社への損害賠償を求めた事件。最高裁は，「憲法第3章に定める国民の権利および義務の各条項は，性質上可能なかぎり，内国の法人にも適用される」，「会社は，自然人たる国民と同様，……政治的行為をなす自由を有する」。「会社によってそれ〔政治資金の寄附〕がなされた場合，政治の動向に影響を与えることがあったとしても，これを自然人たる国民と別異に扱うべき憲法上の要請があるものではない」と判示し，株主の請求を認めなかった。

> ** 南九州税理士会政治献金事件（最判平成8・3・19）
>
> 　南九州税理士会は，税理士による公益法人であり強制加入団体である。1976年，南九州税理士会は，税理士法改正実現のため政治献金を行うこととし，その資金として会員から特別会費5000円を徴収する旨の決議をした。それに対して，会員の一人であった原告は，本件特別会費の納入義務不存在の確認及び慰謝料などを求める訴えを起こした。一審は，原告の訴えを容認したが，二審がそれを取り消したため，原告が上告した。最高裁は，「税理士会は，法人として，法及び会則所定の方式による多数決原理により決定された団体の意思に基づいて活動し，その構成員である会員は，これに従い協力する義務を負い，その一つとして会則に従って税理士会の経済的基礎を成す会費を納入する義務を負う。しかし，法が税理士会を強制加入の法人としている以上，その構成員である会員には，様々な思想・信条及び主義・主張を有する者が存在することが当然に予定されている」。「特に，政党など規正法上の政治団体に対して金員の寄付をするかどうかは，選挙における投票の自由と表裏を成すものとして，会員各人が市民としての個人的な政治的思想，見解，判断等に基づいて自主的に決定すべき事柄である」。「なぜなら，政党など規正法上の政治団体は，政治上の主義若しくは施策の推進，特定の公職の候補者の推薦等のため，金員の寄付を含む広範囲な政治活動をすることが当然に予定された政治団体であり，これらの団体に金員の寄付をすることは，選挙においてどの政党又はどの候補者を支持するかに密接につながる問題だからである」。「税理士会が，このような事柄を多数決原理によって団体の意思として決定し，構成員にその協力を義務付けることはできない」として，特別会費の徴収は税理士会の目的の範囲外であると判示した。

Ⅲ　人権規定の私人間効力（第三者効力）

1　問題の意味

　憲法によって保障される基本的人権は，公権力との関係で国民の権利・自由を保護するものであると考えられてきた。しかし，資本主義の高度化に伴い，私的組織ではあるが社会的に大きな力（「社会的権力」）を持つ巨大な組織が誕生し，一般国民の人権が脅かされる事態が生じた。公害問題・プライバシー侵害などは，国家権力以外の「社会的権力」による人権侵害という性格を持つ。このような私人による人権侵害に対して，憲法の人権規定が適用されるのかが問題となる。

自然権思想を背景に人権思想が発展してきたことを考慮するならば，人権の侵害主体の立場に関係なく，侵害行為自体は決して許されないということになる。しかし，先に述べたように憲法によって保障される基本的人権は国や地方公共団体という公権力から国民を保護するものであると考えられるので，そのような私人による権利の侵害を救済する現実的な手段である訴訟において憲法の規定を法的根拠として主張することが認められるのかという問題が生じる。

憲法で私人間への適用を明文で認めた規定としては，15条4項の「選挙人は，その選択に関し公的にも私的にも責任を問はれない」という規定があるが，12条や13条，18条・27条3項・28条なども，その性格からして私人間における人権の侵害を禁止するものと解することができる。

しかし，その他の人権規定を私人間に適用するためには，立法府による立法措置が取られる必要があるが，そのような法律がない場合に，憲法上の人権規定をどのように私人間に適用することができるのかが問題となる。

2　学説の考え方

私人間効力に関する学説には，アメリカ型とドイツ型がある。アメリカ型は，「国家同視説」と呼ばれるが，まず，憲法の人権規定が公権力と国民との関係を規律するものであることを前提とした上で，私人による侵害行為を国家の侵害行為と同視する。すなわち人権侵害行為を行った私人が，国家権力による財政援助や各種の監督を受けていた場合，あるいは国に準じるような高度に公的な機能（例えば警察機能）を行使する場合には，当該侵害行為を国家権力による侵害と同視して憲法を適用するとする説である。

一方，ドイツ型は，直接適用（効力）説・間接適用（効力）説・無適用（効力）説に分かれる。直接適用説とは，憲法の人権規定が私法関係においても直接適用されるとする説である。その根拠は，憲法は単に制度としての国家の枠組みのみではなく，政治・経済・社会の国民の全生活分野にわたる客観的秩序といえるので，私人関係においても直接憲法の規定が適用されるということである。しかし，直接適用説に対しては，私的自治の原則を否定するものであるという点と，人権規定に一律的に直接的な効力を認めると，国家（公）権力に

対抗するという人権の本質を歪めるおそれがあるという点で批判されている。

間接適用説とは，自由権や平等権などについては，公序良俗に反する法律行為は無効であると定める民法90条のような私法の一般条項を憲法の人権規定の趣旨を取り込んで解釈・適用することにより間接的に私人間の行為を憲法によって規律しようとする説である。間接適用説は，無適用説の非現実性の克服と同時に，上の直接適用説の問題点を緩和する考え方として，我が国では通説になっている。

無適用説は，憲法は国家対国民の関係を規律する法であり，憲法の人権規定は特段の定めのない限り私人間に適用されないという説である。無適用説を支持する学説はほとんどないが，近年再評価する見解もある。

3　判例の立場

最高裁の立場も，通説同様に間接適用説を採用している。使用者と労働者の労働関係における思想・信条の自由と雇用の拒否の関係を扱った三菱樹脂事件[*]において，憲法14条・19条は「国または公共団体と個人との関係を規律するものであり，私人相互の関係を直接規律することを予定するものではない」として，直接適用説を否定し，国家同視説的な考え方にも否定的な態度を示した。この最高裁の立場は，私立大学と学生の関係について争われた昭和女子大事件（最判昭和49・7・19）でも踏襲された。

また，企業における定年年齢を男性60歳，女性55歳とした会社の就業規則が問題となった日産自動車事件（最判昭和56・3・24）でも，この就業規則は性別のみに基づいて不合理な差別を定めたものとして民法90条により無効であるとして，憲法14条を民法90条を通して間接適用する立場が踏襲されている。

＊　三菱樹脂事件（最判昭和48・12・12）

　原告は被告三菱樹脂株式会社に3か月の試用期間を設けて採用されたが，期間満了直前に本採用を拒否された。その理由は，採用試験の際に，学生時代に学生運動に参加していた事実を秘匿し，あるいは虚偽の回答をしたことである。これに対して，原告が雇用契約上の権利を有することの確認を求めて訴えを提起したのが本件である。裁判では，思想・信条の自由などの憲法上の人権規定が私企業と労働者という私人間に適用さ

れるかということが争点になった。一審，二審は，ともに原告の請求を認容したが，最高裁はそれを破棄し差し戻した。その理由は，憲法14条・19条は「国または公共団体と個人との関係を規律するものであり，私人相互の関係を直接規律することを予定するものではない」として直接適用説を否定し，「私的自治に対する一般的制限規定である民法1条，90条や不法行為に関する諸規定等の適切な運用によって，一面で私的自治の原則を尊重しながら，他面で社会的許容性の限度を超える侵害に対し基本的な自由や平等の利益を保護し，その間の適切な調整を図る方途も存する」とするものであった。

Ⅳ 人権の制約——特別な法律関係と公共の福祉

1 公務員

　天皇や皇族などを除くすべての国民に憲法上の人権規定が適用されるのが原則であるが，公務員や在監者など一部の個人には人権の適用において制約が課せられている。

　公務員については，国家公務員法，地方公務員法，人事院規則などによる政治活動の自由に対する制限と労働基本権の制限が問題となる。従来，公務員や在監者の人権の制限については，特別権力関係論がその根拠として用いられていた。特別権力関係論とは，公務員や在監者は当事者の同意又は法律の規定などの特別な法的原因により政府と私人との間に設定された特別な関係に入ることにより，一定の人権が制限されるという考え方である。公務員については，こうした特別権力関係論を背景に，判例も公共の福祉や「全体の奉仕者」という抽象的な観念に依拠して，人権の制限を合憲としてきた。

　もっとも公務員に対する労働基本権の制限が問題となった全逓東京中郵事件判決（最大判昭和41・10・26）においては，最高裁は，公務員の労働基本権を原則的に承認し，労働基本権の制限は，職務の性質が公共性の強いものについて必要最小限度に止めなければならないと判示したが，全農林警職法事件（最大判昭和48・4・25）では，公務員の争議行為の一律禁止を合憲と判断したのである（以上について，本書152-153頁参照）。

　しかし，現在ではこの特別権力関係論は学説・判例でも否定されている。公務員の政治的行為の制限が争点となった猿払事件（最大判昭和49・11・6）で

は，「公務員の政治的中立性を損うおそれのある公務員の政治的行為を禁止することは，それが合理的で必要やむを得ない限度にとどまるものである限り，憲法の許容するところである」と，それまでの抽象的な合憲の根拠づけを放棄している（本書93頁参照）。

2　在監者

在監者も喫煙・新聞閲読・信書の発受などについて一定の制約を受けている（旧監獄法，刑事収容施設及び被収容者等の処遇に関する法律）。このような在監者の人権の制約も，当初は特別権力関係論を根拠としていたが，公務員への制約同様，特別権力関係論はもはや通用しない。

最高裁は，未決拘禁者に対する喫煙禁止の合憲性が争われた事案（最大判昭和45・9・16）で，未決拘禁者の自由の制限が，必要性・合理性の基準によって判断されるという立場を明らかにし，その喫煙の禁止を合憲とした。また，「よど号」ハイジャック新聞記事抹消事件*でも，監獄の長の新聞記事抹消処分の許容限度について，監獄内における規律・秩序が放置できない程度に害される「相当の具体的蓋然性」が予見される場合に限り，禁止又は制限できるという基準を採用した（信書の発受については本書106頁参照）。

＊　「よど号」ハイジャック新聞記事抹消事件（最大判昭和58・6・22）

原告は，拘留されていた東京拘置所において，私費で読売新聞を定期購読していたが，赤軍派による日航機「よど号」ハイジャック事件が発生したため，拘置所長は関係記事を墨で塗りつぶして抹消した。原告は国を相手取って，記事抹消の根拠となった監獄法31条2項などは「知る権利」を侵害し違憲であると主張し，国家賠償を請求した。一審は請求を棄却し，二審も一審を支持したため原告が上告した。最高裁は，新聞紙，図書等の閲読の自由について，「逃亡及び罪証隠滅の防止という勾留の目的のため」のほかに，「監獄内の規律及び秩序維持のために必要とされる場合にも，一定の制限を加えられることはやむをえない」ものであるが，制限が許されるためには，「具体的事情のもとにおいて，その閲読を許すことにより監獄内の規律及び秩序の維持上放置することのできない程度の障害が生ずる相当程度の蓋然性があると認められることが必要であり，かつ，その場合においても，右の制限の程度は，右の障害発生の防止のために必要

かつ合理的な範囲にとどまるべきもの」であるとし，結論において未決拘禁者の新聞閲読の自由の制限は合憲であると判示した。

3　公共の福祉

　憲法は，基本的人権を「侵すことのできない永久の権利」として，絶対的に保障する考え方をとっているが，上で述べた公務員や在監者などに対する権利の制限以外にも，12条や13条で「公共の福祉」による人権の制限原理を規定している。また，22条や29条でも「公共の福祉」による制限を明記している。この「公共の福祉」の条項が，どのような法的意味を持つのかについて一言で説明するのは困難ではあるが，少なくとも「公共の福祉」が人権を超越する全体的利益を意味するものでないことは確かである。今日一般に支持されている見解は，13条の「公共の福祉」に基づく消極的な内在的制約と，22条・29条の「公共の福祉」に基づく積極的な政策的制約を区別するというものである。そして，これらの「公共の福祉」の適用に当たっても，一律に適用することなく，それぞれの人権の性質や規制の目的を考慮するという考え方である。

　さらに，基本的人権と公共の福祉の問題は，それぞれの人権の種類や性質に従って人権を制限する違憲審査基準の問題へと議論の中心が移っている。つまり，公共の福祉により国民の権利が制限される場合でも，当然にされることはなく，その制限が認められるかどうかについて裁判所が審査するのである。その審査の際の基準については，人権のうちでも精神的自由と経済的自由を分けて，精神的自由を経済的自由より優位的地位に置き，そのため，違憲審査において，経済的自由の規制がゆるやかな基準で審査されるのに対して，精神的自由の規制はより厳格な基準によって審査されなければならないとする「二重の基準論」が学説・判例においても支持されている。

　最高裁は，昭和40年代の全逓東京中郵事件判決（最大判昭和41・10・26）において，「労働基本権の制限は，労働基本権を尊重確保する必要と国民生活全体の利益を維持増進する必要とを比較衡量して，両者が適正な均衡を保つことを目途として決定すべきである」として比較衡量論を採用し，博多駅事件（本書

86頁参照）においても，比較衡量論の立場を明確にした。違憲審査基準としての比較衡量論とは，人権を制約することによって得られる利益と失われる利益の価値を比較し，前者が大きい場合には人権の制限を合憲とし，後者が大きい場合には人権の制限を違憲とする違憲審査基準のことをいう。この比較衡量論については，どのように対立する諸利益を取り上げ，それをどのように比較するのか，という比較基準が不明確であり，裁判官の主観に左右されやすいなどの批判が向けられている。

　今日，学説・判例において広く支持を得ている二重の基準論は，アメリカの判例上形成されてきたものであり，精神的自由を経済的自由より優位的地位に置き，そのため，人権を規制する法律の違憲審査において，経済的自由の規制が立法府の裁量を尊重してゆるやかな基準で合憲性を判断するのに対して，精神的自由の規制はより厳格な基準によって判断する，という手法であり，最高裁も，「職業の自由は，それ以外の憲法の保障する自由，殊にいわゆる精神的自由に比較して公権力による規制の要請」が強いとした（最大判昭和50・4・30〔薬事法事件判決〕，本書110-111頁参照）。

　二重の基準論の根拠は，精神的自由は，民主主義の過程の維持保全にとって不可欠であるため，憲法上高い価値が認められるという人権の価値序列である。経済的自由の規制については，仮に不当な制限が加えられているとしても，民主主義の過程が機能していればそれを通じて矯正することが期待されうるのに対して，精神的自由が不当に制約されると，民主主義の過程そのものが傷つけられるので，そのような矯正が期待できなくなるというのである。

　この二重の基準論については，同じ種類の人権でも，置かれた問題状況の違いや権利の担い手によって異なった基準が適用されないか，また，経済的自由，精神的自由ともに，より厳しい審査が必要な場合とそうでない場合があるのではないか，生存権，労働基本権のように精神的自由でも経済的自由でもない人権に対してどちらの基準を適用するのかという問題がある。後者に関しては，厳しい審査基準である「厳格な審査基準」とゆるやかな審査基準である「合理性の基準」とは別に，その間に「厳格な合理性の基準」をおき，三種の審査基準をおくという考えもある。

第2章 幸福追求権と平等権

I 幸福追求権

1 幸福追求権の意義

　日本国憲法が制定される際，その基本原理である「個人の尊重」「個人の尊厳」を確保するために必要不可欠な権利は，できる限り個別の条文を設けて保障された。とはいえ，必要不可欠な権利は，明文で保障されたものに尽きるわけではない。

　例えば，情報化社会の進展に伴って個人のプライバシーが脅かされたり，積極国家化の進展によって公権力が市民生活の中に入り込んできたり，あるいは高度経済成長に伴って公害や環境破壊が深刻化したりするなど，憲法制定後の社会の変化の中で重大な問題が生じ，法的な対応が必要となることがある。しかし，そうした問題を「人権」侵害として扱おうとしても，憲法15条以下の個別の人権規定ではうまく捉え切れない。そこで注目されたのが，個人の尊重を謳い，生命，自由及幸福追求に対する権利（「幸福追求権」と総称される）を保障した13条である。つまりそこに，憲法解釈を通じて，プライバシー権や自己決定権，環境権などの新しい権利の保障を読み込もうと考えられたのである。

　憲法制定当初の学説では，13条は一般原理を国政の基本として宣言したものにすぎないとされ，独自の具体的内容を持つとは考えられていなかった。しかし現在では，上述したように，13条，特に後段の幸福追求権が，15条以下の個別の人権規定ではカバーされないけれども「個人の尊重」原理にとって不可欠な「新しい人権」を包括的に保障していると解する立場が通説となっている。判例でも，京都府学連事件の最高裁判決が，憲法に明文の根拠規定のない肖像権を13条を根拠として実質的に認めるなど，13条が「新しい人権」の受け皿と

なることを承認している。

> *** 京都府学連事件（最大判昭和44・12・24）**
>
> 京都府学生自治会連合が主催するデモ行進に際して，警察官がその様子を写真に撮影したところ，デモ隊の一人がこの警察官を旗竿で突くなどしたために，傷害及び公務執行妨害罪で起訴された事件。被告人側は，令状も本人同意もなく行われた写真撮影は，憲法13条が保障する肖像権を侵害するなどとして無罪を主張した（公務執行妨害罪の成立には職務執行が適法であることが要件となる）。最高裁は，「憲法13条は，……国民の私生活上の自由が，警察権等の国家権力の行使に対しても保護されるべきことを規定して」おり，「個人の私生活上の自由の一つとして，何人も，その承諾なしに，みだりにその容ぼう・姿態……を撮影されない自由を有するものというべきで……，これを肖像権と称するかどうかは別として，少なくとも，警察官が，正当な理由もないのに，個人の容ぼう等を撮影することは，憲法13条の趣旨に反し，許されない」と述べた。ただし，「現に犯罪が行われもしくは行われたのち間がないと認められる場合であって，しかも証拠保全の必要性および緊急性があり，かつその撮影が一般的に許容される限度をこえない相当な方法をもって行われるとき」には写真撮影も許容され，本件の場合はそれに当たるとして，被告人を有罪とした。

2　幸福追求権の保障内容

では幸福追求権は，どのような行為や利益を保障する権利だろうか。この問題をめぐっては，「人格的利益説」と「一般的（行為）自由説」という二つの見解がある。

人格的利益説とは，幸福追求権は個人の人格的自律や人格的生存に不可欠な利益のみを保障したものと考える立場である。すなわち，理性的な個人が「人間らしく生きる」ために不可欠と考えられる利益のみが幸福追求権による保障に値すると考える。他方，一般的自由説とは，そうした限定をせずに，幸福追求権はすべての生活領域において人間の自由な行為を広く保障していると解する立場である。前説に対しては，人権保障の範囲を狭めるおそれがあること，後説に対しては，人権の価値を低下させる人権のインフレ化を招きかねないことが指摘される。

とはいえ，両説の違いは実際上それほど大きくはない。というのも，人格的利益説に立つ論者も，人格的生存に必ずしも不可欠とはいえないような利益で

あっても場合によっては憲法によって保護されることを認めているし，一般的自由説に立つ論者の中にも，人格的生存との関連性の強弱によって自由に対する制約の許容性が異なることを認める者は多いからである。

　なお，二説のいずれによるにせよ，幸福追求権は包括的権利という性質を持つため，15条以下が保障する個別的人権とどのような関係に立つのかも問題になる。通説は，人権の根拠規定を求める場合はまず15条以下に当たり，適当な規定が見出せない場合に限り13条によるべきであるとする。このような考え方を，補充的保障説という。

3　幸福追求権の具体的内容

　幸福追求権が包括的な権利と考えられることから，これまでに様々な利益が，幸福追求権に含まれる「新しい人権」として主張されてきた。それらは多種多様であり，体系的に把握するのは容易ではない。以下では，それらの中でも特に重要なプライバシー権と自己決定権を中心に説明する。

（1）プライバシー権

　この権利はもともと，19世紀末のアメリカにおいて，「イエロー・ジャーナリズム」と呼ばれた大衆紙が著名人の私生活を暴露して部数を伸ばそうとしたことに対抗するために，「一人にしておいてもらう権利（right to be let alone）」として主張され，20世紀に入り判例によって承認されていったものである。

　その後，福祉や経済などの領域で国家が積極的に活動範囲を拡げるようになり，また，コンピュータ技術の発達などに伴って社会の情報化が進むと，個人に関する情報が行政機関や大企業などによって大量に収集・蓄積・管理され，場合によっては不正利用されたり広く拡散してしまったりする危険性が高まった。そこで，単に「一人にしておいてもらう」だけではこれらの危険に対応できないと認識されるようになり，プライバシー権を「自己に関する情報をコントロールする権利（自己情報コントロール権）」という，より積極的なものとして理解する見解が有力となった。

　日本でも，1960年代からプライバシー権に関する議論が盛んになり，「宴のあと」事件において裁判所は，プライバシー権を「私生活をみだりに公開され

ないという法的保障ないし権利」と理解した上で、それが人格権の一部として保護されることを初めて認めた。

> **＊「宴のあと」事件（東京地判昭和39・9・28）**
>
> 　有名な元政治家と料亭の女性経営者をモデルとした小説『宴のあと』の中で、二人の出会いや性行為、夫婦の愛憎などが描かれていたことに対して、この元政治家が著者や出版社を相手どり、プライバシー権の侵害に当たるとして損害賠償などを求めた事件。裁判所は、「私事をみだりに公開されないという法的保障ないし権利」を認めた上で、プライバシー侵害が成立するには、公開された内容が①私生活上の事実または事実らしく受け取られるおそれのある事柄で、②一般人の感受性を基準にして当該私人の立場に立った場合公開を欲しないであろうと認められる事柄であり、③一般の人々に未だ知られていない事柄であって、公開によって実際に不快、不安を覚えたことを必要とするとした。そして、原告が公的な経歴を有していることを考慮したとしても、違法なプライバシー侵害が認められる部分があるとして、損害賠償請求を認めた。
> 　本判決が示した、①私事性、②秘匿性、③非公然性というプライバシー侵害の三要件（「実際の不快・不安」を含めて四要件とされる場合もある）は、その後の判決でもしばしば引用されている。

　これ以降、判例は、一般的にプライバシーを法的利益として認めている（ただし最高裁は、「プライバシー権」という言葉は使っていない）。しかし、伝統的な理解に基づいてプライバシー権を「私生活をみだりに公開されない権利」ととらえる一方で、実質的に自己情報コントロール権としての側面も考慮に入れた判決も見られるなど、権利の定義、射程、保護される利益の相互関係などの点で未だあいまいな部分を多く残したままである。以下では、実際に問題となった代表的な事例を紹介する。

　(a)　モデル小説　「宴のあと」事件と同様にモデル小説が問題となった近年の事例として、「石に泳ぐ魚」事件がある。文芸雑誌に掲載された「石に泳ぐ魚」と題する小説に、幼少時から顔面に大きな腫瘍があること、父親がスパイ容疑で逮捕された経歴があることなど自分と同じ特徴を有する人物が登場することによってプライバシー権などを侵害されたとして、著者と交流があった女性が著者や出版社に対し、慰謝料、謝罪広告の掲載、本件小説の単行本化による公表の差止などを求めて訴えたこの事件では、「宴のあと」事件とは異な

り，モデルとされた人物は一般には全く知られていない無名の私人であった。したがって，一般人には登場人物とモデル本人を同定することは困難であったが，最高裁はプライバシーの利益の侵害を認め，慰謝料の支払と公表（出版）差止を命じた控訴審判決を維持した（最判平成14・9・24）。

　本件や後に見る「逆転」事件のように，表現の自由との調整が必要となる事案の場合，プライバシーの「肥大化」によって表現活動が萎縮してしまうことを危惧する声もある。

　(b)　前　科　　京都市中京区長が弁護士会からの照会に応じてある者の前科及び犯罪経歴を回答した前科照会事件において，最高裁は，「前科及び犯罪経歴……は人の名誉，信用に直接関わる事項であり，前科等のある者もこれをみだりに公開されないという法律上の保護に値する利益を有する」として，区長の責任を認めた（最判昭和56・4・14）。この判決は，プライバシーという言葉は用いていないが，前科を公開されない利益を公権力との関係で認めた点，一般への公開ではなく，特定の個人や団体（ここでは特定弁護士及び弁護士会）への通知だけでもこの利益が侵害されることを認めた点が注目される。

　また，ノンフィクション作品による前科の公表が問題となったのが，「逆転」事件である。これは，かつてアメリカ統治下の沖縄で行われたある陪審裁判の体験を，陪審員の一人が『逆転』と題したノンフィクション作品として発表したところ，その作中で12年余り前の前科を実名で公表されたとして，当時既に平穏な社会生活を送っていた原告が，著者に対して損害賠償を請求したものである。最高裁は，やはりプライバシーという言葉は用いなかったものの，前科等に関わる事実は人の名誉あるいは信用に直接関わる事項であるから，人はみだりにそうした事実を公表されないことにつき法的保護に値する利益を有し，このことは，その事実の公表が公的機関によるものであっても私人又は私的団体によるものであっても変わるものではないとした。ただし，著者の表現の自由との調整も必要とされるため，著作物の目的，性格等に照らした実名使用の意義及び必要性と，前科等に関わる事実を公表されない法的利益とを比較衡量して決するものとして，本件の場合は本件事件及び裁判から12年余り経過し，その間原告が社会復帰に努め，新たな生活環境を形成していること，また，原

告は無名の一市民であって公的立場にある人物ではないことなどを考慮すれば、公表されない利益が優先するとしたのである（最判平成6・2・8）。

なお、前科等の情報は公共的情報であること、裁判自体が公開されていることなどから、前科等をプライバシーとして保護することを批判する学説もある。これに対し、当時は公共的情報であったものでも、時の経過とともに私事性を持つ情報に転化するという本判決の考え方を支持する見解もある。

(c) 容ぼうや肖像　前出の京都府学連事件の他に、容ぼうや肖像に関する現代的な問題として、監視カメラ（防犯カメラ）による画像撮影の問題がある。道路や公園等の公共空間においても、個人のプライバシーは保護されるのであろうか。警察が防犯目的として地区の公道上に複数のテレビカメラを設置していたことに対して、地区居住者らがその撤去等を求めた裁判において、裁判所は、「情報活動の一環としてテレビカメラを利用することは基本的には警察の裁量によるものではあるが、……その設置・使用にあたっては、①目的が正当であること、②客観的かつ具体的な必要性があること、③設置状況が妥当であること、④設置及び使用による効果があること、⑤使用方法が相当であることなど」を検討すべきであるとした。また、憲法13条の一環としてのプライバシーの利益は公共の場所でも失われるわけではないとして、各カメラのうち必要性を立証できない1台の撤去を命じた（大阪地判平成6・4・27）。

(d) 氏名、住所、電話番号など　氏名や住所、電話番号などの情報は、個人の思想・信条や病歴など秘匿性の高い典型的プライバシー情報とはいえないが、その取扱いがプライバシーの問題となる場合がある。早稲田大学が中華人民共和国の江沢民国家主席を招いて講演会を開催した際、大学が事前に参加希望学生に対して学籍番号、氏名、住所及び電話番号を名簿に記入させ、それを学生らの同意なしに、警備を担当する警察へ求めに応じて提出したことに対して、学生が損害賠償等を求めた早稲田大学江沢民講演会名簿提出事件において、最高裁は、氏名、住所、電話番号などの情報は秘匿される必要性が必ずしも高くはないものの、自己が欲しない他者にはみだりにこれを開示されたくないと考えることは自然であり、そのことへの期待は保護されるべきであるから、「プライバシーに係る情報として法的保護の対象となる」とした。そして

本件では，警察への情報提供について事前に参加者から承諾を取ることは容易だったにもかかわらずそれを怠ったことで，学生の「プライバシーを侵害するものとして不法行為を構成する」とした（最判平成15・9・12）。

また，1999年に導入が決まった住民基本台帳ネットワーク（各市町村の住民基本台帳を電子化・全国ネットワーク化したデータベース・システム。いわゆる住基ネット。個人の氏名，住所，生年月日，性別，住民票コード及びそれらの変更情報が対象となる）をめぐっては，行政機関が住民票コードを利用して個人の多様な情報を瞬時に把握してしまう危険性があり，プライバシーを侵害するとして，市町村による本人確認情報提供の差止や国家賠償を求める訴訟が全国で起こされた。最高裁は，憲法13条により「個人の私生活上の自由の一つとして，何人も，個人に関する情報をみだりに第三者に開示又は公表されない自由を有する」としつつ，住基ネットは正当な行政目的の範囲内であり，情報漏洩の具体的危険性もなく，目的外利用なども刑罰をもって禁止されているなどとして，個人が住基ネットでの情報の管理・利用に同意していないとしても上記自由の侵害とはならないとした（最判平成20・3・6）。

今後，行政機関や民間企業による個人に関する情報の収集・蓄積・分析システムがますます高度化していく中で，それらを適切に統制できるプライバシー権の内実をどのように組み立てていくかが問われている。

（2）自己決定権

自己決定権とは，一定の個人的事柄について公権力から干渉されずに自ら決定することができる権利とされ，通説は，この権利が幸福追求権によって保障されていると考える。もっとも，例えばある表現を行う／行わないことの自己決定や，ある宗教を信仰する／信仰しないことの自己決定は，それぞれ明文の規定がある表現の自由（21条1項），信教の自由（20条1項）の問題として扱えば足りる。そこで，憲法13条の問題となるのは，個別の人権規定では捉えきれない事柄についての自己決定である。では，どのような事柄に関する自己決定が13条で保障されるのか。幸福追求権の保障内容に関して人格的利益説に立てば，個人の人格的生存に不可欠な重要事項についての自己決定が保障されるべきことになる。具体的内容として，①自己の生命・身体の処分に関わる事柄

（輸血拒否や尊厳死・安楽死など），②家族の形成や維持に関わる事柄（結婚・離婚，同性婚など），③リプロダクション（生殖）に関わる事柄（妊娠・出産，堕胎など）が挙げられる（佐藤幸）。これに対して，一般的自由説に立てば，髪型や服装，喫煙など，あらゆる事柄が自己決定の対象として保障されることになる。もっとも，人格的生存との結びつきが強い事柄の自己決定はより手厚く保障され，結びつきが弱いものほど制限を認められやすいと考えるのであれば，先にも述べたように，実際には人格的利益説との違いはほとんどないといえる。

以上を踏まえて，幾つかの具体的問題を紹介しよう。

(a) 輸血拒否　医療の場面において，医師と患者との間には専門知識や情報量に差があるため，医師には患者へ十分な説明を行う義務があり，その上で患者自身が治療方法などを選択できることが必要である（インフォームド・コンセントといわれる）。では，患者が選択した治療方法が生命のリスクを伴うものであった場合，その決定はどこまで尊重されるべきであろうか。ある患者が，自らの信仰に基づいて無輸血での手術を希望したが，手術中，医師が自らの判断で救命のために輸血を行ったところ，この患者が病院設置者や医師に損害賠償を求めた「エホバの証人」輸血拒否事件において，最高裁は，患者が宗教上の信念から輸血を拒否する明確な意思を有している場合，「このような意思決定をする権利は，人格権の一内容として尊重されなければならない」とした上で，場合によっては輸血を行う可能性もあることを事前に説明した上で，患者自身の意思決定に委ねるべきであったとした（最判平成12・2・29）。医師に厳しい説明義務を課すとともに，生命のリスクを伴う自己決定が医師の判断に優先する場合があり得ることを認めた点で，注目される。

(b) 安楽死・尊厳死　死期の迫った患者の苦痛を取り除くため，医師が薬物などを投与して死期を早めて生命を絶つ安楽死や，過剰な延命治療を拒否して自然な死を迎える尊厳死などを，患者が自らの自己決定として選ぶことが認められるかどうかも問題となる。家族からの依頼を受けた医師が末期ガン患者に心停止作用のある薬物を注射して死亡させ，殺人罪で起訴された東海大学安楽死事件において，裁判所は，治癒不能な病気に冒され，死が不可避な末期状

態であることや，治療行為の中止を求める患者の意思表示が存在することなどの一定の要件の下で治療行為の中止（尊厳死）と安楽死が許容される可能性を示した（横浜地判平成7・3・28。ただし本件医師の行為はこれらの要件を満たしていないとして有罪とした）。

　安楽死や尊厳死は，終末期医療の全体に関わる問題であり，個人の自己決定の場面だけをとらえて考えることは難しい。環境整備が不十分なまま自己決定だけを認めれば，周囲の無言の圧力を受けて死を選ぶというような，事実上の「他者による決定」となる危険性も高い。

　(c)　一般的行為の自由　　人格的生存との関連が薄いとされる行為の自由についても，自己決定の問題となることがある。判例においては，賭博行為（最大判昭和25・11・22），受刑者の髪型の自由（東京地判昭和38・7・29）や在監者の喫煙の自由（最判昭和45・9・16），自己消費目的での酒製造の自由（最判平成元・12・14），高校生にとってのバイクに乗る自由（高松高判平成2・2・19）や髪型の自由（最判平成8・7・18）などが問題となった。判決はほとんどの場合，そうした行為の自由が幸福追求権により保護されるのか明らかとしないまま，著しく不合理とはいえない，あるいは必要かつ合理的であるとして規制を適法と認めている。学説からは，規制目的や規制手段の妥当性などの検討が不十分であるとの指摘もある。

（3）その他の権利

　その他にも，幸福追求権の一部に含まれると主張される権利がある。

　(a)　名誉権　　名誉という利益は，刑法上の名誉毀損罪（刑230条）や民法上の不法行為法（民709条・710条・723条等）によって既に法的に保護されているが，「北方ジャーナル」事件において最高裁は，「人格権としての個人の名誉の保護（憲法13条）」と憲法13条に言及し，名誉が憲法上も保護の対象となることを認めた（最大判昭和61・6・11）。多くの場合，名誉権の保護は，表現の自由や報道の自由との調整が必要となる。

　(b)　環境権　　1960年代以降，日本は高度経済成長といわれるめざましい発展を遂げた反面，企業活動の行き過ぎや政府の放任などによって，大気汚染や水質汚濁，騒音，振動，悪臭など国民の生活環境を著しく悪化させる事態も引

き起こした。こうした事態に対抗するため，良い環境を享受し支配する権利としての環境権が，新しい人権として提唱されたのである。

しかし，「環境」とはどこまでを含むのか，裁判において誰が誰に対して権利侵害を主張できるのかなど，権利の主体，客体及び内容が不明確なこともあり，環境権を正面から承認した判例はこれまで見られない。他方で，1993年に制定された環境基本法において，「将来の国民の健康で文化的な生活の確保に寄与する」ために，環境保全に関する責務が国や事業者，国民に課されるなど，環境権の理念が立法の指針として果たした役割は小さくないといえる。

II　平　等　権

1　平等権の意義
（1）平等思想

フランス革命のスローガンが「自由・平等・友愛」であったことに表れているように，平等は，自由と並んで中世ヨーロッパ社会の身分制秩序を打破する大きな力となった理念であった。それゆえ，市民革命を経て生まれた近代立憲主義憲法にとっても，平等は最も重要な価値の一つとなったのである。アメリカ独立宣言（1776年）が「すべての人は平等に造られ」と述べ，フランス人権宣言（1789年）が「人は自由かつ権利において平等なものとして生まれ，生存する」と宣言したのは，その一例である。

しかしながら，崇高な理念にもかかわらず，現実の社会における平等の実現は容易ではなかった。フランス人権宣言にいう「人」とは当初，成人男性のみを意味していたし，アメリカ独立宣言においても「人」には黒人奴隷は含まれていなかった。女性やいわゆる有色人種をはじめ，すべての人々が平等の主体となるためには，その後の長い闘いが必要だったのである。

（2）形式的平等と実質的平等

ところで，平等とは何を意味するのであろうか。近代においては，個々人の間に現実に存在する様々な違いはひとまず置いて，すべての人を形式的に同じように扱う「形式的平等」が求められた。すなわち，市民革命を経て近代社会

へと変化する中で，身分制から解放された人々は，自由に政治的，経済的，社会的活動を行うチャンス（機会）が平等に保障されることを要求したのである。形式的な機会の平等を国家が保障しておけば，後は個々人の自由な競争によって人々や社会に幸福な結果がもたらされると想定されたわけである。

　ところが，19世紀の資本主義経済の発展は，人々の間の社会的・経済的格差を拡大させた。形式的な機会の平等を保障しても，既に存在する現実の不平等の前では，自由な競争の恩恵を受けることができるのは少数の豊かな者だけであり，結果的に現実の不平等を拡大する場合も多いということが明らかとなったのである。それに伴って，形式的な機会の平等を保障するだけでは不十分であるとして，貧富の差をはじめとする現実の不平等を国家が是正する「実質的平等」が求められるようになった。

　しかし，実質的平等という観念は多義的であり，それが国家の介入によって競争の結果まで同じに揃えること（結果の平等）を要求しているとすると，形式的平等と両立しないだけでなく，近代立憲主義の重要な価値である自由の理念とも対立することになってしまう。そこで，個人の自由と両立し得るのは，原則として，国家が機会の実質的平等を保障するところまでであると考えられている。

2　日本国憲法と平等権
（1）日本国憲法14条

　明治憲法には，平等に関する一般的規定は存在していなかった。そもそも明治憲法体制自体が，天皇制という身分制を柱として成り立っており，華族令による世襲的特権階級も認められていた。また，女性には選挙権も与えられないなど，法制度の上でも多くの不合理な差別が存在した。

　これに対して日本国憲法は，近代立憲主義思想にのっとり，平等を憲法の基本理念の一つとした。すなわち，14条1項で「すべて国民は，法の下に平等であって，人種，信条，性別，社会的身分又は門地により，政治的，経済的又は社会的関係において，差別されない」と，平等権を一般的に保障し，2項で貴族制の禁止，3項で栄典の制限を規定している。また，24条で婚姻や家族生活

における両性の平等を，26条で平等な教育を受ける権利を，44条で選挙権・被選挙権の平等を保障するなど，平等原理の徹底を図っている（地位の世襲を定める象徴天皇制は，憲法自身が認めた例外である）。

ところで先述したように，平等の観念には形式的平等と実質的平等があるが，自由を重要な価値とする日本国憲法は，形式的平等を保障することを原則としており，実質的平等の実現は，25条をはじめとする社会権規定及びそれらを具体化する立法に委ねていると考えられる（本書142-143頁参照）。

ただし，14条は，国家が実質的平等を実現するために，ある人や集団に対して特別な配慮をすることも一定程度認めていると解される。確かに，すべての人は人であるという点で等しい主体である。他方，人は身体的特徴や性別，年齢，財産，生育環境など様々な点で違いを持っている。このような事実上の違いを全く無視して，すべての人をいかなる場合でも均一に取り扱うこと（「絶対的平等」）は，個人の尊重原理に反し，また社会的に著しく不公正な結果をもたらすおそれもある。累進課税制や就学における授業料免除・奨学金制度などは，そうした不公正な結果を回避しようとする仕組みであり，通説・判例は，14条の平等保障とは，合理的な理由があればある人や集団を区別して取り扱うことも認める「相対的平等」の保障であると解している。

なお，14条が保障する平等権は，政府が法律を平等に適用することを求めるだけでなく，立法府が立法を行う際に，法律の内容が平等原則に反しないことも要求すると考えられている（法内容平等説あるいは立法者拘束説という）。したがって裁判所は，違憲審査権によって，適用される法令の内容に14条に反する不合理な差別が含まれていないかどうかも審査することになる。

（2）14条1項後段列挙事項の意義

14条1項後段は，「人種，信条，性別，社会的身分又は門地」に基づく差別を禁止している。歴史的に見ると，これらの事項を理由とした不合理な差別が行われることが多かったからである。とはいえ，不合理な差別は既に14条1項前段で禁止されているので，後段は単にその具体例を挙げただけと考えることもでき，判例もそのように解している（例示説）。

学説の多くは，列挙された事項以外による別扱いでも不合理な差別となり得

ることは認めた上で，列挙事項に基づく別扱いは原則として不合理な差別と推定され，厳格な合憲性審査が求められるという特別な意味を持つと考えている（特別意味説）。

3 平等問題に関する合憲性審査の判断枠組み

先述のように，14条が保障するのは相対的平等であり，合理的理由があれば国家がある人（集団）とある人（集団）とを区別して取り扱うことも認められると解される。しかし，合理的理由があるか否かというだけでは判断基準として漠然としているため，問題となる区別・別扱いが合理的区別として許されるか，あるいは不合理な差別として14条違反となるかを判断するための，より明確な枠組みが必要になる。

学説は，後述する尊属殺重罰規定を違憲とした最高裁判決が採用した目的手段審査という手法を基本的に支持している。すなわち，ある法律が人を区別して扱う目的（立法目的）と，その目的を達成するために法律が採用した別扱いの程度などの手段（目的達成手段）のそれぞれについて，合理性を審査するという枠組みである。その上で，通説は，14条1項後段に列挙された事項に基づいて区別・別扱いがなされる場合は，不合理な差別である可能性が高いので，それを正当化できるかを厳格に審査すべきであると考える。さらに，区別・別扱いによって不利益を受けるのが精神的自由や参政権など重要な権利である場合にも，厳格に審査すべきであると考える。

一方で，最高裁は，これまで一般的な判断基準を明示していない。上述した目的手段審査についても，それを採用せずに判断した例も見られる。また，立法裁量を尊重して緩やかな審査を行うことが多いが，近年の判決では，さまざまな手法により立法裁量を枠づけようとする傾向も見られる。

4 平等権をめぐる判例
（1）尊属殺重罰規定

1995年改正前の刑法200条は，自己又は配偶者の直系尊属に対する殺人について通常の殺人よりも重い法定刑を定め，205条2項は，傷害致死についても

同様に規定していた。このように直系尊属を殺傷した者とそれ以外を殺傷した者とを区別して前者を重く処罰することは，平等原則に違反するのではないかと問題になってきたが，最高裁は，子は親を敬うべしという人類普遍の倫理に照らして合理的な区別であるとし，憲法違反ではないとしていた。

　しかし1973年，最高裁はそれまでの判例を変更して，刑法200条を憲法14条1項に反し違憲であると判断した（最大判昭和48・4・4）。ただし，違憲と結論づけた裁判官の間でも，その理由づけについては考え方が分かれた。多数意見は，「尊属に対する尊重報恩」という「自然的情愛ないし普遍的倫理の維持は，刑法上の保護に値する」ものであるので，尊属殺に対して刑を加重したとしても不合理とはいえないものの，「刑法200条は，尊属殺の法定刑を死刑または無期懲役刑のみに限っている点において，その立法目的達成のため必要な限度をはるかに超え，普通殺に関する刑法199条の法定刑に比し著しく不合理な差別的取扱いをするものと認められ」るとした。つまり，刑法200条の立法目的は合理的なものであるが，それを達成するための手段としての刑の加重の程度が極端すぎる（法律上の減軽や酌量減軽により最大限に刑を減軽しても懲役3年半までとなり，3年以下の場合に付けられる執行猶予を付けることができない）ことが不合理で違憲であるとしたのである。

　これに対して少数意見は，「尊属に対する尊重報恩」を保護するという立法目的自体が一種の身分制道徳に基づくものであり，個人の尊厳と人格価値の平等を基本とする民主主義の理念に反するとした。すなわち，手段の程度が問題ではなく，立法目的そのものが不合理な差別に当たると考えたのである。

　学説は少数意見を支持するものが多いが，最高裁は多数意見の観点から，刑法205条2項については刑の加重の程度が著しいとはいえないとして，合憲判断を行っている（最判昭和49・9・26。ただし同条項は1995年に200条とともに削除され，現在は被害者が尊属である場合を別扱いする規定は存在しない）。

（2）非嫡出子に対する法律上の別扱い

　両親が法律婚関係にない子は「非嫡出子（婚外子）」と呼ばれ，正統ではない子とみなされて差別を受けてきた。2013年改正前の民法900条4号但書前段は，相続人として嫡出子と非嫡出子がある場合，非嫡出子の法定相続分を嫡出

子の2分の1と定めていた。非嫡出子側からすれば，自分ではいかんともし難い「社会的身分」で区別され不利な扱いを受けていることになり，同規定は憲法14条1項に反しているのではないかと従来より問題になってきた。

　1995年の最高裁決定は，民法900条4号の立法目的は嫡出子の立場を尊重すると同時に非嫡出子もある程度まで保護することにあるとし，民法が法律婚主義を採用している以上，それを維持するという目的もそのための手段も不合理とはいえず，憲法14条違反ではないとした（最大決平成7・7・5）。しかしその後，嫡出子と非嫡出子の別扱いについては，戸籍の記載における両者の区別が廃止される（2004年）などの変化があり，こうした流れを受けて2013年，最高裁はそれまでの立場を実質的に変更し，法定相続分に関する嫡出子と非嫡出子の別扱いを違憲と判断した。[*]

＊　非嫡出子法定相続分差別違憲決定（最大決平成25・9・4）

　最高裁はまず，相続制度をどのように定めるかは立法裁量に委ねられていることを前提に，法定相続分に関する区別に合理的根拠が認められない場合には，その区別は憲法14条1項違反となると述べた。その上で，「昭和22年民法改正時から現在に至るまでの間の社会の動向，我が国における家族形態の多様化やこれに伴う国民の意識の変化，諸外国の立法のすう勢及び我が国が批准した条約の内容とこれに基づき設置された委員会からの指摘，嫡出子と嫡出でない子の区別に関わる法制等の変化，更にはこれまでの当審判例における度重なる問題の指摘等を総合的に考察すれば，家族という共同体の中における個人の尊重がより明確に認識されてきたことは明らかであ」り，「上記のような認識の変化に伴い，上記制度の下で父母が婚姻関係になかったという，子にとっては自ら選択ないし修正する余地のない事柄を理由としてその子に不利益を及ぼすことは許され」ないという考え方が確立されてきているとして，遅くとも本件相続が開始した2001年7月当時においては，嫡出子と非嫡出子の法定相続分を区別する合理的な根拠は失われており，民法900条4号但書前段は憲法14条1項に違反していたと判断した。

　本決定を受けて，民法900条4号但書の当該部分は削除された。

（3）性別に基づく差別

　(a)　再婚禁止期間　　2016年改正前の民法733条は，女性に対してのみ6か月の再婚禁止期間を定めていた。これは男尊女卑の儒教的道徳観に基づいた，憲法14条1項等に違反する不合理な別扱いではないかとして，同規定を改廃し

てこなかった国会の立法不作為に対する国家賠償法上の違法性が争われてきた。最高裁は，1995年の判決では，父性の推定の重複を回避して父子関係をめぐる紛争の発生を未然に防ぐという民法733条の立法趣旨に照らして，同規定を廃止しなかったことが，国家賠償法上，国会議員の立法行為（立法不作為も含む）を違法と評価し得る例外的場合には当たらないとしていた（最判平成7・12・5）。しかし2015年の判決で，同規定を違憲と判断するに至った。＊

> **＊ 再婚禁止期間違憲判決（最大判平成27・12・16）**
>
> 　最高裁は，民法733条の立法目的については1995年判決と同様に解して，その合理性を認めた。そして，民法772条1項，2項からすれば，「女性の再婚後に生まれる子については，計算上100日の再婚禁止期間を設けることによって，父性の推定の重複が回避されることになる」ため，この100日について一律に女性の再婚を制約することには合理性があるとしたが，「医療や科学技術が発達した今日においては……再婚禁止期間を厳密に父性の推定が重複することを回避するための期間に限定せず，一定の期間の幅を設けることを正当化することは困難になった」として，本件規定のうち100日超過部分については，憲法14条1項及び24条2項に違反すると述べた。ただし国家賠償法上の違法性は認めなかった。
>
> 　本判決を受けて民法733条は改正され，女性の再婚禁止期間が100日に短縮されるとともに，前婚解消時に懐胎していなかった場合などにはこの禁止期間は適用されないこととなった。さらに，2022年の民法改正によって，再婚禁止期間は廃止されるに至った。

　(b)　**夫婦同氏の強制**　民法750条は，「夫婦は，婚姻の際に定めるところに従い，夫又は妻の氏を称する」と定めている。同規定は，夫（男性）の氏になることを妻（女性）に強制しているわけではないが，現実には96％を超える夫婦が夫の氏を選択しているという。そこで，少なくとも夫婦別氏（別姓）を法律上選択できないのは，憲法14条1項や24条に反するのではないかと問題になってきた。

　こうした中，前述の再婚禁止期間違憲判決と同日に下された最高裁判決は，民法750条は違憲ではないと判断した。すなわち，①同規定は「その文言上性別に基づく法的な差別的取扱いを定めているわけではな」いため，憲法14条1項に違反しない，②「現行の民法の下においても，家族は社会の自然かつ基礎

的な集団単位と捉えられ，その呼称を一つに定めることには合理性が認められる」とともに，「近時，婚姻前の氏を通称として使用することが社会的に広まっているところ」，夫婦同氏制に伴う「不利益は，このような通称使用が広まることにより一定程度は緩和され得る」ことなどを総合考慮すると，同規定は憲法24条に違反しないとしたのである（最大判平成27・12・16）。ただし，3名の女性裁判官を含む5名が，夫婦同氏に例外を認めない民法750条は，婚姻などに関する法律は個人の尊厳と両性の本質的平等に立脚して制定されなければならないとする憲法24条に違反するとした。その後，2021年にも最高裁は合憲判断を示している（最大決令和3・6・23）。

（c）同性婚　民法には婚姻を男女間に限定すると明記した条文はないが，政府は異性婚が前提とされていると解して運用しているため，現在の日本では戸籍上の性別が同じ者どうしでの婚姻，いわゆる同性婚は認められていない。その結果，同性愛者は望む相手と法律婚することができないという差別的取扱いを受けることになる。これは本人の「性別」に基づく別扱いではないが，「性的指向」（恋愛感情や性的な関心がどの性別に向かうか）に基づく差別として，憲法14条に反するかが問題となる。確かに憲法24条1項は，婚姻が「両性の合意のみに基づいて成立」すると規定しており，異性婚を前提としているように見えるが，同条は同性婚を禁止する趣旨ではなく，日本国憲法制定当時は同性同士の婚姻は想定されていなかったことを示しているにすぎないと考えられる。

近時，同性婚を認めないことは憲法違反であるとして全国で訴訟が起こされているが，下級審の判断は分かれている（14条1項に違反するとしたものとして札幌地判令和3・3・17，憲法違反はないとしたものとして大阪地判令和4・6・20，24条2項に違反する違憲状態にあるとしたものとして東京地判令和4・11・30，福岡地判令和5・6・8，14条1項及び24条2項に違反するとしたものとして名古屋地判令和5・5・30）。いずれにしても，日本国憲法が同性婚を否定しているとまでは考えられず，法律改正によって同性婚を法律婚に含めることは可能である。

（d）雇用関係　女性のみが結婚や出産を機に退職を迫られる結婚退職制や出産退職制，女性の定年が男性よりも早く設定された男女別定年制などが，か

つて日本の企業で広く採用されていたが，こうした制度はいずれも裁判所において民法90条違反とされ（東京地判昭和41・12・20，最判昭和56・3・24など），男女雇用機会均等法などにより明確に違法とされるに至っている。また，男女を総合職・一般職などのコース別に採用して昇格や賃金に事実上差をつける，コース別採用についても違法とした判決がある（東京地判平成14・2・20）。

（4）投票価値の平等

　選挙区に基づく選挙制度を採用する場合，選挙区ごとに議員定数が配分されるため，各選挙区の有権者数との関係で，投票の価値に差が生じる可能性がある。かつて衆議院議員選挙が中選挙区制で行われていた時代，都市部への人口集中などが生じたにもかかわらず国会が適切な定数再配分を怠ったために，議員定数不均衡が拡大した。そこで，これは住所に基づく不平等な取扱いであるとして，14条違反を争う裁判が全国各地で相次いで起こされることになった。当初，最高裁は，それをもっぱら立法裁量の問題として司法審査に消極的であったが，1976年の判決で，初めて違憲とする判断を下した。＊

> **＊　1976年の衆議院議員定数配分規定違憲判決（最大判昭和51・4・14）**
>
> 　最高裁は，1972年12月に行われた衆議院総選挙について，最大1対4.99の投票価値の較差を違憲と判断した。判決は，「各選挙人の投票の価値の平等もまた，憲法の要求するところである」と解した上で，選挙区割りと議員定数の決定は原則的に国会の裁量であるものの，実際の投票価値の不平等が，「国会において通常考慮しうる諸般の要素をしんしゃくしてもなお，一般的に合理性を有するものとはとうてい考えられない程度に達しているときは，もはや国会の合理的裁量の限界を超えているものと推定され……憲法違反と判断するほかはない」と述べた。ただし，投票価値の較差が憲法の要求に反する程度とされる場合であっても，「人口の変動の状態をも考慮して合理的期間内における是正が憲法上要求されていると考えられるのにそれが行われない場合」に初めて違憲と判断されるとした。そして，本件選挙当時における較差は既に不合理な程度に達しており，かつ憲法上要求される合理的期間内に是正がされなかったため違憲であると結論づけた。しかしながら，行政事件訴訟法31条1項の事情判決の法理が本件にも適用されるとして，選挙自体は無効としなかった。

　同判決が示した枠組み，すなわち，まず較差が不合理な程度であったかを検討し，不合理な程度に達していた場合にはさらに合理的期間内に是正が行われ

たかを検討して違憲性を判断する（合理的期間を経過しているのに是正が行われていない場合は違憲だが，合理的期間内である場合は「違憲状態」といわれる）が，もし違憲であったとしても選挙自体を無効とはしないという枠組みは，その後の判決にも引き継がれている。

　1994年に衆議院に小選挙区比例代表並立制が導入されると，小選挙区間での投票価値の不均衡が問題となった。小選挙区の区割りに際して，各都道府県にまず1議席を割り振った後に残りを人口比例で配分する「一人別枠方式」が採用されたため，相応の較差が生じることになったのである。この制度の下での選挙に対しても多くの訴訟が起こされたが，最高裁は，1996年（最大較差1対2.309），2000年（同1対2.471），2005年（同1対2.171）のいずれの選挙についても合憲とした。

　しかし，最大較差1対2.304であった2009年総選挙について，最高裁は，相対的に人口の少ない地域に配慮する一人別枠方式は新しい選挙制度導入に伴う激変緩和措置として合理性があったものの，本件選挙当時には既にその合理性は失われていたとして，一人別枠方式に基づいて定められた区割りは投票価値の平等に反する状態であったとした。ただ，未だ憲法上要求される合理的期間内に是正がされなかったということはできないとして，違憲とは結論づけなかった（最大判平成23・3・23）。

　この判決を受けた国会は，一人別枠方式を廃止し5県で議席を減らす（いわゆる「0増5減」）法改正を行ったが，新たな選挙区割りが間に合わず，次の総選挙は従来の区割りのままで行われた。この2012年の総選挙（最大較差1対2.425）について，最高裁は，「立法府における是正のための取組が行われ，本件選挙前の時点において是正の実現に向けた一定の前進と評価し得る法改正が成立に至っていた」として，「一人別枠方式の構造的な問題が最終的に解決されているとはいえない」ものの，違憲とは結論づけなかった（最大判平成25・11・20）。その後，新たな区割りの下で行われた2014年の総選挙（最大較差1対2.129）について，最高裁は，違憲状態であったと判断したが（最大判平成27・11・25），「0増6減」改正によって最大較差が1対1.98に縮小した2017年の総選挙については，合憲としている（最大判平成30・12・19）。

他方，参議院議員選挙については，かつての地方区，現在の選挙区が都道府県単位を原則とする区割りを行っており，そこでの投票価値の較差は，衆議院をはるかに上回る程度になっている（憲法上，参議院が半数改選制であることにも起因する）。最高裁は，参議院の地方区選出議員に地域代表としての要素を持たせたとしても立法裁量の範囲内であり，その場合には投票価値平等の要求も譲歩，後退せざるを得ないし，また，国民の利害や意見を安定的に国会に反映させるために選挙区割りや議員定数の配分をより長期にわたって固定したとしても，立法政策として許されるとして，最大1対5.26の較差を容認した（最大判昭和58・4・27）。その後もおおむね1対5程度の最大較差を合憲としてきたが，2010年の参議院選挙（最大較差1対5.00）について，参議院選挙であること自体から「直ちに投票価値の平等の要請が後退してよいと解すべき理由は見いだし難い」こと，都道府県を「参議院議員の選挙区の単位としなければならないという憲法上の要請はな」いことを確認し，投票価値の不均衡が違憲状態であったとした（最大判平成24・10・17）。また，「4増4減」の定数改正後に行われた2013年の参議院選挙（最大較差1対4.77）についても違憲状態とする（最大判平成26・11・26）など，近年は参議院についても投票価値の平等をより重視する傾向にある（なお衆議院議員選挙制度の「一人別枠方式」の問題や，参議院議員選挙の選挙区の合区を含む問題等については本書207-208頁参照）。

第**3**章　精神的自由権

I　思想・良心の自由

1　思想・良心の自由の保障の意義
（1）思想・良心の自由保障の背景

　日本には，明治憲法下における治安維持法や思想犯保護観察法（思想犯の嫌疑をもたれた者は，交友関係等の調査，予防的身柄拘束，自白強要等を通じて継続的に監視される）等による個人の内心のあり方に対する国家的統制の歴史的経験がある。これに対する反省，また，ポツダム宣言が「思想ノ自由……ハ確立セラルベシ」と要請していたことから，日本国憲法は，特に独立の条文（19条）を設けて思想・良心の自由を保障するに至った（比較憲法的にこうした例は少なく，ドイツや韓国の憲法に見られる程度である）。

（2）思想・良心の自由の保障の意味

　思想とは客観的・論理的な思考，良心とは個人の生き方に関わる倫理観や道徳観を指すと一応区別できるが，両者を明確に分けることは困難であり，その実益も乏しいことから，「内心」として一体的に捉えるのが通説である。

　思想・良心の自由の保障の範囲をめぐっては，宗教上の信仰に準ずるような世界観，人生観など個人の人格形成の核心をなすものに限定されるとする信条説と，広く内心におけるものの見方や考え方すべてと解する内心説がある。この見解の対立は，被害者の請求に基づき裁判所が加害者に「名誉を回復するのに適当な処分」（民法723条）として謝罪広告を命じることができるかという問題にかかわる。最高裁は，謝罪広告命令は良心の自由を侵害するものではなく憲法19条に違反しないとしたが，思想・良心の自由の定義に言及していないためいずれの見解を採用するのか明確ではない。もっとも，「単に事態の真相を

告白し陳謝の意を表明するに止まる程度の」謝罪広告命令については合憲とするのは，そうでないものは違憲とする趣旨，すなわち，思想・良心の自由の保障について一定の範囲を画する見解であるようにも思われる。

> **＊ 謝罪広告命令事件（最大判昭和31・7・4）**
>
> 　衆議院議員選挙に立候補したYは，政見放送や新聞紙上で他の候補者Xがあっせん収賄を行ったと公表した。これに対してXは，事実無根であるとして，名誉回復のための謝罪広告等を求めて民事訴訟を提起した。第一審は名誉毀損の成立を認め，「放送及び記事は事実に相違して居り，貴下の名誉を傷け御迷惑をおかけいたしました。ここに陳謝の意を表します」という文面の謝罪広告をY名義で新聞紙上に掲載することを命じ，第二審もこれを支持した。これに対してYが良心の自由の侵害等を理由に上告した。最高裁は，時には謝罪広告を命じることが「債務者の人格を無視し著しくその名誉を毀損し意思決定の自由乃至良心の自由を不当に制限する」場合もありうるが，「単に事態の真相を告白し陳謝の意を表明するに止まる程度の」謝罪広告命令は，代替執行により強制することが可能であるとした。そして，本件謝罪広告命令については，「上告人に屈辱的若くは苦役的労苦を科し，又は上告人の有する倫理的な意思，良心の自由を侵害することを要求するもの」とは解されないと判示している。

（3）思想・良心の自由の保障の効果

　通説は，個人の思想や良心は，それが内心領域にとどまるかぎり直接的に介入することは不可能であり絶対的に保障されるとする。他方，外部的行為に対する規制を介した内心への干渉が可能であるため，思想・良心の自由保障の法的効果として公権力による以下のような侵害行為は禁止されると解されている。

　①公権力が，個人の思想・良心の形成過程に介入し，特定の思想や良心を持つ，または持たないよう強制することは許されない。したがって，公権力が特定の思想・良心の形成を意図してこれを組織的に宣伝・教化することは禁止される（佐藤幸）。この点，「伝統と文化を尊重し，それらをはぐくんできた我が国と郷土を愛する」ことを公教育の目的に掲げる教育基本法2条は，公教育を，本来多義的な「国を愛する心」から特定の解釈を公定して勧奨，宣伝・教化する手段と化し，思想・良心の自由を侵害するおそれがあると指摘されてい

る。

②特定の思想や良心を有する、もしくは有していないことを理由に不利益を課すことは禁止される。それは、①のような直接的手段によらず、不利益処遇という間接的手段により思想・良心の自由な保持を制約するからである。例えば、明治憲法下の思想犯（特定の思想を有することを理由に刑罰を科される）や、終戦直後マッカーサー書簡に基づき日本でも実施されたレッド・パージ（共産主義の信奉を理由とする公職追放や私企業等からの解雇等）が典型例である。

③公権力が、内心の探知を目的に、強制力を背景として、個人に対して現に保有する思想・信条の告白や開示を求めることは禁止される（沈黙の自由）。したがって、江戸時代に隠れキリシタン発見のため行われた「踏み絵」が今日ではもはや許されないのはもちろんのこと、支持政党や政治的主義・主張などを問うアンケート調査も憲法19条違反の問題を生じる。

かつて大阪市は、全職員を対象に、「真実を正確に回答する」よう職務命令で義務付けた上で「正確な回答」がなければ懲戒処分となる旨を明記して、「労使関係に関するアンケート調査」を行った。これは、組合活動や特定の政治家の支援活動への参加の有無、その具体的内容等について強制的に調査したものであり、憲法19条に明白に違反するものといえる（しかし、本件をめぐる訴訟で裁判所は、アンケートの設問は「回答者の思想・良心そのものについて質問するもの」でも「政治家の具体的な氏名について回答を求めるもの」でもなく、これらにより回答者の思想内容が明らかになるとはいえないとして19条違反を否定している。大阪地判平成27・3・30、大阪高判平成28・3・25など）。

また、国旗国歌法制定（1999年）以降の公立学校における国旗掲揚と国歌斉唱の推奨についても、思想・良心の間接的開示強制として機能する危険性が指摘されている（渋谷。なお、後述するように、これを「思想・良心に反する外部的行為の強制」という別の19条侵害類型として位置付ける見解もある）。

2　思想・良心の自由をめぐる判例
（1）思想・良心を形成・保持する自由の侵害

高等学校へ入試選考資料として提出される内申書に受験生の思想・信条、も

しくはそれを推知させる事実を記載することは，特にそれが不利益処遇（不合格）につながる場合，憲法19条に違反しないのかが問題となる。

東京都千代田区立麹町中学校を卒業し高校を受験したXが，内申書の特記事項欄に中学校在学中に政治活動をした旨（「校内において，麹町中学全共闘を名乗り，機関紙『砦』を発行した。学校文化祭の際，文化祭粉砕を叫んで他校生徒とともに校内に乱入しビラまきを行った。大学生ML派の集会に参加している。学校側の指導説得をきかないでビラを配ったり，落書きをした」）を記載されたためすべての受験で不合格になったとして，千代田区および東京都に損害賠償を請求した。最高裁は，いずれの記載もXの「思想，信条そのものを記載したものでないことは明らかであり」，記載された外部的行為によってはXの「思想，信条を了知し得るものではないし」，また，Xの「思想，信条自体を高等学校の入学者選抜の資料に供したものとは到底解することができないから，所論違憲の主張は，その前提を欠き，採用できない」と判示した（最判昭和63・7・15〔麹町中学校事件〕）。しかし，本件記載がXの思想・信条を容易に了知しうる内容であることは否定しがたく，判決には無理があるように思われる。

（2）内心に反する行為の強制

(a) 内心と矛盾する表現行為の強制　謝罪広告命令事件では，心にもない陳謝の意思表示の強制が問題になったが，既に見たとおり，判例は，「意思，良心の自由を侵害することを要求するものとは解せられない」とした。他方，ある新聞記事が見出しのみを読む一般読者にオウム真理教を承継する宗教団体がサリン製造研究を続けている印象を与え名誉を毀損するものであるとして，当該団体が謝罪広告命令を求めた事件では，本件記事の見出しは当該団体が主張するような印象を与える点でその社会的評価を低下させるものではあるが，深刻な程度とまではいいがたく，その回復には新聞紙上に「本件記事の訂正記事を掲載させることが最も適切かつ有効」であり，「訂正記事の掲載を超える控訴人の謝罪広告の請求及び慰謝料請求には理由がない」と判断されている（東京高判平成13・4・11）。

労働委員会によるポストノーティス命令（自らの行為が不当労働行為であると認定された旨等を記載した文書を，労働者の見やすい場所に掲示するよう使用者に命じる

もの）も同様の問題といえる。最高裁は，こうした命令は使用者の行為が「不当労働行為と認定されたことを関係者に周知徹底させ，同種行為の再発を抑制しようとする趣旨のもの」であり，「深く反省する」などの文言も，「同種行為を繰り返さない旨の約束文言を強調する意味を有するにすぎないものであり」，「反省等の意思表明を強制するものであるとの見解を前提とする憲法19条違反の主張は，その前提を欠く」としている（最判平成2・3・6）。

　また，教職員に対する自己観察の結果の勤務評定票への記入命令の合憲性が争われた事件で，最高裁は，当該命令は「記入者の有する世界観，人生観，教育観等の表明を命じたもの」とはいえず，これにより記載を求められる事項が，「内心的自由等に重大なかかわりを有するものと認めるべき合理的根拠」はないと判示している（最判昭和47・11・30〔長野勤務評定事件〕）。

　(b)　思想・良心に反する外部的行為の強制　　ある行為をすることが，個人がこれまでに形成してきた内心と衝突し，その人格，ひいては存在そのものの否定につながるほどの重大な影響を及ぼす場合がある。このことから，近年においては，自らの思想・良心に反する行為を強制されない自由も憲法19条の問題と位置付けられるようになっている。

　国旗・国歌への向き合い方は，それらが象徴する国家とその歴史に対する認識・評価といった個人の内心に大きく関わる。このため，公立学校の各儀式において，学校長が，教職員に対して，起立斉唱等特定の（主に敬意を意味する）行為を職務命令により強制することの合憲性が問われてきた。

　市立小学校の音楽専科の教諭が，入学式における「君が代」斉唱の際にピアノ伴奏を行うよう命じる校長の職務命令を拒否して戒告処分とされた君が代ピアノ伴奏拒否事件において，最高裁は，次のように述べて本件命令は憲法19条に反しないとした。伴奏拒否は，上告人教諭にとってはアジア侵略に結び付く「君が代」の過去の役割に関する「上告人自身の歴史観ないし世界観及びこれに由来する社会生活上の信念等」に基づく選択といえるが，「一般的には，これと不可分に結び付くものということはできず」，「本件職務命令が，直ちに上告人の有する上記の歴史観ないし世界観それ自体を否定するものと認めることはできない」。また，「客観的に見て，入学式の国歌斉唱の際に『君が代』のピ

アノ伴奏をするという行為自体は，音楽専科の教諭等にとって通常想定され期待されるものであって，上記伴奏を行う教諭等が特定の思想を有するということを外部に表明する行為であると評価することは困難」である（最判平成19・2・27）。

しかし，上記の多数意見に対して，藤田裁判官反対意見は，本件で問題となる上告人の思想・良心には，「君が代」に対する歴史観や世界観に加えて，「公的儀式の場で，公的機関が，参加者にその意思に反してでも一律に行動すべく強制することに対する否定的評価」が含まれている可能性があり，このような信念・信条に反する行為を強制することが憲法違反とならないかどうかは改めて検討する必要があると指摘している。また，同じく国旗・国歌に対する一定の行為の強制の問題として，公立高等学校の卒業式等において国旗に向かって起立し国歌を斉唱するよう教職員に命じる職務命令の合憲性が争われた事例では，最高裁も，思想・良心の自由に対する間接的制約の可能性を認めている。

* **君が代起立斉唱拒否事件（最判平成23・5・30，最判平成23・6・6，最判平成23・6・14，最判平成23・6・21）**

卒業式における君が代起立・斉唱の職務命令に従わなかった教職員が，その後，当該不起立行為が職務命令違反等に当たることを理由に定年退職後の再雇用の採用選考において不合格とされたことに対し，職務命令は憲法19条に違反し不合格は違法であるとして損害賠償等を請求した。最高裁は，本件職務命令は，特定の思想の強制や禁止，思想に関する告白を強要するものではなく，「個人の思想及び良心の自由を直ちに制約するものと認めることはできない」が，国旗・国歌に対する「敬意の表明の要素を含む行為」である起立斉唱を，これらに対する敬意を表明し難いと考えている者が求められることは，「個人の歴史観ないし世界観に由来する行動（敬意の表明の拒否）と異なる外部的行為（敬意の表明の要素を含む行為）を求められることとなり，その限りにおいて，その者の思想及び良心の自由についての間接的な制約となる面があることは否定し難い」と認めた。ただし，「このような間接的な制約が許容されるか否かは，職務命令の目的及び内容」，「制限を介して生ずる制約の態様等を総合的に較量して」，「制約を許容し得る程度の必要性及び合理性が認められるか否かという観点から判断するのが相当である」とした上で，本件職務命令については，式典における慣例上の儀礼的な所作として起立斉唱行為を求めるものであって，「教育上の行事にふさわしい秩序の確保とともに当該式典の円滑な進行を図るものである」としてその合理性・必要性を認定し，憲法19条に反するとはいえないとした。もっともその後最高裁は，同様の行為に対する減

第 3 章　精神的自由権

給・停職等の処分が争われた事件で，式典の進行を積極的に妨害するものではない不起立行為に対して，過去 2 年度 3 回にとどまる懲戒処分のみを理由に停職処分を行うことは，「重きに失するものとして社会観念上著しく妥当を欠」くとしており，命令違反に対する懲戒処分については慎重に解する立場を示している（最判平成24・1・16）。

　法令により加入を義務付けられた団体の決定への協力が，個々の構成員においてはその思想・良心に反する行為となる場合もある。最高裁は，司法書士会による阪神・淡路大震災被災司法書士会に対する復興支援拠出金寄付のための負担金徴収に関して，同会が強制加入団体であることを考慮しても，他の会と業務その他について提携，協力，援助等することは司法書士会の活動の範囲に含まれ，「司法書士の業務の円滑な遂行による公的機能の回復に資することを目的」とする本件寄付のための負担金徴収は「会員の政治的又は宗教的立場や思想信条の自由を害するもの」ではないとしている（最判平成14・4・25〔群馬司法書士会事件〕。政治献金をめぐる同様の事案について本書32頁参照）。

（3）私人による思想・信条に関する調査や申告の要求

　私人間で思想・良心の自由の侵害が争われた事例としては，学生運動歴の調査等が問題となった三菱樹脂事件が有名である（事件の詳細については本書34-35頁参照）。最高裁は，憲法の人権規定は「私人相互の関係を直接規律することを予定するものではない」とした上で，企業者は，契約締結の自由により法律等の制限がない限り労働者の雇用を自由に決定できるのであり，「特定の思想，信条を有する者をそのゆえをもって雇い入れることを拒んでも，それを当然に違法とすることはできない」と判示した（最大判昭和48・12・12）。

　また，東電塩山営業所事件では，部外秘情報の共産党機関紙への掲載をめぐって同党に関わりがあるとされる従業員に対する事情聴取が行われ，党員でない旨の書面の提出を求めたことが問題となった。本件でも最高裁は，目的を明らかにせず共産党員か否かを尋ねるなど方法に不相当な面はあるものの調査の必要性，合理性は是認でき，返答の強要や不利益な取扱いを示唆することもなかったことを理由に，「社会的に許容し得る限界を超えて上告人の精神的自由を侵害した違法行為であるとはいえない」としている（最大判昭和63・2・5）。

なお，今日では，思想・信条に関する質問は就職差別につながるおそれのある不適切なものとして労働局による指導の対象となる。

II　信教の自由

1　信教の自由保障の沿革

　中世末期以降のヨーロッパでは，ローマ教会とプロテスタント諸派の対立が世俗権力を巻き込んだ争いともなり，宗教戦争や信仰を理由とする迫害によって多くの人命が失われる等の不幸な事態が続発した。その反省から，宗教的寛容の下，個々人に信仰の自由が保障されるべきであり，世俗の政治権力の任務は魂の救済の領域には及ばないとする考えが支持を集めるようになった。

　日本では，キリシタン禁制高札が1873年に撤去され，1890年に施行された大日本帝国憲法の28条には「日本臣民ハ安寧秩序ヲ妨ケス及臣民タルノ義務ニ背カサル限ニ於テ信教ノ自由ヲ有ス」との規定が盛り込まれた。ところが，明治政府は天皇崇敬を精神的な核とした国民統合を目的として祭政一致の方針を定め，神社神道を他の宗教・教派とは別扱いにするとともに，皇室の祖先とされる天照大神を祀る伊勢神宮を頂点とした社格によって神社を序列化し，神職を官吏として国が選任するようにした。さらには，国家のために殉難した死者・戦没者を慰霊・顕彰するために設けられた神社である招魂社（のちの靖國神社・護国神社）に特別の地位を与えたり，昭和戦前期の思想言論統制の強化に伴って神社への参拝を強制したりする過程を通して，神社神道は事実上の国教的地位を占めるようになった（いわゆる「国家神道」体制。こうした取扱いを当時の政府は，神社神道は国家の祭祀であって宗教ではないとの解釈によって正当化した〔神社非宗教論〕）。また，皇室に所縁の深い神社・教義に敬意を払うことは「臣民タルノ義務」であるとの解釈に立って，その活動が刑法（不敬罪）や治安維持法に違反するという理由づけで一部の宗教団体に抑圧を加えることもあった。敗戦後の1945年12月にGHQから日本政府に対して発せられたいわゆる「神道指令」は，神社神道に対する公的支援・監督の即刻停止や信仰による差別待遇の禁止等を命じており，これを受けた日本政府は神社神道の特権的地位を廃止す

るための制度改正を行った。神道指令のこの趣旨は現在の憲法20条にも引き継がれている。

2　日本国憲法における信教の自由の保障
（1）信教の自由の保障範囲

20条1項前段は「信教の自由は，何人に対してもこれを保障する」，同条2項は「何人も，宗教上の行為，祝典，儀式又は行事に参加することを強制されない」と定めている。これらによって保障される信教の自由の内容には，①信仰の自由，②宗教上の行為の自由，③宗教的結社の自由がある。

このうち①の自由の根幹は内心において信仰を持つ自由である。すなわち，国家によって特定の宗教の信仰を禁止・強制・教化されないこと，信仰を理由にした不利益取扱いを受けないことが市民に保障され，同時に，国家にはそれらの行為が禁じられる。また，信仰を持たない自由（無宗教の自由）も保障される。各人の信仰が内心にとどまっている限りは他者に危害を与えることがないため，この自由は絶対的な保護を受ける。さらに，この保障を確実なものとするには信仰告白を強いられないことも重要であるから，強制的な信仰調査や信仰を推知させる行為（たとえば，「絵踏」）の強制は許されない。

次に，②の自由は礼拝，祈祷，宗教上の祝典・儀式等を自ら行う自由及びそれらに参加する自由を意味する。20条2項の文言から明らかなように，意に反してそれら宗教的行為を行ったり儀式に参加したりさせられない自由も保障される。また，布教の自由も保障のうちに含まれる。最後に，③の自由は，信仰を有する者による宗教目的のための団体を結成・運営する自由，それに加入する自由であり，さらに，結社を組織しない，加入しないという消極面の自由も含まれる。②及び③の自由は①の自由と異なり，外部的な行動を伴い他者の権利利益と関わりを持つこともある以上，絶対的な保護は及ばず，一定の制約も憲法上許容されうる。

ちなみに，こうした信教の自由の実際の保障範囲は，「宗教」をどのように捉えるかによって変動しうるところ，信教の自由にいう「宗教」の定義をめぐっては，後に紹介する津地鎮祭訴訟の名古屋高裁判決（名古屋高判昭和46・

5・14)が示した,「『超自然的,超人間的本質(すなわち絶対者,造物主,至高の存在等,なかんずく神,仏,霊等)の存在を確信し,畏敬崇拝する心情と行為』をいい,個人的宗教たると,集団的宗教たると,はたまた発生的に自然的宗教たると,創唱的宗教たるとを問わず,すべてこれを包含する」という理解が概ね支持されている。仮に一切の宗教的活動が絶対無制約なのであれば宗教の定義を絞り込む必要も出てこようが,外部的行為を伴う宗教的活動には制約の可能性を認める以上,定義の段階で狭く限定する必要はなく,できるだけ広い解釈を採用するのが自由保障の最大化に資する。

(2)信教の自由に対する直接的制約の有無

二重の基準論(本書38頁参照)からすれば,特定の宗教を狙い撃ちにして宗教的行為を禁じたり不利益を課したりするような,信教の自由を直接的に制約する法律の合憲性が争われる局面では厳格審査が妥当するはずである。しかし,今日の日本では,直接的制約の合憲性が争われる事態は極めて稀なことである。

この点で宗教法人オウム真理教解散命令事件が注目される。宗教法人法は,礼拝施設等の財産の所有や維持運用,儀式の催行,献金の収納・管理といった宗教団体の活動に資するため,一定の条件を備えた団体に法人格を認めることにしている。ただし,同法は,「法令に違反して,著しく公共の福祉を害すると明らかに認められる行為をした」場合や,宗教の教義をひろめ,儀式行事を行い,及び信者を教化育成するという「宗教団体の目的を著しく逸脱した行為をした」場合等に,裁判所が,所轄庁等からの請求または職権により宗教法人に解散を命じることができると定めている(81条1項)。大量殺人を目的として毒ガスであるサリンを組織的に生成したことを理由にオウム真理教の解散請求が申し立てられた事件で,最高裁は,解散命令は宗教上の行為を禁止・制限する法的効果を一切伴わず,命令後も信者が法人格を有しない宗教団体を存続させることも妨げられないとして,解散命令は信教の自由に対する直接的制約ではないと判示した。その上で,解散に伴う清算手続によって,従来は法人所有の財産を用いて行われていた宗教上の行為の継続に支障が生ずる可能性は否定できないものの,支障は間接的で事実上のものに過ぎず,法人の行為に対処す

るのに必要でやむを得ない法的規制であるから20条1項には違反しない，と判断した（最決平成8・1・30）。

（3）信教の自由による一般的義務の免除

（a）問題の構造　　信教の自由に対する直接的制約が争われる事案が乏しいとはいえ，信教の自由をめぐる紛争がほとんど存在しないというわけではない。議論となるのは，宗教とは全く関係ない理由から設けられた規制や課される義務が，信仰の有無を問わず一般的に及ぶ結果，特定の宗教を信じる者にとっては，教義に反する行動を強制されたり，宗教的行為を行うことにより処罰されたりする場面である。自身の信仰を貫こうとすると，一般的に課されている世俗的義務を履行できないことになるため，信者はいずれかの達成を諦めなければならず，内心に激しい葛藤を生じたり，重い負担と感じたりすることがある。そこで，こうした義務からの免除を求める事例がしばしば発生する（海外で見られる，非暴力を教義とする宗教の信者による良心的兵役拒否〔宗教的兵役拒否〕が典型例といえる）。については，憲法20条がこのような免除の主張の根拠となると解すべきか，また，肯定する場合には免除がどこまで認められると解すべきかが大きな論点となる。というのも，免除が認められれば当該宗教の信者は負担が解消されて自由な信仰が可能となる反面，安易に広く義務免除を認めると，免除が認められない者との間に不平等が生じることとなり，平等原則（憲法14条）違反が生じかねないからである。さらには，特定宗教のみに免除を認めることは当該宗教を有利に取り扱う形になるので，政教分離原則との抵触の問題も生じうる。免除の許否は具体的事実に即して判断するほかないが，一般的にいえば，免除を求められている義務の必要性・重要性，代替手段の有無，義務を履行することによる信者の負担の程度等を総合的に考慮して結論を得ることになろう。以下，具体例を確認する。

（b）加持祈祷事件　　僧侶である被告人は，被害者の精神異常の平癒を祈願するため，被害者の家族から依頼を受けて，線香護摩による加持祈祷を行った。約3時間にわたり，嫌がる被害者を燃え盛る護摩壇の近くに拘束し，線香の火で咽喉部を燻らせたり暴行を加えたりしたところ，疲労困憊や熱傷等に起因する急性心臓麻痺で被害者が死亡したため，被告人は傷害致死罪（刑205条）

に問われることとなった。被告人側は，自らの行為は宗教行為であるから正当業務行為（刑35条）にあたり無罪とされるべきだ，と主張した。最高裁は，被告人の行為が「医療上一般に承認された精神異常者に対する治療行為とは到底認め得ない」ものであるから，それが一種の宗教行為としてなされたものであったとしても「他人の生命，身体等に危害を及ぼす違法な有形力の行使に当るものであり，これにより被害者を死に致したものである以上……信教の自由の保障の限界を逸脱したものというほかはな」いと述べて，被告人を有罪とした（最大判昭和38・5・15）。最高裁は，被告人の行為をそもそも20条の保障の範囲外のものと捉え，免除の主張の当否を検討する以前の段階の問題として事案を処理したようである。

(c) 日曜日授業参観事件　公立小学校が多くの保護者に参加してもらうべく日曜日に授業参観を実施したところ，原告である児童らは，日曜礼拝を重視し，子どもは毎日曜日に行われる教会学校に出席することを宗教上の義務とする教会の教えを優先して教会学校に出席した。学校側は当該児童らが日曜日の授業に出席しなかったため指導要録に欠席と記載したが，原告らはこの欠席扱いが20条に違反するものであるとして，欠席記載の取消しと損害賠償とを求めて提訴した。原告側の主張は信教の自由を理由に出席義務の免除を求めたものと分析できるが，東京地裁は，欠席記載により原告らの権利義務に直接法律上の影響を及ぼすことがないこと，事実上の不利益を及ぼすことも考えられないこと，授業参観を日曜日に設定することに合理性が認められること等を理由に主張を容れなかった（東京地判昭和61・3・20）。

(d) 牧会活動事件・剣道実技拒否事件　上記の事件ではいずれも免除の主張は認められなかったが，肯定された例もある。牧会活動事件[*]では，外形上は犯人蔵匿罪に該当する行為について，聖職者による宗教上の重要な行為としてなされたことを理由にして無罪とされた。また，教義に反する剣道実技の履修を拒否した学生への処分の違法性が争われた剣道実技拒否事件[**]も，学生側の主張は信仰に反する外部的行為の強制からの免除を求めたものと整理できる。結論において最高裁は学校の処分を違法としており，免除が認められるべきケースであったと評価されたものであろう。

**　牧会活動事件（神戸簡判昭和50・2・20）**

　教会の牧師である被告人は，かねて面識のあった高校生2名を，彼らが学園紛争に刺激されて引き起こした建造物侵入，凶器準備集合等の容疑で警察から捜査されていることを知りつつ，信頼する別の教会の牧師に預けて自己省察の機会を与えることとした。被告人が警察から少年らの所在を尋ねられて「知らない」と答える等していた間に，少年らは次第に反省を深め，8日後には警察署に任意出頭した（のちに不処分の決定を受けた）。こうした被告人の行為が犯人蔵匿罪（刑103条）に問われた裁判で，被告人側は，自らは牧師として自己に託された人間が正しく成長するよう「魂への配慮」を行って社会に奉仕すること（牧会活動）を宗教上の義務・職責として負っており，少年らに対する一連の行為も牧会活動として行ったものであるから，正当な業務行為として無罪とされるべきだと訴えた。これに対して裁判所は，牧会活動が礼拝の一内容として20条が保障する行為であること，挫折の末に救済を求めてきた少年らの魂への配慮のためという相当な目的の範囲内で行われたこと，捜査自体は特段の遅滞なく進展していたこと，牧会活動の結果，少年らが8日後には出頭したこと等を挙げ，次のように述べて被告人を無罪とした。「被告人の右牧会活動は，国民一般の法感情として社会的大局的に許容しうるものであると認めるのを相当とし，それが宗教行為の自由を明らかに逸脱したものとは到底解することができない。本件の場合，国家は信教の自由を保障した憲法の趣旨に照らし，右牧会活動の前に一歩踏み止まるべきものであった」。

＊＊　剣道実技拒否事件（最判平成8・3・8）

　神戸市立工業高等専門学校に通うエホバの証人の学生らは，1年次の体育の授業において一定割合を占めていた剣道実技について，自らの信ずる教義に反することを理由に参加できない旨を教員に訴え，レポート課題等の代替措置を認めてほしいと申し入れたが，学校側はこれを拒絶した。そのため学生らは実技を見学するにとどまり，結果的に体育の単位修得に至らず，原級留置の処分となった。翌年度も同様の事態が繰り返され，学生らは2年連続で進級できず，学則等に基づいて退学処分を受けた。本件訴訟は，学生らが，学校側が何らの代替措置も用意せぬまま剣道実技の履修を強制し，処分を行ったことは自身の信教の自由を侵害するものであるとして処分の取消しを求めたものである。最高裁は，学生に対する原級留置や退学の処分を行うかどうかは校長の合理的な教育的裁量に委ねられるべき問題としつつも，学生としての身分に関する重大な処分については慎重な配慮が要請されるという。その上で，学生らの履修拒否の理由が「信仰の核心部分と密接に関連する真しなものであった」こと，本件各処分は信教の自由の直接的な制約ではないものの「重大な不利益を避けるためには剣道実技の履修という自己の信仰上の教義に反する行動を採ることを余儀なくさせられるという性質を有するものであったこと」，他方で，高専の体育科目による教育目的の達成のために剣道実

技が必須のものとは言い難く，代替措置を講じることも可能であること，にもかかわらず，学生らの要求を一切拒絶して代替手段について十分な検討がなされなかったこと等を挙げて，学校は「考慮すべき事項を考慮しておらず，又は考慮された事実に対する評価が明白に合理性を欠き，その結果，社会観念上著しく妥当を欠く処分をした」と結論づけた。学校側からは，エホバの証人にだけ代替措置を講じれば政教分離原則違反になるとの主張もなされたが，最高裁は，目的効果基準（後述）に照らせば代替措置を採ることが政教分離原則違反にならないことは明らかであるし，拒否の理由が正当なものであるかの判断のために学校が宗教上の信条について一定の調査を行っても公教育の宗教的中立性に反するとはいえない，とした。

3　政教分離

（1）政教分離の意義と裁判所による審査のあり方

（a）政教分離の目的　　憲法は，20条1項後段で「いかなる宗教団体も，国から特権を受け，又は政治上の権力を行使してはならない」，同条3項で「国及びその機関は，宗教教育その他いかなる宗教的活動もしてはならない」と定め，公権力が宗教（団体）と十分な距離をとること，すなわち政教分離を求めている。さらに，89条も「公金その他の公の財産は，宗教上の組織若しくは団体の使用，便益若しくは維持のため……これを支出し，又はその利用に供してはならない」と，財政の面からこれを再確認している。

　国家と宗教との関係は，その国の歴史・伝統・文化を背景に築き上げられており，いわゆるリベラル・デモクラシーの国家の間でも，イングランド国教会を国教的地位に置くイギリス，唯一の国教は定めないものの一定の宗教団体に特権を付与して制度的な協力関係を保持するドイツ，政教分離を憲法や法律で明確に規定するアメリカやフランス等，一様ではない。政教分離を採用する目的としては，世俗の問題を理性的に扱うべき政治の領域に宗教的争点を持ち込ませないため（公私区分），宗教が政治権力と結びつくことによって堕落するのを防ぐため等，いくつかのものが考えられるが，信教の自由の保障を確実なものにするため，という点が最も重要である。つまり，政教分離は信教の自由保障のための手段であるという関係性である。とはいえ，注意しておかなければならないのは，政教分離は信教の自由保障のための必要条件ではないという点である。このことは，政教分離を採用していないイギリスやドイツでも市民の

信教の自由が厚く保護されている例をみれば明らかであろう。日本は，既述のように，「明治維新以降国家と神道とが密接に結びつき……種々の弊害を生じたことにかんがみ，新たに信教の自由を無条件に保障することとし，更にその保障を一層確実なものとするため，政教分離規定を設けるに至つた」（最大判昭和52・7・13〔津地鎮祭訴訟〕，本書76頁参照）。

　かかる目的からすると，国政のみならず地方政治においても分離が実現されるべきであるから，20条1項後段や3項にいう「国」には地方公共団体が含まれると解さなければならない。また，政教分離にいう「宗教」の定義も上記の目的に照らして検討される必要がある。すなわち，公権力が特定の宗教勢力と結びつくことによって信者が優遇されたり，それと異なる信仰を持つ人々が不利益を被ったりすることを防止する点に分離の狙いがあることからすれば，政教分離における「宗教」は，「何らかの固有の教義体系を備えた組織的背景をもつもの」（佐藤幸治）というように限定して解されるべきであろう。信教の自由における「宗教」と同様に広く解すべきという立場を採る論者もあるが，これを貫けば，国・地方公共団体が主催する戦没者や災害犠牲者の慰霊行事や，刑事施設被収容者への教誨活動なども政教分離に抵触して許されなくなる等，不合理な結果を招きかねない。なお，20条1項後段にいう「宗教団体」，89条にいう「宗教上の組織若しくは団体」について，最高裁は，「特定の宗教の信仰，礼拝又は普及等の宗教的活動を行うことを本来の目的とする組織ないし団体を指す」と定義している（最判平成5・2・16〔箕面忠魂碑訴訟〕）。

　(b)　政教分離の法的性格　　最高裁は，憲法の政教分離規定は，国家と宗教との分離を制度として保障することによって間接的に信教の自由の保障を確保しようとするものと解し，これを「制度的保障」と説明している。最高裁がいう「制度的保障」とは，人権保障を確実なものとするため，それを支える一定の制度の実現・継続を憲法レベルで要請し，その確保を国家に求めることを意味するものと解される。したがって，憲法は政教分離の状態を維持するよう国に責務を課しているだけであり，仮にそれが実現されていないとしても，市民は，それによって直ちに自身の権利が侵害されたという主張はできないことになる。憲法の政教分離規定は市民に人権を保障したものではなく，客観法的原

則を示して制度を保障したものという理解である。

　しかし，この理解に立つと，政教分離違反が憲法違反であるにもかかわらず，市民の側から裁判を通じて現実の違憲な状況の是正を求める方途が限られることになる。訴訟を提起するには，原則として自身の主観的な権利義務に関わる紛争が発生していることが前提条件となるからである（本書236頁参照）。現行法には，地方公共団体の執行機関・職員が行った財務会計上の違法な行為に対しては，自身の権利義務とは直接関係しなくても訴訟を提起できる「住民訴訟」という訴訟類型が存在しており（地自242条の2），次の（2）で紹介する政教分離違反が争われた事例の大半はこれを用いたものである（自衛官合祀事件を除く）。他方，国レベルでは同種の訴訟は用意されていないので，国の行為の客観的な政教分離違反を争う場合にも，原告の主観的権利に引き付けて訴えを組み立てる必要がある。例えば，小泉純一郎首相の靖國神社参拝を問題視して起こされた訴訟では，首相の参拝によって，原告の「戦没者をどのように回顧し祭祀するか，しないかに関して（公権力からの圧迫，干渉を受けずに）自ら決定し，行う権利ないし利益」が害され，精神的苦痛を受けた等として損害賠償（国家賠償）を求める形が採られた。しかし，最高裁は以下の論理で訴えを退け，参拝の合憲性の評価には踏み込まなかった。神社参拝は他人の信仰生活等に圧迫，干渉を加えるような性質のものではなく，「他人が特定の神社に参拝することによって，自己の心情ないし宗教上の感情が害されたとし，不快の念を抱いたとしても，これを被侵害利益として，直ちに損害賠償を求めることはできない……。このことは，内閣総理大臣の地位にある者が靖國神社を参拝した場合においても異なるものではない」（最判平成18・6・23）。

（c）政教分離違反の判定方法　憲法は政教分離を要請しているものの，宗教・宗教団体は日本社会において教育，福祉，文化，民俗風習など様々な局面で関連を有し，活動を行っているため，国家と宗教との間には一切の関係が許されないと解することは非現実的である。最高裁も政教分離原則について，「それぞれの国の社会的・文化的諸条件に照らし，国家は実際上宗教とある程度のかかわり合いをもたざるをえないことを前提としたうえで，そのかかわり合いが，信教の自由の保障の確保という制度の根本目的との関係で……相当と

される限度を超えるものと認められる場合にこれを許さないとするものであると解すべきである」（最大判昭和52・7・13〔津地鎮祭訴訟判決〕）との理解を一貫して示している。さらに，かかわり合いが「相当とされる限度」を超えているか否かを具体的に判定するためのアプローチとして，最高裁はこれまでに二つの枠組みを示している。

　第一は，政教分離原則違反が問われている行為の目的が宗教的意義を持ち，その効果が宗教に対する援助，助長，促進又は圧迫，干渉等にあたる場合には，相当とされる限度を超えたかかわり合いに当たり，憲法に違反するものと解する枠組みである。この判定基準は一般に「目的効果基準」と呼ばれ，「目的が宗教的意義を持つこと」と「効果が宗教に対する援助，助長，促進又は圧迫，干渉等にあたること」の二つの要件がいずれも充足された場合に，はじめて違憲判断に至る構造である。また，この「目的」と「効果」の具体的な評価にあたっては，諸般の事情を考慮し，社会通念に従って判断することとされている。最高裁は，津地鎮祭訴訟判決以降，長らく多くの事案でこの基準を用いて判断してきたが，比較的ゆるやかに国家と宗教とのかかわり合いを許容しうる基準であるとして多くの批判も受けてきた。

　第二は，2010年の空知太神社事件判決（最大判平成22・1・20）で初めて登場したもので，目的や効果に特に焦点を当てることなく，政教分離違反が問われている行為を取り巻く諸般の事情を考慮し，社会通念に照らして総合的に判断して，相当とされる限度を超えたかかわり合いであるか否かを決する枠組みである。最高裁は空知太神社事件判決以降も第一の枠組みで判断したことがあるので（最判平成22・7・22〔白山比咩(ひめ)神社事件〕），事案に応じて二つの枠組みを使い分けていくものとみられる。使い分けの指標をめぐっては，問題となった行為に宗教性と世俗性とが混在するか否か（藤田宙靖〔補足意見〕），1回限りの作為的行為か継続的行為か（清野正彦〔調査官解説〕）等，様々に議論されている。しかし，いずれも決定打に欠け，今後の判例の蓄積が待たれる状況にある。

（2）政教分離原則をめぐる判例

　(a)　目的効果基準が用いられた事件　　最高裁がはじめて目的効果基準を打ち出したのは，神道形式の起工式（地鎮祭）を市が主催し，公金を支出したこ

との合憲性が争われた津地鎮祭訴訟*である。最高裁は，社会通念上，起工式は慣習化した社会的な儀礼と捉えられていること（一般人の評価）を重視し，目的効果基準を用いて合憲と結論づけた。同様に，目的効果基準を採用して合憲判断となった事例として，既出の箕面忠魂碑訴訟，白山比咩神社事件のほか，自衛官合祀事件**，大阪地蔵像訴訟（最判平成4・11・16），鹿児島大嘗祭訴訟（最判平成14・7・11）等がある。

＊　津地鎮祭訴訟（最大判昭和52・7・13）

三重県津市の市立体育館建設に際し，市の主催により神道形式で起工式が挙行され，市はその費用として，依頼されて式を主宰した神職に対する報償費及び供物料を公金から支出した。市の住民である原告らは，起工式及び公金支出は20条3項，89条前段に違反するものであるから，本来支払われてはならなかった7,663円分の損害につき，市長ら支出責任者が市に支払って補填するよう求めて提訴した。最高裁は目的効果基準を用いて次のように判断した。本件起工式が宗教とかかわり合いをもつものであることは否定できないが，土地の平安堅固，工事の無事安全を祈願する儀式として，建物の着工にあたり地鎮祭を行うことは今日では宗教的意義がほとんど認められない建築上の儀礼として広く行われており，一般人も，慣習化した社会的儀礼として世俗的行事と評価していると考えられる。また，本件起工式によって神道を援助，助長，促進するような効果がもたらされるとも認められない。したがって，「当該行為の主宰者が宗教家であるかどうか，その順序作法（式次第）が宗教の定める方式に則つたものであるかどうかなど，当該行為の外形的側面のみにとらわれることなく，当該行為の行われる場所，当該行為に対する一般人の宗教的評価，当該行為者が当該行為を行うについての意図，目的及び宗教的意識の有無，程度，当該行為の一般人に与える効果，影響等，諸般の事情を考慮し，社会通念に従つて，客観的に判断」すると，本件起工式の「目的は建築着工に際し土地の平安堅固，工事の無事安全を願い，社会の一般的慣習に従つた儀礼を行うという専ら世俗的なものと認められ，その効果は神道を援助，助長，促進し又は他の宗教に圧迫，干渉を加えるものとは認められないのであるから，憲法20条3項により禁止される宗教的活動にはあたらない」。

＊＊　自衛官合祀事件（最大判昭和63・6・1）

公務従事中に事故で死亡した自衛官の妻（原告）は，自らの信仰するキリスト教の教会に夫の遺骨の一部を納めて追悼してきた（夫自身は無宗教であった）。一方，退職自衛官を中心とする私的団体「隊友会」の山口県支部連合会は，原告の夫を含む県出身殉職自衛隊員を県護国神社に合祀申請する方針のもと，自衛隊山口地方連絡部（地連）の

第3章　精神的自由権

助力を受けて手続きを進め，神社に合祀を申請した。その過程で地連職員らは，直接神社に合祀を働きかけたことはなかったものの，他県での合祀状況を照会して結果を隊友会側に閲覧させたり，合祀に必要な除籍謄本及び殉職証明書を殉職者遺族から取り寄せたりした。隊友会は，合祀直前に原告から合祀を断る意思が伝えられた旨の連絡を地連職員から受けたものの申請を撤回せず，原告の夫はそのまま合祀された。原告は，地連の行為によって精神的苦痛を受けたとして，国に慰謝料を請求する訴訟を提起した。最高裁は，合祀申請はあくまで隊友会単独の行為であるとし，自衛隊員の社会的地位の向上と士気の高揚とを目的とした地連職員らの協力行為について，宗教とのかかわり合いは間接的に過ぎず，その宗教的意識は希薄で，特定の宗教への関心を呼び起こし，あるいは援助，助長，促進，又は圧迫，干渉を加えるような効果をもつものではない，として，20条3項の禁ずる宗教的活動には当たらない，と判示した。また，「宗教上の人格権であるとする静謐な宗教的環境の下で信仰生活を送るべき利益なるものは，これを直ちに法的利益として認めることができない」と述べ，県護国神社の宗教行事への参加が強制されたり，不参加によって不利益を受けたりしたわけでもない原告の法的利益は何ら侵害されていないとして，請求を退けた。

　これらとは異なり，最高裁が目的効果基準を用いて違憲の結論に至った唯一の例が愛媛玉串料訴訟である。愛媛県は1981年から数年間にわたり，靖國神社が挙行する例大祭・みたま祭，県護国神社が挙行する慰霊大祭に際して玉串料，供物料等として公金を継続的に支出した。合計17万円ほどのこれら支出が政教分離原則違反であるとして，住民らが知事らに対して住民訴訟を提起したところ，下級審ではいずれも目的効果基準に依りながらも結論が分かれ（一審は違憲，二審は合憲），最高裁の判断が注目されることになった。最高裁は，本件での各支出と津地鎮祭訴訟における起工式との違いを次のように強調しつつ，支出は20条3項の禁ずる「宗教的行為」にあたる違法なものと判断した。祭祀として行われる例大祭等に際して神前に供えらえる玉串料・献灯料は，各神社が宗教的意義を有するものと考えていることが明らかで，その支出は起工式のように時代の推移によって既に宗教的意義が希薄化し，慣習化した社会的儀礼になっているとは到底いえない。すると，これを一般人が社会的儀礼に過ぎないと評価しているとは考え難いことから，県が特定の宗教団体を特別に支援しており，他の宗教団体とは異なる特別のものであるとの印象を与えて，それへの関心を呼び起こすものといわざるを得ない。県は戦没者の慰霊，遺族の慰謝という世俗的目的で行われた社会的儀礼に過ぎないと主張するが，本件玉

串料等の奉納は,「その目的が宗教的意義を持つことを免れず,その効果が特定の宗教に対する援助,助長,促進になると認めるべきであり,これによってもたらされる県と靖國神社等とのかかわり合いが我が国の社会的・文化的諸条件に照らし相当とされる限度を超えるものであ」る(最大判平成9・4・2)。

(b) 総合的判断の枠組みが用いられた事件　総合的判断の枠組みは,宗教施設への市有地の無償貸与を違憲と判断した空知太神社事件＊判決で登場し,那覇市が市有地(公園)の一部に孔子廟の建設を許可し,その敷地の使用料を全額免除としたことが争われた那覇孔子廟事件でも用いられて,同じく違憲判断となった(最大判令和3・2・24)。他方,この枠組みを用いて合憲の結論となった例として,富平神社事件(最大判平成22・1・20)がある。

> ＊　空知太神社事件(最判平成22・1・20)
>
> 　北海道砂川市は,公立学校の校舎増設に伴い,学校に隣接していた空知太神社を移転させる必要が生じたことから,そのために住民から寄付された土地(市有地)を神社施設の敷地として空知太連合町内会に無償使用させた。町内会は集会場として新設した空知太会館の中に祠を移し,会館前に鳥居を建て,会館の建物の一部を空知太神社として利用してきた。長期にわたり継続したこの無償貸与が20条3項及び89条前段に違反するかが争われたのがこの事件である。最高裁はまず,公有地を宗教的施設の敷地としての用に供する行為は,一般的には,宗教団体等に対する便宜供与と評価されるとしつつも,「憲法89条に違反するか否かを判断するに当たっては,当該宗教的施設の性格,当該土地が無償で当該施設の敷地としての用に供されるに至った経緯,当該無償提供の態様,これらに対する一般人の評価等,諸般の事情を考慮し,社会通念に照らして総合的に判断すべきものと解するのが相当である」と枠組みを提示した。その上で,明らかに神社施設であること,無償貸与の直接の効果として,神社施設を実際に管理し,祭事を行っている付近住民で構成された(宗教的行事等を行うことを主たる目的としている宗教的団体としての)氏子集団の宗教的活動を容易にしていることに照らせば,一般人の目から見て,市が特定の宗教に対して特別の便益を提供し,これを援助していると評価されてもやむを得ない,という。また,明らかな宗教的施設に長期間継続的に便宜提供し続けていることからすれば,学校敷地の拡張に協力した用地提供者に報いるという世俗的,公共的な目的から始まったという当初の動機,目的は結論を変えるものではなく,「市と本件神社ないし神道とのかかわり合いが,我が国の社会的,文化的諸条件に照らし,信教の自由の保障の確保という制度の根本目的との関係で相当とされる限度を超えるものとして,憲法89条の禁止する公の財産の利用提供に当たり,ひいては憲法20条1項後段の禁止する宗教団体に対する特権の付与にも該当すると解するのが相当である」と結論づけた。本件でも一般人の評価が重視されている。

Ⅲ　学問の自由

1　学問の自由の意義

　憲法23条は,「学問の自由は,これを保障する」と定める。学問の自由とは,真理を探求し,その成果を発表する活動を公権力によって干渉・禁止されたり,成果を公権力によって否定されたりしないことを意味する。

　学問の自由は,19世紀以降のドイツ憲法において展開してきた権利であるが,内心の自由や表現の自由と重なるところが多いため,憲法の明文で保障する国はそれほど多くはない。しかし,わが国では,明治憲法の下で1933年の京大・滝川事件や1935年の天皇機関説事件などのように,国家権力による学問の自由に対する侵害を経験した。このような経緯から,日本国憲法は,特に学問の自由を保障したと考えられる。

　学問の自由は,個人の権利としての学問の自由を保障するとともに,特に大学における学問の自由を確保するための「大学の自由」の保障も含んでいると解されている。

【京大・滝川事件】
　京大法学部の滝川幸辰教授の著書が,あまりにも自由主義的であり「安寧秩序を妨げる」ものとして内務大臣によって発売禁止処分を受け,文部大臣が同教授の処分を京都大学総長に要求した。同大学法学部教授会はこれに反対し,総長もこれを拒否したにも関わらず,文部大臣は同教授に対し休職を命じた事件。

【天皇機関説事件】
　政府が国家を法人と捉え天皇を国家の最高機関であるとする学説(天皇機関説)を「国体」に反する異説とし,この学説を主唱する美濃部達吉の著書を政府が発売禁止処分に付し,すべての公職から追放した事件。

2　学問の自由の内容

　学問の自由の内容には,(a)研究の自由,(b)研究発表の自由,(c)教授の自由がある。

(a) 研究の自由　　研究の自由とは，研究テーマや方法について自由に決定し，研究を遂行する権利をいう。研究の自由は，19条の思想良心の自由と重なるところが多く，それらが内面的な精神活動にとどまっている限りは，絶対的に保障される。

　他方，研究によっては，内面の精神活動にとどまらず，人や自然を対象として，それらに影響を及ぼす場合も少なくない。例えば，バイオテクノロジーを代表とする先端科学分野において，生命・健康に重大な危害を及ぼすのみならず，「個人の尊厳」そのものに対して危険を及ぼす可能性も指摘されている。このような場合には，研究者や研究機関の自制に委ねるのではなく，法的規制を加えることも許されると考えられている。

　2000年に成立した「ヒトに関するクローン技術等の規制に関する法律（クローン技術規制法）」が，クローン技術により「人の尊厳の保持，人の生命及び身体の安全の確保並びに社会秩序の維持（以下「人の尊厳の保持等」という。）に重大な影響を与える可能性があること」を理由に「クローン技術等のうちクローン技術又は特定融合・集合技術により作成される胚を人又は動物の胎内に移植することを禁止」しているのは，このような考えに基づくものといえよう。

　もっとも，歴史的な経緯を見れば，学問の自由に対する政府による規制は特に慎重でなければならない。この点，クローン技術規制法が，通常の禁止・処罰の際に対象となる具体的危険性でなく「可能性」を根拠にしている点には注意が必要である。これは，人の生命・身体や社会にとって，取り返しのつかない重大な深刻な害悪が発生する可能性（リスク）を意味していると解されている（大石）。それと同時に，クローン技術規制法が禁止しているのは，「移植」であって，「作成」等は禁止しておらず，学問の自由をいかなる根拠でどこまで法律で規制できるのかという問題の難しさを示している。

(b) 研究成果発表の自由　　研究成果発表の自由は，研究によって得られた成果を外部に公表する自由である。研究の結果を発表することができなければ，研究自体が無意味になるので，学問の自由は当然に研究成果発表の自由を含むものと考えられる。また，学問の自由の保障は，個人の真理探究への欲求

にこたえるとともに，その成果が公共の利益に役立つように保障するものであるという趣旨からも，研究成果の発表の自由は重要である。先に述べた滝川事件のように講義や著書の頒布を禁止する処分が行われるとすれば，明らかに憲法23条に違反する。

　(c)　教授の自由　　学問の自由は，研究成果を教授する自由も保障する。もっとも，研究の自由及び研究成果発表の自由はすべての人に保障されるものであるのに対し，教授の自由については，学問の自由が伝統的に大学の自由を中心として発展してきたことや大学が学問研究の中心として位置づけられてきたことから，従来，大学の教授その他の研究者にのみ保障されるものと解されていた（最大判昭和38.5.22〔東大ポポロ事件〕）。

　これに対し，文部省が実施した全国的な学力テストの合憲性が争われた事件をめぐり，初等中等教育においても教授の自由が認められるべきであるという考え方が主張され，同事件の最高裁判決は，普通教育の場においても一定の範囲における教授の自由（教育の自由）が保障されると述べている（最大判昭和51.5.21〔旭川学力テスト事件〕）。ただし，同判決は，普通教育における教授の自由について，「公権力によって特定の意見のみを教授することを強制され」ず，教育上の要請から教師に教授の内容・方法にある程度自由な裁量が認められるという意味に限定し，生徒に教授内容に対する批判能力がなく，教師が生徒に対し強い影響力を有することから教師に完全な教授の自由を認めることはとうてい許されないとしている。学説では，普通教育における教授の自由は，大学における教授の自由と性質が異なり，憲法23条ではなく，憲法26条から導かれると解すべきであるとする説も有力である。

　初等中等教育における教授の自由については，教科書検定制度の合憲性をめぐる一連の裁判の中でも争われた（家永訴訟）。第二次訴訟一審判決は，憲法23条に基づき教師の教育の自由は否定されないと判示した（東京地判昭和45・7・17）。他方，第一次訴訟の最高裁判決は，検定が教育内容に及ぶものであるとした上で，児童・生徒に教育内容を批判する能力が備わっていないこと，教育の機会均等を図る必要があること，教育内容が児童・生徒の心身の発達段階に応じたものでなければならないことから，検定は合憲と判断している（最判平

成5・3・16。同訴訟では教育の自由の根拠として憲法26条が挙げられている。また，同判決は，教科書は教科の主たる教材として使用される児童生徒用の図書であって学術研究の結果の発表を目的とするものではないと述べて，学問の自由の保障にも反しないとしている）。

3 大学の自治の意義と内容

(a) **大学の自治の意義**　学問の自由は，ヨーロッパにおいてとくに大学における研究教育の自由として保障されており，わが国においても，伝統的に，大学が専門の学芸を教授研究する学術の中心として位置づけられてきた（大石）。この大学における学問の自由が確実に保障されるためには，大学の内部的な事項に関して外部の干渉を受けずに大学が独立して決定することが必要であり，そのため学問の自由は「大学の自治」を含むものと解されている。

大学の自治の性質については，大学という制度それ自体を客観的に保障しているいわゆる「制度的保障」であると考えられている。

(b) **大学の自治の内容**　大学の自治は，特に学長，教授その他の研究者の人事に関する決定（人事の自治）と学内施設・学生の管理（施設・学生管理の自治）において認められる（東大ポポロ事件）。近年は，その他に，研究教育の内容・方法等の自治と予算管理の自治も大学の自治に含まれるとする説が有力である。

人事の自治とは，学長，教授その他の研究者の選任が，外部の干渉を受けず，大学の自主的判断に基づいてなされることをいう。したがって，かつての京大・滝川事件のように，国が大学の同意を得ないまま教授の進退を決定することは，「大学の自治」に反する。

施設・学生の管理に関する自治とは，これらについて大学に自主的な秩序維持の権能が認められるということである。この点で特に問題になってきたのは，警察権との関係である。警察が学内において恒常的・継続的に警備公安活動を行うことは，研究・教育活動が監視の対象になり，学問の自由や大学の自治が阻害されるおそれが大きいので，認められない。他方で，警察機関が犯罪捜査のために正規の令状に基づいて大学構内に立ち入ることは拒否できず，逆

に学内での犯罪行為について大学側が警察の援助を求めることも考えられる。しかし，そのような場合でも大学関係者が立ち会うなど，大学の自治が阻害されないように慎重な配慮が必要である。

4　学問の自由をめぐる判例
（1）東大ポポロ事件
　この事件は，東大の学生団体「劇団ポポロ」が学内教室において演劇発表会を開催した際に，学生が観客の中に私服の警察官がいることを発見し，退去しようとする警察官らをとどめ，警察手帳の提示を求めようとする中で，警察官に暴行を加えたとして，逮捕・起訴された事件である。なお，警察官らは，情報収集活動（公安活動）の一環として演劇発表会に参加していた。

　一審判決は，「学問の自由を確保し，学問と教育の実をあげるためには，ここでも大学の自治が尊重せられ，学内の秩序がみだされるおそれのある場合でも，それが学生，教員の学問活動及び教育活動の核心に関連を有するものである限り，大学内の秩序の維持は，緊急止むを得ない場合を除いて，第一次的には大学学長の責任において，その管理の下に処理され，その自律的措置に任せられなければならない」と述べ，警官の大学構内における警備活動は，大学自治の原則により一定の規制を受けるとし，本件における警察官の立入り行為は違法なものであるとして，被告人に無罪判決を下した（東京地判昭和29・5・11）。二審判決もこれを支持した（東京高判昭和31・5・8）。

　これに対し，最高裁は憲法23条について，特に大学における学問の自由を保障したものであり伝統的に大学の自治が認められているとし，その効果として学生も学問の自由と施設の利用を認められるとしつつ，学生の集会が真に学問的な研究・発表のためのものではない場合は，大学の有する特別の学問の自由と自治は享有しないとした。そして，本件演劇発表会は，学問研究・発表ではなく実社会の政治的社会的活動であるから，本件立入り行為は大学の学問の自由と自治を害するものではないと判示した。

　この判決については，警察官らによる本件演劇発表会への参加が恒常的な情報収集活動の一環として行われていたことを考慮しなかったこと，施設の使用

を許可した大学の判断を尊重せずに本件演劇発表会を政治的社会的活動であると見なしたことについて，批判がある。

（2）旭川学力テスト事件

　この事件は，1961年に文部省（当時）が実施した全国一斉学力テストに反対する教師が，その実施を阻止する目的で中学校の校舎内に侵入し，校長らに暴行を加えたとして，建造物侵入罪，公務執行妨害罪，暴行罪等で起訴された事件である。

　一審判決は，建造物侵入罪，暴行罪の成立については認めたものの，学力テストは教育基本法にいう「不当な支配」（旧10条）にあたるとして公務執行妨害罪の成立を認めず（旭川地判昭和41・5・25），二審判決もこれを支持した（札幌高判昭和43・6・26）。このような裁判の過程の中で，学力テストの適法性を判断する前提として，国はどこまで教育内容について関与・決定しうるのか，教育権は誰に帰属するのかが，争点になった。

　教育権の帰属の問題は，教育内容の決定は親や教師といった国民に属し，国が教育内容や方法に介入することは原則として許されないという「国民教育権」説と，国は教育権を有し教育内容や方法に広く介入することができるという「国家教育権」説の対立という形で議論された。これに対し，最高裁は，「いずれも極端かつ一方的」であるとして退け，親，教師，国家は，それぞれ憲法上の根拠に基づいて教育権を有するとした。

　そして，親の教育の自由は家庭教育等学校外における教育や学校選択の自由にあらわれるとし，教師の教授の自由も，一定の範囲において保障されるとした。しかし，児童生徒に授業内容に対する批判能力がなく，教師が生徒に対して影響力，支配力を持つこと，また生徒の側に学校や教師の選択の余地が乏しいことなどから，完全な教授の自由は認められないとした。

　最終的に，判決は社会公共的な問題について国民全体の意思を決定，実現すべき立場にある国は「必要かつ相当と認められうる範囲において教育内容についてもこれを決定する権能を有する」として，国に広範な教育権を認め，学力テストを適法とした。

Ⅳ　表現の自由

1　表現の自由保障の意義
(1) 表現の自由保障の対象・範囲

　(a)　沿　革　　歴史を振り返ると，政治的あるいは宗教的な権力を保持する者は，自身またはその拠って立つ基盤を批判する言論や不安定化させかねない言論が世間に広まって賛同者を得るのを阻止しようとしてきた。その具体的手法は，政府や聖職者の許可なしには出版物を発行できなくしたり，治安紊乱や道徳に反する等の理由で発言者を処罰したりと様々であった。しかし，こうした抑圧に対する市民の不満は大きく，近代以降，表現の自由は最も重要な権利の一つと考えられるようになった。「言論著作印行集会及結社ノ自由」を保障した大日本帝国憲法29条もこの系譜に属する。ただし，同条項には「法律ノ範囲内ニ於テ」という留保が付されており，帝国議会が法律を作れば表現の自由に対するいかなる制約も可能であった。実際，内務省による検閲を定めた出版法や新聞紙法や映画法，国体の変革や私有財産制の否定を目的とする結社やその宣伝を禁じた治安維持法等によって，表現の自由は極めて大きな制約を受けた。法律の留保なしに「一切の表現の自由」を保障し，検閲を明示的に禁ずる日本国憲法21条の背後には，こうした事情が控えている。

　(b)　情報発信の自由　　21条1項は人間の様々な行為の中から「表現」，つまり「記号を通してなす対人的コミュニケーションの行為」（阪本）を括り出して保護するもので，保障の核心は「発信」の自由である。発信される内容については，思想・信条等にかかわる「意見・見解」が最も重視されるべきであろうが，それに至らない「感情」や，意見形成の前提となる「（客観的）事実」も排除されることなく，自由に伝達され流通することが同条項によって保障される。発信・伝達の手法は，口頭や文字によるもののほか，写真，絵画，彫刻，映像，音楽等，メッセージを伝達しうるものであれば広く保護が及ぶ。さらには，一般にはメッセージ伝達の側面を持たない単なる身体的動静であっても，四囲の状況に照らして，思想や意見を表明するものと理解できる場合に

は、「象徴的言論」として、21条の「表現」に含まれると解される（例：ダイ・イン、国旗の焼却、喪章の着用）。

（c）情報受領・収集の自由　仮に情報の発信が妨げられないとしても、受け手に到達する可能性が皆無であれば、対人的コミュニケーションは成立しえず、自由な表現が保障されているとはいえない。加えて、各人の意見の形成や民主的な議論の過程においても、他者の思想やその表現、各種の情報に接触する機会が不可欠であることを考え合わせると、憲法による表現の自由保障は表現者側の発信の自由のみならず、受信者側が表現を受領することを妨げられない権利をも保護していると解する必要がある（新聞紙や図書等の閲読の自由、そして情報摂取の自由を21条の規定の趣旨、目的から派生原理として導いた、最大判昭和58・6・22〔「よど号」ハイジャック記事抹消事件〕本書36-37頁および最大判平成元・3・8〔レペタ事件〕を参照）。民主政治の過程にさらに焦点を当てて考えると、我々が適切に政治的な議論をするためには、そのための資料・素材として政治・社会に関する様々な情報が必要となることが分かる。このことを指して「国民は知る権利を有する」と言われることがあるが、直前で説明した受領を妨げられない権利（知る自由）はその一つの側面である。さらに、意見形成や態度決定のためには、情報を受動的に受け取るのみならず積極的な情報収集が必要な場合が少なくないことから、こうした情報収集活動をも21条が保護していると解すべきかが論点となり、特に「取材の自由」について議論されている。その背景には、社会の分業化や政府業務の拡大・複雑化に伴い、必要な情報を市民に提供する役割は主にマスメディアに期待されるようになったことがある。最高裁も「報道機関の国政に関する報道は……国民の知る権利に奉仕する」との理解を示しているが、ここでは、そのことを前提に、「報道が正しい内容をもつためには、報道のための取材の自由も、憲法21条の精神に照らし、十分尊重に値いする」と述べられたことが注目に値する（最大決昭和44・11・26〔博多駅事件〕）。この判示は、情報収集活動のうちマスメディアやジャーナリストによる取材行為を特別視し、それに憲法による保護が一応は及ぶことを示唆する。

また、「国民の知る権利」の議論は、政府が保有する各種の情報が隠されることなく市民の利用に供されることの必要性・重要性を説く。一部の論者はそ

こから，政府のアカウンタビリティ（説明責任）はもちろんのこと，情報収集活動を保護する21条によって政府保有情報の開示請求権も基礎づけられると主張している（知る権利の請求権的側面。この主張の当否は議論の分かれるところだが，情報公開法や情報公開条例等が整備された今日では，政府情報開示請求権は法律・条例レベルの権利として制度的な裏付けを得ている）。

　以上を踏まえると，保護の程度に若干の差異はあるにしても，21条は情報収集，発信，受領を包括するコミュニケーション回路ないし情報流通の全過程を公権力による不当な制約から保護するものと理解することができる。

【取材活動をめぐる諸判例】
　取材の自由と国家機密の保護という公益との調整のあり方について，特定秘密保護法22条2項は「出版又は報道の業務に従事する者の取材行為については，専ら公益を図る目的を有し，かつ，法令違反又は著しく不当な方法によるものと認められない限りは，これを正当な業務による行為とするものとする」と取材の自由に配慮した規定となっている。これは，外務省機密漏洩事件（西山記者事件）での次の判示が前提となっている。「報道機関が取材の目的で公務員に対し秘密を漏示するようにそそのかしたからといつて，そのことだけで，直ちに当該行為の違法性が推定されるものと解するのは相当ではなく……真に報道の目的からでたものであり，その手段・方法が法秩序全体の精神に照らし相当なものとして社会観念上是認されるものである限りは，実質的に違法性を欠き正当な業務行為というべきである」（最判昭和53・5・31）。
　取材対象者から信頼を得て（秘匿性の高い）情報を提供してもらうためには情報源の秘匿が極めて重要となることから，公権力による情報源の開示の強制は，取材の自由の保護と基本的に相容れない。しかし，裁判の過程で，取材者が裁判所から証人として出頭するよう求められ，取材源の開示を求められる例がある。公正な裁判を実現するため，証言義務に反した場合には罰則が一般的に用意されているところではあるが，ジャーナリストに関しては例外的に職業上の秘密として証言拒絶をできるかどうか，幾度か争われてきた（刑訴149条，民訴197条を参照）。最大判昭和27・8・6は刑事事件における証言拒絶権を否定した一方，民事事件では報道関係者の証言拒絶を特段の事情がない限り原則として認める姿勢を示した判決も出ている（最判平成18・10・3）。
　取材の自由と公正な裁判の実現の関係については，裁判所が実体的真実発見のため，報道機関に対して取材フィルム等を提出するよう命じることの是非も論点となる。最高裁は博多駅事件（最大決昭和44・11・26）において，取材の自由に制約を課してでも命令を発することが許されるかは，「諸般の事情を比較衡量して決せられるべきであり，これを刑事裁判の証拠として使用することがやむを得ないと認められる場合においても，それによつて受ける報道機関の不利益が必要な限度をこえないように配慮されなければならない」と自由

第Ⅰ部　基本的人権

に配慮する姿勢を示した（なお，最判平成元・1・30及び最判平成2・7・9は，捜査機関による取材ビデオテープの押収について「諸般の事情の比較衡量」で決せられるという）。

（2）優越的地位の理論と文面審査

(a)　表現の自由の原理論　　表現の自由は，憲法で保障された権利のうちでも特にあつい保護を受け，その制限には特段の慎重さが求められる（優越的地位の理論）。それは表現行為が持つ次のような機能の故である。まず，社会の中で暮らす人間は，表現行為を媒介とした他者との対話・議論の過程の中で自身の思想や人格を確認・形成し，意見・見解を構築している。このことを指して，表現の自由は「自己実現の価値」に仕えるといわれる。また，表現行為は個人のためだけではなく，社会・国家のためにも重要な機能を果たす。すなわち，我々市民は表現行為によって民主政における政治的意思決定の過程に参加し，あるいは異議申し立てを行っている。自由な表現が抑圧された状況では政治的争点の適切な設定も真っ当な議論も不可能であり，民意に基づく政治という民主政治の基本が損なわれてしまう。つまり，表現の自由を保障することは「自己統治の価値」の実現にも繋がるのである。

優越的地位の理論は，表現の自由に対する制約が裁判で争われたときに裁判所は，その制約の合憲性を（原則として違憲の推定を置いて）厳密に審査するべきだという違憲審査の基本姿勢として帰結する。自己実現と自己統治のいずれの側面をより強調するかによって保障範囲や程度に差が生じることも想定しうるものの，民主政の維持・運営の重要性に鑑みて，政治的表現が最高次の保護を享受するという理解は広く共有されている。

また，自由な表現は真理到達の機能を果たすともいわれてきた。この背後には「思想の自由市場論」と呼ばれる考え方がある。これは経済市場において自由な取引が継続されていけば，低品質あるいは不当に高価格の商品やサービスが競争によって次第に自然と淘汰され，良質なものが生き残るという経済学の知見のアナロジーで，人々が公権力の干渉を受けずに自由に思想（idea）を市場（言論空間）に流入させ，自由な議論に任せておけば，悪質なものは排除されて真理が勝ち残るという仮説である。なお，ここでいわれる「真理」とは，

客観的で科学的な真実（事実）というよりも正しい思想・政策（意見）が想定されている。この仮説の想定通りに常に「真理」が勝ち残る保証はないとか，そもそも「唯一不変の正しい思想」は存在しない等，理論自体への批判も根強い。しかし，仮に唯一の真理には到達し得ないとしても，自由でオープンな継続的討議によって漸進的にでも不合理を排除し，個人や社会が合理的な知識を増進させ，合理な決定に接近していくことは期待できるであろう。その限りでこの理論はなお意義を有するものとして維持されるべきであり，問題含みの言論であっても国家が権力を用いて言論空間から排除することはできる限り控えられるべきであって，"原則として言論には言論で対抗せよ"という考え方（対抗言論の法理）は表現の自由論にとって基本的なものである。

　(b) 萎縮効果と文面審査　権力者が自身に都合の悪い表現を抑圧する傾向を見せることは歴史の示すところであって，権力監視の表現は民主的で健全な政治にとって極めて重要な意義を持つ。にもかかわらず，一般に表現者自身の経済的利益に直結することは少ないことから，表現者からすると，刑罰等のリスクを冒してまでそうした内容を表現するだけのインセンティブに乏しく，表現を控える方向に流れやすい。歴史が教える，こうした表現の傷つきやすく壊れやすい性質，萎縮効果の働きやすさもまた，表現の自由が手厚く保護されるべき根拠として持ち出される。萎縮効果を排除するためには，将来的に不利益を被るかもしれないという不安をあらかじめ除去しておく必要があり，そのためには，表現を規制する法令は規制対象が明確に読み取れるものでなければならない。そこで，法令の文言が漠然・曖昧としており，いかなる行為が規制対象となるのかをその文言から読み取れないような規定は文面上無効とされるべきと考えられている（漠然性故に無効の法理ないし明確性の法理）。この法理は罪刑法定主義の要請の一つとしてまずもって刑罰法規に適用されるが（本書118頁参照），萎縮効果を考慮すれば表現規制法令の場合には刑罰規定でなくとも妥当すると解すべきである。なお，表現の自由に関しては「過度に広汎故に無効の法理」も妥当する。これは，仮に規定は明確であっても，文言上，規制の範囲が本来憲法の保護する行為にまで広汎に及んでいる場合，萎縮効果除去のため，当該規定を文面上無効とすべきだとする理論である。過度に広汎な法令は

法文が曖昧であることが多いと考えられるので，事案によっては両法理は一部重なり合う可能性がある。

　最高裁は，一見すると漠然としていたり，過度に広汎であったりする法令であっても，合憲限定解釈を施し違憲な適用部分を除去することで，規定自体は違憲ではないと結論づけることがある（表現の自由関連では，最大判昭和59・12・12〔税関検査事件〕，最判平成19・9・18〔広島市暴走族追放条例事件〕）。しかし，萎縮効果の弊害を考えれば，少なくとも表現規制法令に関しては，合憲限定解釈の手法は安易に多用されるべきでない。

2　表現規制の類型論と裁判所による審査の厳格度
（1）事前抑制（事前規制）と事後規制
　(a)　区別の意義　　情報流通の全過程をオープンなままにとどめようとする表現の自由保障の観点からすると，様々な表現規制のうちでも特に事前抑制は危険なものといえる。事前抑制とは，表現が思想の自由市場に出る前に抑止することをいい，戦前に行われた書籍・新聞・映画等に対する検閲制度や，裁判所による出版物の事前差止めが典型例である。事前抑制が行われれば当該表現は発信も受領も不可能になることから，表現そのものをできなくする極めて重大な制約であり，表現が行われた後に刑罰等のペナルティが科される事後規制と区別される。かかる事前抑制の特徴について，最高裁は，「その内容を読者ないし聴視者の側に到達させる途を閉ざし又はその到達を遅らせてその意義を失わせ，公の批判の機会を減少させるものであり，また，事前抑制たることの性質上，予測に基づくものとならざるをえないこと等から事後制裁の場合よりも広汎にわたり易く，濫用の虞があるうえ，実際上の抑止的効果が事後制裁の場合より大きいと考えられる」と，危険の大きさを解説している（最大判昭和61・6・11〔北方ジャーナル事件〕）。さらには，真に事前抑制を要するものであったかを事後的に検証することも難しくなるため，権力者が自身に都合の悪い情報を隠蔽するための手段として用いられる危険も指摘される。こうした性質を考えれば，我々は事前抑制について特に警戒のまなざしを向ける必要があり，その合憲性については事後規制よりも慎重に判断されなければならない。

(b) 検閲と事前抑制　　20条2項前段が禁ずる検閲と事前抑制との関係につき，最高裁は，検閲は事前抑制のなかでも悪質性の高いものと捉え，事前抑制一般は21条の趣旨に照らし原則的に禁止され，中でも検閲に該当するものは21条2項前段によって絶対的に禁止されるという理解に立つ。かかる理解は学説も概ね支持しているが，検閲を「行政権が主体となつて，思想内容等の表現物を対象とし，その全部又は一部の発表の禁止を目的として，対象とされる一定の表現物につき網羅的一般的に，発表前にその内容を審査した上，不適当と認めるものの発表を禁止することを，その特質として備えるもの」と極めて限定的に定義する最高裁の理解（最大判昭和59・12・12〔税関検査事件判決〕）には批判が多い。有力学説は，表現行為に先立ち行政権がその内容を事前に審査し，不適当と認める場合にその表現行為を禁止することと定義する（佐藤幸治）。また，検閲には該当しない事前抑制の合憲性について最高裁は，北方ジャーナル事件判決の中で「厳格かつ明確な要件のもとにおいてのみ許容されうる」と極めて例外的にしか認められないように述べている。しかし，後で紹介するように（本書100-101参照），その後の下級審を含めた裁判所の判断には事前抑制の定義を狭く解したり，差止めを比較的容易に認めるものがあったりと，それほど厳格な姿勢が一貫しているわけでもない。

(2) 表現内容規制と表現内容中立規制

(a) 表現内容規制　　事後規制の合憲性について裁判所は，古くは素朴な公共の福祉論によって，近年でも規制の必要性及び合理性を総合的な利益衡量によって判断する態度を示している。これに対して学説は，そうした枠組みでは審査の過程が不透明過ぎるとの不満や，表現の自由の重要性に鑑みれば，より密度の高い審査を行うべき場合があるとの認識に基づき，類型に応じて厳格度の異なる審査（ないし審査基準）を使い分けるべきだと論じている。類型としては，まず表現内容規制と表現内容中立規制の区別が有力に唱えられている。

表現内容規制とは，表現内容，つまり表現が伝達するメッセージの中身に基づいて課される規制をいい，表現内容とは無関係な理由から設けられた表現内容中立規制と対比される。思想の自由市場論からすると基本的に表現の真否・優劣の判断を政府に委ねるべきではなく，政府のそうした判断に基づく規制は

恣意的なものとなったり，権力者が自身に都合の悪い表現を封じ込めるために名目を偽装して巧妙に規制を導入することを許したりするおそれも強いことから，内容規制は違憲の疑いが強いものと捉えて厳格な審査を及ぼすことが必要だと考えられている。具体的には，審査基準論にいう厳格審査基準が妥当するといわれる。また，内容規制の中でも，ある政策への支持の言論や特定政党を批判する言論のような，特定の観点に基づくものだけを規制することとなれば，言論空間内の情報の偏りから受領者側の認識そのものに歪みが生じ，ひいては民主的な政治過程の正常な機能が阻害される危険が大きくなる。したがって，内容規制の中でも観点規制と評価できるものの審査には最高レベルの厳しい態度で臨む必要がある。

　表現内容規制には厳格審査基準以上の審査で当たるべきとの直前の説明はまさに政治的表現の規制に妥当する。ところが，それ以外の表現のうち，一般に「低価値表現」といわれる営利広告，名誉毀損，わいせつ等については，重大な法益侵害結果を発生させることが広く認識されていたり，自己統治や真理到達に資する可能性が明らかに低かったりすることを理由に，その規制に厳格審査基準までは必要なく，中間レベルの審査基準による審査，あるいは当該規制類型に対する規制法令自体の合憲性は前提としつつ，憲法上保護される表現まで規制されることのないよう，法令の規制対象を厳密に限定する手法が採られるべきと考えられている。後者の手法のことを定義づけ衡量（限界画定衡量）といい，憲法上許容される限界線がひとたび裁判所によって画定されると，その後の事案では，その線引きの内か外かだけが審査されることになる。

　(b)　表現内容中立規制　　表現内容中立規制の典型は，ビラ貼り規制や拡声器使用の制限等の時・場所・方法の規制である。こうした規制は通常，違う時間帯，他の場所，別の表現手法を用いれば同じ内容のメッセージを伝達できることから，内容規制ほどには表現の自由に対する危険が大きくないと考えられ，表現の実質的な代替手段がある限りにおいて中間レベルの審査基準によって審査されるべきものと論じられている。

　また，信教の自由の箇所（本書69頁参照）でも説明したのと同じく，表現行為を狙い撃ちにしたわけではない規制が，事案によっては表現行為にも及ぶ結

果，当該表現者にとっては表現の自由に対する負担となるために，規制の適用からの免除を求める事例が散見される。この場合，適用される規制自体は表現内容と無関係に作られたものであるから，表現内容中立規制と分類できる。

(c) 間接的，付随的制約　　表現内容中立規制と似て非なるものに，最高裁が幾度か示してきた「間接的，付随的制約」という類型がある。これは国家公務員の「政治的行為」を規制する法令の合憲性が争われた猿払事件判決で初めて登場したもので，最高裁は，「意見表明そのものの制約」と「その行動のもたらす弊害の防止」を目的とする制約とを区分し，後者を「間接的，付随的な制約」と命名した。最高裁はその後，選挙運動としての戸別訪問の禁止と裁判官の政治運動の禁止について，いずれも間接的，付随的な制約に過ぎず，意見表明そのものを制約するものではないとの理解を示している（最判昭和56・6・15，最決平成10・12・1〔寺西判事補事件〕）。しかし，政党のポスターの掲示や候補者への支持を求める戸別訪問等のこれら禁止対象行為は，意見表明の要素と行動とが分かちがたく結びついた政治的表現行為そのものであって，その行為を一律に禁止する規制は間接的，付随的な制約などではなく，表現行為に対する直接的制約と理解するほかないとして学説から強く批判されている。

---

* **猿払事件（最大判昭和49・11・6）と堀越事件（最判平成24・12・7）**

国家公務員法102条1項は，国家公務員に「人事院規則で定める政治的行為」を禁じており，この委任を受けた人事院規則14-7が禁止される行為を具体的かつ包括的に列挙している（罰則は国公111条の2第2号）。猿払事件は，郵便局員であった被告人が勤務時間外に社会党公認候補者の選挙用ポスターを掲示版に貼り，また，掲示を依頼して配布したことが同法違反にあたるとして起訴されたものである。最高裁は，公務員の政治的中立性を損なうおそれのある政治的行為の禁止が合理的で必要やむを得ない限度にとどまるか否かを，①禁止の目的，②目的と禁止される政治的行為との関連性，③禁止することにより得られる利益と失われる利益の均衡の3点から検討するという審査の枠組み（猿払基準ないし合理的関連性の基準）を示した。その上で，行政の中立的運営とこれに対する国民の信頼の確保という規制の目的は正当であり，職種・職務権限，勤務時間の内外，国の施設の使用の有無等を問わず，政治的中立性を損なうおそれのある行為を禁止することは目的と合理的関連性を有し，さらに，間接的，付随的な制約に過ぎない以上，国民全体の共同利益たる得られる利益が失われる利益を上回ると判断した。「間接的，付随的な制約」であることは，審査の厳格度を誘導・決定するために用いられているのではなく，具体的な利益衡量の中で規制によって失われる利益が重大なもの

ではないことを導く理屈として登場している（ちなみに余談ではあるが，広島市暴走族追放条例事件では「事後的かつ段階的規制」であることが，同様に，失われる利益を軽く見積もる理由として用いられている）。

　ところが近時，最高裁は，国公法が禁止し罰則の対象とする政治的行為を，「公務員の職務の遂行の政治的中立性を損なうおそれが実質的に認められる政治的行為」に限定解釈する判断を示した。社会保険庁職員による選挙時の共産党機関紙の住居等への配布が争われた堀越事件で最高裁は，本件行為は管理職の地位になく職務内容・権限に裁量の余地のない公務員が，休日に職務と無関係に，公務員労組の活動としてでもなく，周囲から公務員と認識されない態様で行ったもので，上記の実質的おそれが認められず国公法規定の構成要件に該当しないとして無罪にした。

3　表現の自由に対する具体的規制と判例
（1）表現内容規制
（a）営利広告　　営利広告（営利的言論）は，表現としての側面と営利追求活動としての側面を併有し，多くの場合，自己統治に資する可能性が低く，内容の真実性や正確性を客観的に判断しやすい性質のものであることに加え，虚偽広告や誇大広告から消費者を保護する政府の役割は重要と考えられていることから，学説は一般に，非営利的言論と同等の保護は及ばないと解している（景品表示法等，現行法には多くの広告規制が存在する）。最高裁は「あん摩師，はり師，きゆう師及び柔道整復師法」（当時）の広告規制が問われた事件で，虚偽誇大広告が一般大衆を惑わして適時適切な医療を受ける機会を失わせるような「弊害を未然に防止するため一定事項以外の広告を禁止することは，国民の保健衛生上の見地から，公共の福祉を維持するためやむを得ない措置」であって21条1項に反しないと，簡単な公共の福祉論で合憲の結論を導いた（最大判昭和36・2・15）。

（b）煽　動　　他者の気持ちを煽り，感情を高ぶらせて，特定の行動を起こすように仕向けることを煽動という。現行法には，犯罪・違法行為の煽動を処罰する若干の規定があるが（破壊活動防止法38〜40条，爆発物取締罰則4条，国税通則法126条等），いずれも現実に犯罪・違法行為が行われたか否かを問わず煽動罪が成立する建て付けとなっている。したがって，これら規定は，具体的な害悪を実際に生じさせていなくても，表現内容が抽象的に危険であることを

もって処罰するものであり，しかも，政治的な意見表明が対象となるおそれもあることから，本来，その合憲性は慎重に検討される必要がある。この点，例えばアメリカ連邦最高裁がかつて，煽動処罰が可能なのは「明白かつ現在の危険」の基準を充足する場合，すなわち，表現が実質的な害悪を惹起する蓋然性が明瞭で，なおかつ，時間的に切迫していることが立証された場合に限定されるとの法理を示したことが注目される。これに対して我が国の最高裁は，単純な公共の福祉論により，食料緊急措置令11条，破壊活動防止法39・40条が禁ずる煽動を「言論の自由の限界を逸脱」するもの，「表現の自由の保護を受けるに値しない」ものとして，その規制を簡単に合憲とした（最大判昭和24・5・18，最判平成2・9・28）。また，そこでは処罰範囲を限定的に解する姿勢も示されていない。

(c) 名誉毀損　他者の社会的評価を低下させる内容の表現行為は，名誉毀損として，刑事罰および不法行為に基づく損害賠償という刑事民事の両面から法的責任を問われうる。刑法230条によれば，社会的評価を低下させる性質をもつ事実（事柄）を公然と摘示した場合，たとえ摘示された事実が真実であっても処罰されるが，これでは政治家の汚職報道等も処罰対象に含まれることとなり，表現の自由を過度に制約するものとなる。そこで名誉の保護と表現の自由保障との調整のため，1947年の刑法改正によって230条の2が追加された。そこでは，表現者側が，当該表現が①公共の利害に関する事実に係り，②その目的が専ら公益を図ることにあり，③摘示事実が真実であること，すべての証明に成功すれば処罰を免れることになっている（犯罪容疑の報道については①，公務員や公職候補者に関する事実の場合には①②の証明が免除される）。さらに最高裁は，③の要件について，「真実であることの証明がない場合でも，行為者がその事実を真実であると誤信し，その誤信したことについて，確実な資料，根拠に照らし相当の理由があるときは……名誉毀損の罪は成立しない」（最大判昭和44・6・25〔夕刊和歌山時事事件〕）とさらに緩和し，表現者側に生じる萎縮効果を排除しようとしている（真実相当性の法理）。民事の不法行為の成立要件についても，刑事同様の免責法理が妥当する（最判昭和41・6・23〔署名狂やら殺人前科事件〕）。また，名誉毀損不法行為は，社会的評価を低下させるものであれば

言明内容が事実ではなく意見であっても成立するが，表現の自由が保障される以上，辛辣・苛烈な批判や論評といえどもむやみに封殺されるべきではなく，保障を享受する者は互いに一定程度は甘受しなければならないと考えられる。そこで，最高裁は，上記①，②，③（前提事実の真実性）が証明される場合に，さらに「人身攻撃に及ぶなど論評としての域を逸脱したもの」でないなら，不法行為は成立しないとした（公正な論評の法理。最判平成元・12・21〔長崎教師批判ビラ事件〕）。表現の自由に配慮して規制範囲を限定しようとする姿勢がうかがえる。なお，刑法231条の侮辱罪は，事実の摘示なしに他者の社会的評価を低下させる内容を公然と表現する行為に適用される。他方，民事の場合，社会通念上許される限度を超える侮辱行為は人格権・人格的利益の侵害（あるいは端的に名誉感情の侵害）として不法行為が成立する。

(d) ヘイトスピーチ　人種，民族，宗教等の属性，アイデンティティに基づき，特定の集団およびその構成員に対して，罵ったり，貶めたり，社会からの排斥を主張したりする表現をヘイトスピーチという。現行法の下でも特定人をターゲットにしたそれが名誉毀損や侮辱の定義に該当したり，業務妨害を惹起したりすれば，発言者は刑事・民事の責任を問われうるが，特定人を名指しすることなく，在日コリアン一般や同性愛者全体等に向けられたヘイトスピーチに対して新たな規制を設けるべきか否か，なお議論が続いている（ヘイトスピーチ解消法は不当な差別的言動の解消に向けて，国や自治体に相談体制の整備や教育啓発活動を義務付ける一方で，市民がそうした言動に及んだ場合の罰則や禁止規定を含まない）。ちなみに，条例で定義するヘイトスピーチに該当すると判断された場合に，拡散防止のためプロバイダへ削除依頼を出す等の措置をとるとともに，当該表現内容の概要や表現者氏名を公表することにしている大阪市の条例について，最高裁は比較衡量の枠組みに依りながら，ヘイトスピーチを抑止しようとする目的は合理的で正当であり，規制対象とされる表現活動の内容は過激で悪質性の高いものに限られ，制限の態様・程度も事後的でペナルティのない拡散防止措置等にとどまっているとして条例を合理的で必要やむを得ない程度のものと評価した（最判令和4・2・15〔大阪市ヘイトスピーチ対処条例事件〕）。

(e) プライバシー侵害　公開を欲しない性質の私生活上の事実を勝手に暴

露する表現行為は，プライバシー侵害として不法行為となりうる。表現の自由との調整のあり方について最高裁は，「プライバシーの侵害については，その事実を公表されない法的利益とこれを公表する理由とを比較衡量し，前者が後者に優越する場合に不法行為が成立する」として，個別的利益衡量の判断枠組みを示している（最判平成15・3・14〔長良川リンチ殺人報道事件〕，最判令和2・10・9。なお，利益衡量の枠組みは過去の前科事実の公表に関する最判平成6・2・8〔ノンフィクション「逆転」事件〕に既に見られた）。

プライバシー保護と表現の自由保障との調整をめぐっては，自身の過去の逮捕歴や前科等の事実を内容に含むウェブページのURL等がGoogleのような検索サービスの検索結果として表示され続ければ，現在及び将来の平穏な生活が害されるとして，検索事業者に検索結果を削除するよう求める裁判が近年増えつつある。最高裁は，検索結果の提供には検索事業者自身の表現行為という側面があり，特定の検索結果の提供を違法として削除を裁判所が命じることは表現に対する制約にあたると捉えた上で，「当該事実を公表されない法的利益と当該URL等情報を検索結果として提供する理由に関する諸事情を比較衡量して判断」し，「当該事実を公表されない法的利益が優越することが明らかな場合には，検索事業者に対し，当該URL等情報を検索結果から削除することを求めることができる」という枠組みを示した（最判平成29・1・31。ツイートの削除に関して最判令和4・6・24は単純な比較衡量の枠組みをとる）。

（f）わいせつ　　性表現規制の典型はわいせつな文書等の頒布・公然陳列を禁じる刑法175条である。最高裁は「わいせつ」を，①徒らに性欲を興奮又は刺戟せしめ，②普通人の正常な性的羞恥心を害し，③善良な性的道義観念に反するものと定義し，これらを充足する表現の頒布を罰則付きで禁止することの合憲性を次のように説明する。わいせつ表現は人間の理性による制限を解除させ，性道徳や性秩序の無視を誘発する抽象的危険を有することから，最小限度の性道徳の維持のために当該規定は設けられている。この最小限度の性道徳の内容には，人間性に由来する羞恥感情から当然に帰結される性行為非公然性の原則が含まれる。「性的秩序を守り，最少限度の性道徳を維持することが公共の福祉の内容をなすことについて疑問の余地がない」以上，刑法175条は違憲

ではない（最大判昭和32・3・13〔チャタレイ事件判決〕）。

同判決では、わいせつ性の具体的判定は「良識をそなえた健全な人間の観念である社会通念の規範」に従って裁判官が行うと述べられたものの、上記の定義と併せ考えるとき、これでは規制範囲の線引きが明瞭とは言い難く、本来保護される表現まで処罰されたり、萎縮させられたりする可能性がある。最高裁も後に、性的描写叙述の程度、文書全体に占める比重、芸術性・思想性等による性的刺激の緩和の程度等の観点から、問題となった表現を全体としてみたときに、主として、読者の好色的興味に訴えるものと認められるか等の事情を総合し、その時代の健全な社会通念に照らして要件充足を判断する旨を示し、判定基準の明確化を試みている（最判昭和55・11・28〔「四畳半襖の下張」事件〕。最判平成20・2・19〔メイプルソープ事件判決〕は同基準を適用して事実上わいせつ性を否定した例として注目される）。

(g) 青少年有害表現物　ほとんどの都道府県では、条例により青少年の健全な育成を阻害するおそれのある（わいせつに至らないレベルの）性表現や残虐表現を含んだ表現物を「有害図書類」に指定し、それらを青少年に販売することを禁ずるとともに、自動販売機による販売を禁じ、他の表現物との区分陳列を命じる規制が設けられている。自販機への収納禁止が争われた岐阜県青少年健全育成条例事件で最高裁は、有害図書類が「青少年の健全な育成に有害であることは、既に社会共通の認識になっている」こと、対面販売に比べて購入が容易で購入意欲を刺激しやすい自販機での有害図書類の販売は弊害が一段と大きいことを挙げ、当該規制は「青少年に対する関係において、憲法21条1項に違反しないことはもとより、成人に対する関係においても、有害図書の流通を幾分制約することにはなるものの、青少年の健全な育成を阻害する有害環境を浄化するための規制に伴う必要やむをえない制約である」と結論づけた（最判平成元・9・19）。

(2) 表現内容中立規制

(a) 時・場所・方法の規制　屋外広告物法の委任をうけて制定された都道府県等の条例は、美観風致の維持と公衆への危害の防止を目的として、屋外広告物の表示場所や方法（形状、面積、色彩等）について規制を設け、違反者には

罰則を用意する等している。このうち，橋柱や電柱等に広告物を表示することを禁じた大阪市屋外広告物条例の合憲性が争われた事件で，最高裁は「都市の美観風致を維持することは，公共の福祉を保持する所以であるから，この程度の規制は，公共の福祉のため，表現の自由に対し許された必要且つ合理的な制限」であるとだけ述べ，簡単に合憲の結論を導いた（最大判昭和43・12・18）。軽犯罪法がみだりに他人の家屋等にビラ貼り（はり札）することを刑罰の対象としていることについても最大判昭和45・6・17が，表現といえども他人の財産権，管理権を不当に害するごとき行為はもとより許されず，それら権利のための「この程度の規制は公共の福祉のため……必要かつ合理的な制限であって」21条1項に違反しないとしている。

　(b)　免除の可否　　私鉄の駅構内において駅係員の許諾を得ぬまま，乗降客や通行人にビラを配布し，携帯拡声器を用いて演説を行い，それに対して駅管理者から退去要求を受けたにもかかわらず，それを無視して約20分間，駅構内に滞留した行為が鉄道営業法35条（係員の許諾なく車内や鉄道地で寄付を求めたり物品を配布したり演説したりした者を科料に処すことを定めている）および刑法130条後段（不退去罪）違反にあたるとして起訴された事件がある。被告人は表現の自由を理由に無罪判決を求めたが，最高裁は，「たとえ思想を外部に発表するための手段であつても，その手段が他人の財産権，管理権を不当に害するごときものは許されないといわなければならない」と述べて，その主張を容れなかった（最判昭59・12・18〔吉祥寺駅構内ビラ配布事件〕）。また，自衛隊のイラク派遣に反対する内容のビラを配布する目的で，防衛庁職員とその家族が居住する宿舎の敷地に立ち入り，各室玄関ドアの新聞受けにビラを投函したため，刑法130条前段の罪（住居等侵入罪）で起訴された事件でも，免除は認められなかった。最高裁は，本件ビラ配布が表現の自由の行使にあたると認めつつも，自由に人が出入りできる場所ではない宿舎に管理権者の意思に反して立ち入ることは，管理権とそこで私的生活を営む者の私生活の平穏を侵害するもので，その侵害の程度も極めて軽微なものともいえないと述べ，被告人らを有罪としても21条1項違反ではないと判示した（最判平成20・4・11〔立川テント村事件〕）。

(3) 事前抑制

(a) 税関検査　関税法は輸入禁制品として麻薬や銃器類等と並べて「公安又は風俗を害すべき書籍，図画，彫刻物その他の物品」を掲げているが（同法69条の11第1項7号），輸入貨物に違反物件が含まれないかの確認のため，税関は貨物検査を行っている。この検査が21条2項の禁じる「検閲」に該当するものでないか争われた税関検査事件で最高裁は，先に紹介した検閲の定義を初めて示したうえで，税関検査は関税徴収手続の一環として，これに付随して行われるものであること，思想内容等それ自体を網羅的に審査し規制することを目的とするものではないこと，税関長の判断に対して司法審査の機会が与えられていること等を挙げ，検閲には当たらないと判断した。さらに，検査の結果，輸入禁制品に該当すると判断されれば輸入の途が閉ざされて国内での発表の機会を奪われ，受領の機会も消滅することから，「事前規制たる側面を有することを否定することはできない」としながらも，輸入が禁止される表現物は国外においては発表済みであるから事前に発表そのものを一切禁止するわけではなく，没収・廃棄がされない以上，発表の機会が全面的に奪われてしまうわけでもないとして，「事前規制そのものということはできない」とも述べている（最大判昭和59・12・12）。

(b) 裁判所の事前差止め　名誉毀損やプライバシー侵害の表現に対して，事後的に法的責任が問われうることは既に説明した。しかし，事後的救済だけでは損害が十分に回復されず，保護に欠ける事態も想定されることから，被害が予見される場合に，被害者の求めに応じて，裁判所が当該表現物の出版・公表の事前差止めを命じることが憲法上許されるか，また，どのような条件が満たされれば可能かが論点となる。これら論点につき最高裁は北方ジャーナル事件において，事前差止めは検閲には当たらないとしつつも，事前抑制に該当するものであるから厳格かつ明確な要件の下で例外的に許容されるとした。とくに，公務員又は公職候補者に関する名誉毀損的表現の事前差止めについては基本的に許されず，原則として口頭弁論又は債務者審尋を行い，ⓐその表現内容が真実でなく，又はそれが専ら公益を図る目的のものではないことが明白であること，ⓑ被害者が重大にして著しく回復困難な損害を被る虞があることの両

方を被害者側が証明できた場合にのみ，差止めが許されると判示した（最大判昭和61・6・11）。このうち@は，本節3（1）(c)で説明した名誉毀損法制でいうところの，①が充足される場合に，②又は③の要件が充足されないことが明らかであることの立証を求めるもので，事後的に許容される表現が事前に抑止される事態を避けようという意図が窺えるものの，「又は」で結んでいることが表現の保護に欠けるとして批判も多い（審尋等の手続要件に関しては，判決後に制定された民事保全法23条4項で解決されている）。他方，①が充足されない場合の名誉毀損的表現に対する事前差止めの要件は，今日に至るまで最高裁から示されていない。

また，プライバシー侵害を理由とする差止め要件については，下級審では個別的利益衡量によるものも見られるが，最高裁の立場はやはり明らかでない（事例判断として，既に雑誌で公表済みの小説について，総合考慮により，公的立場にない者の名誉・プライバシー・名誉感情の侵害を認め，重大で回復困難な損害を被らせるおそれもあるとして単行本の出版差止めを肯定した原審の判断を是とする最判平成14・9・24〔「石に泳ぐ魚」事件〕がある）。

(c)　その他　教科書検定制度が検閲にあたるかも議論となったが，最高裁は「一般図書としての発行を何ら妨げるものではなく，発表禁止目的や発表前の審査などの特質がない」として，これを否定し，さらに，「思想の自由市場への登場自体を禁ずるものではない」として事前抑制そのものにも当たらないと判示している（最判平成5・3・16〔第1次家永訴訟〕）。こうして見てくると，最高裁は，「検閲」「事前抑制そのもの」「事前抑制たる側面を有するもの」という三層構造を念頭に置いていることがわかる。

4　集会・結社の自由，通信の秘密

(1) 集会・集団行動の自由

(a)　パブリック・フォーラム論　「集会」とは，多数人が何らかの目的をもって一定の場所に一時的に集うことをいう。これは，必ずしも表現としての性質を有するとは限らないけれども，日本国憲法は言論，出版の自由と並んで集会の自由を21条1項において保障している。集団示威運動や集団行進も，そ

れぞれ集会における参加者の意思表出の現れ方であり，集会の自由の保護の下にある。集会の自由は，集会を主催し，参加し，デモ行進等の集団行動を行うことについて，公権力から規制を受けないことを意味する。最高裁によれば，この自由も絶対無制約ではなく，「制約が必要とされる程度と，制限される自由の内容及び性質，これに加えられる具体的制限の態様及び程度等を較量して」必要かつ合理的な制限と判断されれば制約も許容される（最大判平成4・7・1〔成田新法事件〕。最判平成19・9・18〔広島市暴走族追放条例事件〕も猿払基準を採用しつつ比較衡量の思考法に依っている）。

　ところで，複数の人間が集い，行動に出るためには「場所」が必要となることを考慮に入れると，自由権としての集会の自由は第一義的に，ホール，広場，道路等において，所有者・管理者の承諾を得て行われる集会・集団行動を公権力から妨害・強制されないことを保障するものである。そこには，国家に対して自身の集会・集団行動のために場所を提供するよう要求できることまでは本来含まれず，国家がこの要求を拒んだとしても，そのことが直ちに自由の規制とは捉えられないはずである。むしろ，場所の提供は性質上「給付」に類する（「規制／給付（援助・助成）」二分論）。しかし，歴史的に見ても，集会・集団行動の場所としては公権力が設置し管理する公園，公会堂，公道等が広く利用されてきたし，大規模な集会を開催するためにはそうした場所がほぼ唯一の選択肢となることが少なくない。このとき，国家や地方公共団体が集会の内容や主催団体の性質に基づいて，道路や施設の利用の許否を恣意的に決めうるとすれば，憲法による集会の自由保障の意義は実質的に大きく縮減される。こうした発想の下，アメリカ連邦最高裁はパブリック・フォーラム論と呼ばれる法理を形成してきた。それによれば，公園や公道のように伝統的にコミュニケーションの場として開放されてきた政府所有の場（伝統的パブリック・フォーラム），公会堂等の表現のために特に政府が設置した施設（指定的パブリック・フォーラム）については，その利用の許否を「給付」の問題と捉えて政府の裁量を認めることを避け，原則として内容差別を許さない等，「規制」の場合と同様の厳格さで合憲性の審査を行うべきとされる。なお，市役所や刑務所等それ以外の政府所有の場（非パブリック・フォーラム）については，表現のために

使用させるか否かに関し，合理的な範囲の規制が認められるという（ただし，観点差別は許されない）。

　(b)　公共施設の利用許可制　　地方自治法は，自治体が設置する公園や市民ホール等の「公の施設」について，正当な理由のない利用拒否や不当な差別的取扱いを禁じている（同法244条2項，3項）。この「正当な理由」には，収容人数や先着順のほか，管理上の支障や公序良俗を害するおそれ等も含まれうるものの，その認定につき管理者の裁量を広く認めれば，利用許否について管理者である行政の恣意的判断を許すことになる。最高裁も，市民会館等の集会の用に供する施設に関して管理者が不許可とできる範囲を限定的に解し，集会の自由の重要性に配慮する姿勢を示している（泉佐野市民会館事件*，最判平成8・3・15〔上尾市福祉会館事件〕）。他方，公立学校の教室等，集会のために設置されたわけではない施設の使用許可に関しては，管理者の裁量をより広く認める傾向にある（最判平成18・2・7〔呉市教研集会事件〕，最判令和5・2・21〔金沢市庁舎前広場事件〕）。後者については，市庁舎前広場を庁舎本体とは区別される「公の施設（ないしそれに準ずる施設）」とみて，泉佐野市民会館事件判決の枠組みが妥当するとした宇賀克也裁判官の反対意見が注目される）。

＊　泉佐野市民会館事件（最判平成7・3・7）

　関西新空港反対全国総決起集会の開催のため原告が泉佐野市民会館のホールの使用許可を申請したところ，市側は集会主催者の実体が連続爆破事件を起こした過激派団体であり，彼らに使用を認めると不測の事態により周辺住民の平穏な生活が脅かされたり，対立団体との間で大混乱が生じたりするおそれがあるとして，市条例が不許可事由として規定する「公の秩序をみだすおそれがある場合」，「その他会館の管理上支障があると認められる場合」に該当するとの理由で不許可とした。原告はこれが違法な処分であるとして国家賠償法に基づく損害賠償を求めて提訴した。最高裁によれば，集会の用に供する施設の利用を不相当とする事由が認められないにもかかわらず管理者が不許可としうるのは，利用競合の場合を除けば，集会に利用させることにより他者の基本的人権が侵害され，公共の福祉が損なわれる危険がある場合に限られ，こうした危険を回避・防止するために集会開催を制限することが必要かつ合理的なものといえるか否かは，集会の自由の重要性とその集会によって害される人権の内容や侵害の危険性の程度を較量して決せられる。衡量にあたっては，集会の自由という精神的自由の制約の事案であるから，経済的自由の制約の場合よりも厳格な基準が妥当する。以上を前提にすると，条例

のいう「公の秩序をみだすおそれがある場合」とは、「本件会館における集会の自由を保障することの重要性よりも、本件会館で集会が開かれることによって、人の生命、身体又は財産が侵害され、公共の安全が損なわれる危険を回避し、防止することの必要性が優越する場合をいうものと限定して解すべきであり、その危険性の程度としては……単に危険な事態を生ずる蓋然性があるというだけでは足りず、明らかな差し迫った危険の発生が具体的に予見されることが必要であると解するのが相当である」。また、「主催者が集会を平穏に行おうとしているのに……反対する他のグループ等がこれを実力で阻止し、妨害しようとして紛争を起こすおそれがあることを理由に公の施設の利用を拒むことは、憲法21条の趣旨に反する」とも述べている（敵意ある聴衆の法理）。判決は、主催団体の直近の行動という客観的事実からみて、会館ないし付近で衝突が起きて、会館職員、通行人、付近住民等の生命、身体又は財産が侵害される事態が発生することが具体的に明らかに予見され、警察等に依頼してこれを予め防止することも不可能に近かったとして、不許可処分は違法ではないと結論づけた。

(c) 公安条例による規制　道路や公園等の公共の場所での集会・集団行動について、地域によっては、公安委員会への届出制ないし許可制が公安条例によって義務付けられていることがある。また、届け出の受理ないし許可に際しては様々な条件が付されることもある。こうした公安条例の合憲性については幾度か争われ、一般的な許可制によって行進・集団示威運動を事前に抑制することは憲法の趣旨に反し許されないものの、特定の場所・方法について合理的かつ明確な基準の下での許可制ならば直ちに違憲とはいえないとされた（最大判昭和29・11・24〔新潟県公安条例事件〕）。ただ、平穏静粛な集団であっても一瞬にして暴徒と化し、実力によって法と秩序を蹂躙し、手が付けられない事態に立ち至る危険を潜在させているとの理解（集団暴徒化論）を前提に、「表現の自由を口実にして集団行動により平和と秩序を破壊するような行動またはさような傾向を帯びた行動を事前に予知し、不慮の事態に備え、適切な措置を講じ得るようにすることはけだし止むを得ない」とした判断が今日まで変更されることなく維持されている（最大判昭和35・7・20〔東京都公安条例事件〕）。なお、道路を使用する場合には、警察署長の許可を予め得なければならず、場合によっては許可するにあたって、危険防止や交通の安全・円滑のための必要な条件が付されることがある（道路交通法77条1項、3項）。最高裁は、道交法77条2項が「許可に関する明確かつ合理的な基準を掲げて道路における集団行進が不許可

とされる場合を厳格に制限して」いることから，上記の規制は公共の福祉のための必要かつ合理的な制限であるとした（最判昭和57・11・16）。

（2）結社の自由

「結社」とは複数の人間が共通の目的をもって継続的に結びつくこと，また，その団体を指す。21条1項の結社の自由は，そうした結社の形成，加入，脱退等について公権力から禁止・制約・強制を受けないこと，また，それら行為を行ったこと，行っていないことにより不利益を受けないことを保障するものである。さらに，団体による意思決定，それに基づく団体としての活動に対して干渉されない自由をも含む。この自由に対する現行法上最大の制約は，暴力主義的破壊活動を行った団体に関して，「継続又は反覆して将来さらに団体の活動として暴力主義的破壊活動を行う明らかなおそれがあると認めるに足りる十分な理由」があり，団体活動の制限によってはそのおそれを有効に除去できないと認められる場合に，公安審査委員会が団体の解散を指定できると定める破壊活動防止法の規定である（同法7条）。かつてオウム真理教に対する解散指定請求がなされたことがあるが，公安審査委員会は同条項の文言を厳格に解釈し，提出された証拠では要件を充足したと認められないとして請求を棄却した（公安審査委員会平成9・1・31決定）。

（3）通信の秘密

発信者と受信者の間を通信業務担当者が媒介する何らかの「通信制度」を利用して行われるコミュニケーションを「通信」といい（広義の通信），21条1項は通信によるコミュニケーションも保護の対象に収めている（通信の自由）。広義の通信には，①郵便，電話，電子メールのような特定者間の非公開のコミュニケーションのほか，②インターネット通信によるウェブページを通じた情報発受のように，実質において公開かつ不特定多数の受信者に対するコミュニケーションも含まれる。ただし，「通信の秘密は，これを侵してはならない」と定める21条2項後段にいう「通信」とは，広義の通信のうち，秘密性を帯びる①のみを指すことになろう（狭義の通信）。「通信の秘密」として保護される対象には，コミュニケーションの内容のほか，通信の相手方，回数，日時等も含まれると解される。

通信の秘密の保障も絶対的なものではないと理解されているが，議論となるのは刑事収容施設において行われる被収容者等の信書の検査や犯罪捜査における電話傍受（盗聴）等である。前者に関して，未決拘禁者の信書については必要的な検査が，受刑者のそれについては施設の規律及び秩序の維持等の理由で必要と認める場合に検査できる旨が法定されている（刑事収容施設及び被収容者等の処遇に関する法律127，135，140，144，222，270条）。後者については，通信傍受法（1999年制定，2016年改正）により，一定の犯罪類型につき複数人の共謀による犯行があったと疑うに足る場合等に，犯行に関連する内容を含む通信が行われると想定され，傍受以外の方法では捜査が著しく困難なのであれば，裁判所の発する令状により検察・警察は通信を傍受できる（同法3条）。いずれも正当な目的のための必要かつ最小限度に止まる限りは憲法違反ではないと解されるものの，必要な範囲を超えて検査や傍受が行われることのないよう運用の監視と評価が極めて重要となる。

第4章　経済的自由権

I　職業選択の自由

1　職業選択の自由の意義と内容

　憲法は22条で居住・移転の自由，外国移住の自由，国籍離脱の自由，職業選択の自由を保障し，29条で財産権を保障している。このうち特に職業選択の自由と財産権が経済的自由権と呼ばれる。居住・移転の自由などが22条で併せて保障されているのは，近代社会が形成される際に，それまでの封建社会で土地に縛られて生活していた人々を解放して自由な移動を認めることで自由な経済活動が可能になったという，歴史的な経緯を踏まえてのことである。まず本節では，職業選択の自由を取り上げる。

　人にとって職業は，単に"食べていく"ためにする活動というだけにはとどまらない。職業選択の自由に関する重要判例である薬事法事件判決（詳しくは後掲）は，「職業は，人が自己の生計を維持するためにする継続的活動であるとともに」，「社会の存続と発展に寄与する社会的機能分担の活動」でもあり，「各人が自己のもつ個性を全うすべき場として，個人の人格的価値とも不可分の関連を有するものである」とその意義を述べている。一般的に，社会との関連性が大きい活動は規制が必要となる場面も多くなる一方で，職業が個人の人格的価値と結びついたものであるとすれば，安易な制約は許されるべきではないともいえる。職業選択の自由の保障のあり方について考える際には，個人にとって，そして社会にとって職業がもつ複合的な意義を踏まえて検討することが必要である。

　職業の意義に照らせば，職業を自由に選択できるだけでなく，それを自由に遂行できることもまた重要である。上述の薬事法事件判決も，「職業は，ひと

りその選択，すなわち職業の開始，継続，廃止において自由であるばかりでなく，選択した職業の遂行自体，すなわちその職業活動の内容，態様においても，原則として自由であることが要請される」として，職業活動を自由に行えることも憲法22条1項によって保障されていると解している。このように理解される「職業」の中心となるのは，個人や企業が自ら主体的に営む事業であり，国家からの規制を受けずに営利目的の事業活動を行う「営業の自由」も保障内容に含まれる。また，現代社会においては多くの人が誰かに雇われて働く被雇用者であることを踏まえれば，雇われる職業，就職先を選択する自由も含まれると考えるべきであろう。それらを総称して，「職業の自由」と呼ぶこともある。

2　職業選択の自由に対する規制と違憲審査基準
（1）職業選択の自由に対する規制の必要性と態様

　職業は社会との関連性が大きい活動であり，表現活動などと比較して，他者の身体や財産に直接的な損害を与える危険性が高くなる場合も多い（何の条件もなく誰もが自由に薬品を販売できたり，医師を始められたりする社会を想像してみてほしい）。憲法22条1項に「公共の福祉」（本書37頁参照）による制限可能性が明記されているのは，職業に対する規制の要請が強いことを示していると解される。書店経営など規制なく自由に参入できる職業もあるが，活動のリスクや専門性などに応じて職業の選択自体に制限をかける事前規制も多く見られる。最も強力な規制は，ある職業そのものの禁止（売春業など）である。ほかにも，一定の公的資格を有する者だけに職業活動を認める「資格制」（弁護士や医師など），国や地方公共団体などから許可や認可を受けなければ開業できない「許可制」（公衆浴場や病院，薬局，飲食店など），許可を必要とするわけではないが，開業に際して行政への届出や登録が義務づけられる「届出・登録制」（旅行業やクリーニング店など）などがある。一般に，資格制や許可制よりも届出・登録制の方が緩やかな（＝自由の制限が小さい）規制であると考えられている。

　このように，職業が多種多様であるがゆえに，国家が用いる規制の態様やその強さも様々である。裁判所は，職業選択の自由に対するそうした規制が憲法

に適合しているかどうか審査する際には，許可制なのか届出制なのかといった規制態様の強弱に加えて，なぜ規制が必要となるのかという理由，すなわち規制目的を重視しているものと考えられてきた。そこで次に，規制目的に着目した違憲審査とはどのようなものかをみてみよう。

（2）職業選択の自由の規制の違憲審査基準——規制目的二分論

　自由な職業活動，営利を目的とした事業活動は，しばしば他者の身体や財産に直接的な損害を与える危険をもたらしたり，経済的な強者と弱者との格差を拡大させうることなどを考えると，国家による職業への規制の必要性は高いといえる。また，多種多様な職業に対してどのような規制が必要となるのか，規制がどの程度効果的なのかといったことを判断するには，経済に関する幅広い情報と専門的・政策的能力が必要となる。そうした情報や能力は，裁判所よりも国会や行政府が有しているはずであるから，裁判所は原則としてその判断を尊重し，職業の自由を規制する法令に対して厳しい違憲審査をするべきではないと考えられる。最高裁も，1972年の小売市場事件判決[*]において，そうした考えに立った判断を行った。

---

[*] **小売市場事件判決（最大判昭和47・11・22）**

　小売市場（一つの建物の中に複数の小規模商店が集まった商業施設）やスーパーマーケットなどの競争が激化する中，1959年に小売商の事業活動の機会の適正確保，小売商業の正常な秩序を阻害する要因の除去，国民経済の健全な発展に寄与することを目的として小売商業調整特別措置法が制定された。同法では小売市場の開設は許可制とされており，本件で問題となった大阪府では，既存の小売市場から700m以上離れていなければ新設を認めない（＝距離制限規制）という内規を定めていた。ところが，こうした規制に違反して無許可で小売市場を開設して小売商に店舗を貸し付けたとして起訴された事業者が，許可制や距離制限は違憲無効であると主張したのである。

　最高裁によれば，「個人の経済活動に対する法的規制は，個人の自由な経済活動からもたらされる諸々の弊害が社会公共の安全と秩序の維持の見地から看過することができないような場合に，消極的に，かような弊害を除去ないし緩和するために必要かつ合理的な規制である限りにおいて許されるべきことはいうまでもない」が，それだけでなく，国が「積極的に，国民経済の健全な発達と国民生活の安定を期し，もって社会経済全体の均衡のとれた調和的発展を図るために，立法により，個人の経済活動に対し，一定の規制措置を講ずることも，それが右目的達成のために必要かつ合理的な範囲にとどまる限り，許される」。「個人の経済活動に対する法的規制措置については，立法府の政

> 策的技術的な裁量に委ねるほかはなく、裁判所は、立法府の右裁量的判断を尊重するのを建前とし、ただ、立法府がその裁量権を逸脱し、当該法的規制措置が著しく不合理であることの明白である場合に限って、これを違憲として、その効力を否定することができるものと解するのが相当である」。
> 　最高裁は、以上を前提に、本件規制を中小企業保護のための積極規制であるとして緩やかな審査基準で審査し、合憲と判断した。

　しかし小売市場事件判決から数年後、最高裁は薬局開設に対する距離制限規制を違憲とする判決を下す。薬事法事件判決（最大判昭和50・4・30）である。この事件当時、すでに薬局の開設は許可制であったが、1963年の改正薬事法で許可条件の一つとして既存の薬局からの距離制限規制が導入された（具体的基準は条例に委ねられ、本件で問題となった広島県ではおおよそ100mとされた）。この距離制限規制を、最高裁は違憲と判断したのである。

　最高裁はまず、規制の目的が公共の福祉に合致するものと認められるならば、それを実現するための「規制措置の具体的内容及びその必要性と合理性については、立法府の判断がその合理的裁量の範囲にとどまるかぎり、立法政策上の問題としてその判断を尊重すべきものである」と一般論を述べた上で、その「合理的裁量の範囲については、事の性質上おのずから広狭がありうるので」、裁判所は「具体的な規制の目的、対象、方法等の性質と内容に照らして」、立法府に認められる裁量の範囲を決めなければならないとする。

　次に、許可制という仕組みについて、「一般に許可制は、単なる職業活動の内容及び態様に対する規制を超えて、狭義における職業の選択の自由そのものに制約を課するもので、職業の自由に対する強力な制限である」として、それ故に「その合憲性を肯定しうるためには、原則として、重要な公共の利益のために必要かつ合理的な措置であることを要し、また、それが社会政策ないしは経済政策上の積極的な目的のための措置ではなく、自由な職業活動が社会公共に対してもたらす弊害を防止するための消極的、警察的措置である場合には、許可制に比べて職業の自由に対するよりゆるやかな制限である職業活動の内容及び態様に対する規制によっては右の目的を十分に達成することができないと認められることを要する」と述べる。

そして，薬局開設に許可制を採用したこと自体は必要な措置と認めつつ，さらに距離制限という許可条件が必要であるかについても検討を進める。最高裁によれば，適正配置規制（＝距離制限規制）は「主として国民の生命及び健康に対する危険の防止という消極的，警察的目的のため」のものであり，「予防的措置」である。「このような予防的措置として職業の自由に対する大きな制約である薬局の開設等の地域的制限が憲法上是認されるためには」，「このような制限を施さなければ右措置による職業の自由の制約と均衡を失しない程度において国民の保健に対する危険を生じさせるおそれのあることが，合理的に認められることを必要とするというべきである」。

以上を前提として検討した結果，薬局が偏在すると競争が激化し一部薬局の経営が不安定化して法規違反がなされ不良医薬品が供給される危険があるという立法者の想定は，確実な根拠に基づく合理的な判断とは認めがたいとして，本件の距離制限規制を違憲と判断したのである。

さて，同じような距離制限規制について合憲／違憲の結論が分かれたこれらの最高裁判決を整合的に説明するために学説が提唱したのが，最高裁は職業の自由を規制する法令の目的に応じて違憲審査の厳しさを変えているのだという，「規制目的二分論」と呼ばれる考え方である。すなわち，職業の自由に対する規制が「積極目的」（＝社会的弱者の保護救済や社会経済の調和的発展の実現など）のために設けられたと考えられる場合には，その規制が目的および手段において著しく不合理であることが明白なときにだけ違憲とする「合理性の基準（明白性の原則）」を用いて緩やかに審査する（小売市場事件判決）。それに対して，規制が「消極目的」（＝国民の生命・健康・安全に対する危険の防止・除去・緩和など）のために設けられたと考えられる場合には，自由の制限が小さいもっと緩やかな別の規制手段では重要な公共の利益の保護を十分達成できないと認められるときにだけ規制を合憲とする「厳格な合理性の基準」を用いて比較的厳しく審査する（薬事法事件判決），というわけである。

こうした二分論を肯定的に評価する学説も多かったが，さまざまな批判もあった。たとえば，ある法律の規制目的を簡単に同定できるのか，できたとして，それを積極目的と消極目的とに常に二分することができるのか，なぜ消極

目的での規制であれば厳しく審査されることになるのか，などである。また，公衆浴場法による距離制限規制の合憲性が争われた一連の判例のように，法令の規制内容は変わっていないにもかかわらず，裁判所が社会の変化に応じて規制目的の認定を変化させた例もある（かつてはその規制を国民の公衆衛生に関わる消極目的規制と解していた（最大判昭和30・1・26）が，後に「公衆浴場業者が経営の困難から廃業や転業をすることを防止し，健全で安定した経営を行える」ようにするという積極的・社会経済政策的な目的での規制と位置づけなおしたり（最判平成元・1・20），「国民保健及び環境衛生の確保」及び経営困難に陥っている「既存公衆浴場業者の経営の安定を図る」という消極・積極両目的での規制と解したり（最判平成元・3・7）している）。さらに，酒税法による酒類販売の免許制の合憲性が争われた事案で最高裁は，本件免許制は「租税の適正かつ確実な賦課徴収を図るという国家の財政目的」で設けられたものと述べて消極・積極いずれともいえない規制目的を挙げ，「著しく不合理」でない限り憲法22条1項には違反しないという審査基準を立てて規制を合憲と判断している（最判平成4・12・15）。

近年の最高裁判例には，規制目的二分論に明示的に言及しないものも見られることから，規制目的は審査基準を決める決定的な要素ではなく，立法府に与えられた合理的裁量の範囲の広狭を判断するための「事の性質」（薬事法事件判決）の要素の一つであると捉える見解が，学説でも有力となっている。

II　居住移転の自由と外国移住・国籍離脱の自由

1　居住移転の自由
（1）居住移転の自由の意義

居住の自由とは自分が生活する場所や一時的な滞在地を決める自由，移転の自由とはこうした場所を変更する自由であり，それらを公権力から妨げられないことが憲法22条1項で保障される。さらに，以下に見るような居住移転の自由の複合的な性質を踏まえて，より広く「移動の自由」が保障されていると理解するのが多数説である。

居住移転の自由が経済的自由と同じ条文で保障されている理由は，本章冒頭

で述べたように歴史的な経緯があってのことである。しかし，人が自由に移動できることは，自由な経済活動の基盤となるだけではなく，自由な表現活動・文化的活動などの前提でもある。その意味で，居住移転の自由は精神的自由（の前提）としての性質も備えている。さらに，移動は人の身体活動であるから，その自由は人身の自由とも結びついている。そうした性質から，居住移転の自由は人格発展の前提となる重要なものであることがわかる。

　ハンセン病患者に対する国立療養所への入所命令や厳しい外出制限などを定めていた「らい予防法」（1953年制定，1996年廃止）に関するハンセン病国賠訴訟の熊本地裁判決（熊本地判平成13・5・11）は，次のように述べて，居住移転の自由を奪うことが人の人格的価値の侵害にもつながることを指摘している。すなわち，「居住・移転の自由は，経済的自由の一環をなすものであるとともに，奴隷的拘束等の禁止を定めた憲法18条よりも広い意味での人身の自由としての側面を持つ。のみならず，自己の選択するところに従い社会の様々な事物に触れ，人と接しコミュニケートすることは，人が人として生存する上で決定的重要性を有することであって，居住・移転の自由は，これに不可欠の前提というべきものである」。らい予防法の「隔離規定によってもたらされる人権の制限は，居住・移転の自由という枠内で的確に把握し得るものではない」。隔離によって「人として当然に持っているはずの人生のありとあらゆる発展可能性が大きく損なわれるのであり，その人権の制限は，人としての社会生活全般にわたるものである。このような人権制限の実態は，単に居住・移転の自由の制限ということで正当には評価し尽くせず，より広く憲法13条に根拠を有する人格権そのものに対するものととらえるのが相当である」。

（2）居住移転の自由をめぐる具体的問題

　居住移転の自由をめぐっては，解釈論として，短期的な「旅行」の自由も保障範囲に含まれるかが問題となる。居住移転の自由を移動の自由と広く理解する多数説に立てば，旅行の自由も憲法22条1項で保障されていることになる。それに対して，居住移転の自由を狭く理解し，生活の本拠を自分で決定する自由と捉える説は，旅行の自由は憲法22条ではなく13条で保障されると解釈する。いずれにしても，旅行の自由を憲法上の権利と理解する点では違いはな

い。

なお判例は，22条1項は日本国内での居住移転の自由のみを保障しており，またそれは日本国内にある外国人にも保障されるとしている（最大判昭和32・6・19）。

その他，居住移転の自由をめぐって争われた例としては，元オウム真理教信者の転入届を地方公共団体が受理しなかったことに対して，処分の取消しと損害賠償が求められた事件がある。最高裁は，「地域の秩序が破壊され住民の生命や身体の安全が害される危険性が高度に認められるような特別の事情がある場合には，転入届を受理しないことが許される」という地方公共団体側の主張を，実定法上の根拠を欠いているとして退け，元信者側の請求を認めた（最判平成15・6・26。もっともこの判決は，憲法22条には直接言及していない）。

他方，暴力団員が市営住宅に居住することを制限する条例の合憲性が争われた事件では，最高裁は，地方公共団体による住宅の供給は住宅の確保に特に配慮を要する者の居住確保を目的とするものであるから，「当該住宅に入居させ又は入居を継続させる者をどのようなものとするのかについては，その性質上，地方公共団体に一定の裁量がある」としたうえで，「暴力団員が市営住宅に入居し続ける場合には，当該市営住宅の他の入居者等の生活の平穏が害されるおそれを否定することはできない」として，居住制限は公共の福祉による必要かつ合理的なものであると認めた（最判平成27・3・27）。

2　外国移住・国籍離脱の自由

（1）外国移住の自由

憲法22条2項にいう外国移住の自由とは，外国に生活の本拠を移すことを公権力から妨げられないことである。ではより広く，移住を前提としない海外旅行の自由も保障されるのだろうか。短期的な旅行については，国内・海外を問わず22条1項で保障されるとする説もあるが，多数説は，国内の移動は1項で，外国への移動は2項で保障されると解しており，判例も同様である（最大判昭和33・9・19）。

居住移転の自由と同じく，海外移住（海外への移動）の自由も人格発展の前

提となる重要な自由である。しかし，その性質上，移動する先の外国が入国や移住を認めることが前提となる。また，日本人は，有効な旅券（パスポート）を所持し，入国審査官の確認を受けなければ出国・帰国できない（出入国管理及び難民認定法60条・61条）。そして，旅券法13条1項7号は，外務大臣が「著しく，かつ，直接に日本国の利益又は公安を害する行為を行うおそれがあると認めるに足りる相当の理由がある者」には旅券発給を拒否できると規定している。この規定の合憲性が争われた事件で，最高裁は，「外国旅行の自由に対し，公共の福祉のために合理的な制限を定めたもの」で，「漠然たる基準を示す無効のものであるということはできない」と述べて，合憲とした（最大判昭和33・9・10）。しかし学説では，同規定は漠然かつ不明確ゆえに違憲であるとする主張が強く，上記最高裁判決も占領下（1952年）の事案に対する判断であることから，先例としての意義は限定すべき（佐藤幸治）と説かれている。

（2）国籍離脱の自由

憲法22条2項は，個人の意思で日本国籍を離脱する国籍離脱の自由を保障する。とはいえ，現在の世界では個人の安全や権利はいずれかの国家によって保護・実現されているのが現実なので，憲法は，日本国籍を離脱して無国籍となる自由までは保障していないと解されている。国籍法11～13条も，外国の国籍を有することを日本国籍離脱の要件としている。

Ⅲ　財産権

1　財産権保障の沿革

近代以降，財産権保障のあり方は，資本主義の発展に伴って大きく変化してきた。封建的な身分制に基づいていたヨーロッパ中世社会の変革を目指した18世紀の近代市民革命期，その中心を担ったブルジョワジーたちは，財産権を個人の絶対的な不可侵の人権と位置づけ，自由な経済活動の成果として獲得した財をこの権利で保全することを目指した。フランス人権宣言（1789年）が所有権を「神聖かつ不可侵の権利」（17条）として保障したのは，その一つの表れである。しかし，資本主義がより発達した19世紀後半になると，土地や工場な

どの生産手段（＝大規模な財産）を所有する資本家とそれらを持たない労働者との間の貧富の差が拡大し，労働者は不利な条件のもとで過酷な労働を強いられる状況が深刻化する。そこで，こうした社会問題を解決するための国家の介入，すなわち，すべての人の人間らしい生活を確保するために国家が法律によって私人の経済活動の自由や財産権を制限することが求められるようになった。もはや財産権は「財産を好きなように保有することができる権利」とは考えられず，社会との関係で制限を受ける可能性（社会的拘束という）をあらかじめ内在させた権利であると理解されるようになっていったのである。

2　日本国憲法の財産権保障の内容

　日本国憲法は，29条1項で「財産権は，これを侵してはならない」と規定し，一見すると財産権の不可侵性を強調しているように思われる。他方，同条2項を見ると，「財産権の内容は，公共の福祉に適合するやうに，法律でこれを定める」と規定しており，財産権の具体的内容は法律によって決めることができるように読める。そもそも財産権とは，所有権（特定の物を自由に使用・収益・処分する支配権）をはじめとする物権，債権，著作権・特許権などの知的財産権，水利権，河川使用権など財産的価値を持つあらゆる権利の総称である。こうした権利は，誰にどのような権利がどのような要件のもとで帰属するのか，その結果どのような法的効果が発生するのかといったルールが各種の法律によって定められてはじめて，その具体的な姿が明らかになるものである（このような具体化を財産権の内容形成という）。したがって，財産権は，基本的には法律による内容形成に委ねられているといえる。

　しかし，もし立法者が財産権の内容を法律によってどのようにでも形成できるとすれば，つまり「国会が法律で決めた内容＝憲法で保障される財産権」だとすれば，法律によって財産権の行使が事実上制限されていたとしてもそれはすべて内容形成であって，憲法違反かどうかという問題は生じないことになる。だがそれでは，29条1項が国家に対して財産権を「侵してはならない」と命じていることはほぼ無意味となってしまう。そこで，学説は，財産権には法律によっても自由に形成することのできない部分があるはずだと考えた。では

何がそのような限界にあたるのだろうか。

学説多数説によれば，①私有財産制度の保障と，②個人が現に有している具体的な財産上の権利（既得権）の保障がそれにあたるとされる。まず①について，個人が財産を保有することのできない制度の下で財産権はありえないので，私有財産制度の中核部分は憲法によって保障されており，例えば土地や工場などの生産手段を法律によって国有化して社会主義経済体制に移行することはできないとされる（もっともこうした議論は現在では現実味を失っている）。次に②について，確かに財産権の具体的内容は法律によって決まるものではあるが，いったん形成された権利の内容を，その権利を現に有する個人にとって不利益に変更することは財産権の「制限」にあたるとされ，正当化できなければ違憲となる。

最高裁が，後述する森林法事件判決（最大判昭和62・4・22）において，憲法29条は「私有財産制度を保障しているのみでなく，社会的経済的活動の基礎をなす国民の個々の財産権につきこれを基本的人権として保障」していると述べているのも，学説多数説と同様の理解に立っているものと考えられる。

3　財産権の制限と判例
（1）さまざまな規制目的

先述したように，財産権は社会との関係で様々な制限を受ける。判例も，財産権が「社会公共の便宜の促進，経済的弱者の保護等の社会政策及び経済政策上の積極的なものから，社会生活における安全の保障や秩序の維持等の消極的なものに至るまで多岐にわたる」目的の規制を受けることを認める（後掲の森林法事件判決）。前者の積極目的規制の例としては，文化財保護法による財産利用の制限や，借地借家法による借地人・借家人の保護などがある。後者の消極目的規制（内在的制約ともいわれる）の例としては，消防法による火災予防や消火のための建物・土地への規制や，感染症予防法による財産利用規制などがある。また，両者の目的をあわせ持った規制も多い。

かつては，判例は財産権規制立法に対する違憲審査を行う際にも，職業の自由に対する制限の場合と同じく規制目的二分論を採用して，積極目的規制の場

合は緩やかな審査基準を，消極目的規制の場合は比較的厳しい審査基準を用いて審査を行うものと考えられていた。しかし現在では，後述するように，財産権規制について判例は規制目的二分論を採っていないという見方が，学説では有力となっている。

（2）判例による違憲審査の方法

財産権規制立法に対する違憲審査の枠組みを最高裁が示した重要な判例が，森林法事件判決である。

> **＊ 森林法事件判決（最大判昭和62・4・22）**
>
> ある兄弟が父から山林の生前贈与を受けて，それぞれ持分2分の1で共有していたが，その利用をめぐって対立が生じ，弟は共有物の分割請求権を認める民法256条1項に基づいて共有山林の分割を求めようとした。しかし，当時の森林法186条は，民法の例外として，森林については持分価額2分の1以下の共有者による分割請求はできないと規定していたため，法律上は弟の請求は認められない。そこで，訴訟において弟の側は，この森林法256条1項が財産権を保障する憲法29条に違反すると主張したのである。
>
> 最高裁はまず，薬事法事件判決を参照しつつ，財産権規制に対する違憲審査の一般的枠組みを示した。すなわち，「財産権に対して加えられる規制が憲法29条2項にいう公共の福祉に適合するものとして是認されるべきものであるかどうかは，規制の目的，必要性，内容，その規制によって制限される財産権の種類，性質及び制限の程度等を比較考量して決すべきものである」。そして，立法府の裁量を尊重することを原則とし，「立法の規制目的が……公共の福祉に合致しないことが明らかであるか，又は規制目的が公共の福祉に合致するものであっても規制手段が右目的を達成するための手段として必要性若しくは合理性に欠けていることが明らかであって，そのため立法府の判断が合理的裁量の範囲を超えるものとなる場合に限り」，当該立法を憲法29条2項違反で無効と判断する。
>
> 次に，民法256条の立法趣旨・目的を考察し，「共有物分割請求権は，各共有者に近代市民社会における原則的所有形態である単独所有への移行を可能ならしめ」，物の経済的効用を十分に発揮させるなどの「公益的目的をも果たすものとして発展した権利であり，共有の本質的属性として…民法において認められるに至ったもの」とした。したがって，「分割請求権を共有者に否定することは，憲法上，財産権の制限に該当し，かかる制限を設ける立法は，憲法29条2項にいう公共の福祉に適合することを要するものと解すべきところ，……共有森林につき持分価額2分の1以下の共有者に分割請求権を否定している森林法186条は，公共の福祉に適合するものといえないときは，違憲の規定として，その効力を有しない」。
>
> 以上を前提に，最高裁は，森林法186条の立法目的およびその達成のための手段が公共の福祉に適合するかを検討した。まず，その立法目的は「森林の細分化を防止するこ

第4章　経済的自由権

とによって森林経営の安定を図り，ひいては森林の保続培養と森林の生産力の増進を図り，もって国民経済の発展に資すること」だと解し，こうした目的が「公共の福祉に合致しないことが明らかであるとはいえない」とした。しかし，その立法目的を達成するための手段として持分価額2分の1以下の森林共有者に民法256条1項所定の分割請求権を否定していることの目的関連性を詳しく検討し，「森林法186条の立法目的との関係において，合理性と必要性のいずれをも肯定することのできないことが明らか」と判断して，同条は憲法29条2項に違反すると結論づけたのである。

　本判決は，小売市場事件判決や薬事法事件判決と類似した違憲審査の枠組みを提示したため，学説では，最高裁が財産権制限についても規制目的二分論を採用したものと理解された。しかし，本判決が認定した森林法186条の立法目的は積極目的といえるものであるにもかかわらず，最高裁は事実上かなり厳格な審査を行っており，規制目的二分論の理解と合致しない。
　また，先述したように，憲法29条は私有財産制度と既得権を保障したものとされるが，森林法186条は私有財産制度を否定するものではないことはもちろん，既得権の不利益変更というわけでもない（本件で弟が贈与を受けた山林に対する権利は，はじめから分割請求が制限された権利だったからである）。したがって，森林法186条は確かに民法の例外ではあるとしても，憲法上の財産権の「制限」にはあたらないのではないかという疑問もある。しかし，この点について本判決は詳しい説明を行っていないため，学説では森林法事件判決の位置づけについて現在でも議論が続いている。
　その後，インサイダー取引規制の一つとして，上場企業の役員等が当該企業の株券等を取得後6か月以内に売却して得た利益に対する企業の返還請求権を定めた証券取引法（現在は金融商品取引法）164条が，憲法29条に違反するかが争われた証券取引法事件判決（最大判平成14・2・13）においても，最高裁は，「財産権に対する規制が憲法29条2項にいう公共の福祉に適合するものとして是認されるべきものであるかどうかは，規制の目的，必要性，内容，その規制によって制限される財産権の種類，性質及び制限の程度等を比較考量して判断すべき」と述べて，違憲審査の一般的枠組みとして，森林法事件判決と同様に利益衡量を採用した。しかし，その前提として規制目的が多岐にわたる点を述

べる部分では,「規制を必要とする社会的理由ないし目的も,社会公共の便宜の促進,経済的弱者の保護等の社会政策及び経済政策に基づくものから,社会生活における安全の保障や秩序の維持等を図るものまで多岐にわたる」と,規制目的から「積極的」「消極的」ということばを除いてしまった。そして,財産権規制が争われたその後の判決においては,森林法事件判決ではなく,この証券取引法事件判決が先例として引用されている。

　以上のことから,最高裁は,財産権規制立法に対する違憲審査の際に,規制目的に応じて審査基準を変える規制目的二分論は採用せず,利益衡量を一般的枠組みとして,立法者の判断を尊重しつつ規制目的の正当性・目的達成手段の合理性を審査しているものと考えられる。森林法事件判決における比較的厳格な審査は,特殊な事案だったが故の例外であったというわけである。

4　財産権の制限と損失補償

(1) 補償の必要性

　憲法29条3項は,「私有財産は,正当な補償の下に,これを公共のために用ひることができる」と規定する。すなわち,①土地など私人の財産は,道路やダムの建設など「公共の」目的のためであれば,法律で定めることによって国や地方公共団体が強制的に収用したり利用を制限したりできること,②ただし,その利益は社会全体が享受するのであるから,公金から「正当な補償」（損失補償という）を行うことで,社会全体で公平に負担を分け合わなければならないことを定めている。

　とはいえ,これまで見てきたように,財産権は一般に制限を受ける余地の広い権利であり,あらゆる制限に補償が必要とされるわけではない。憲法上,損失補償が必要とされるのは,社会全体での負担の公平という観点から考えて,「特別の犠牲」を強いたといえる場合である。すなわち,①ある財産権制限が広く一般人を対象としているのではなく,特定の人・集団のみを対象としており,②財産権に内在する社会的制約として受忍すべき限度を超えた強度のものである場合には「特別の犠牲」にあたり,損失補償が必要となる。もっとも,①の要件は相対的であるので,現在の有力説は,②の要件を中心に,規制の目

（2）補償の程度——正当な補償

　憲法29条3項をめぐっては，どの程度の補償があれば「正当な補償」がなされたといえるのかという議論もある。かつては，対象となる財産の客観的な市場価格を全額補償しなければならないとする「完全補償説」と，合理的に算出された相当額であれば市場価格を下回ってもよいとする「相当補償説」とが対立していた。その背景には，戦後の自作農創設のために行われた農地改革において地主たちから農地を強制的に買い上げた際の買取価格が極めて安かったことが問題となった農地改革事件判決（最大判昭和28・12・23）において，相当補償説が採用されたことがある。その後，最高裁は，土地収用法に基づく土地収用への補償額が問題となった事案（最判昭和48・10・18）で，「完全な補償，すなわち，収用の前後を通じて被収用者の財産価値を等しくならしめるような補償をなすべき」と述べて，完全補償説を採ったように見えた。しかし近時，土地収用法71条を合憲と判断した判決（最判平成14・6・11）では，あらためて相当補償説に立つことを示している。

　現在の学説では，負担の公平という観点から完全補償を原則として，ごく例外的な場合に限って相当額での補償を認める完全補償原則説が有力である。

（3）法令に損失補償の規定が欠けている場合

　法令に基づいて財産権に「特別の犠牲」といえる制限を課す際，当該法令が損失補償に関する規定を用意していることが多い（土地収用法，自然公園法など）。では，もし法令に損失補償の規定が欠けていた場合はどうなるのだろうか。判例によれば，その場合でも憲法29条3項を直接の根拠条文として，損失補償請求が可能であるとされている（最大判昭和43・11・27）。

（4）営業の自粛要請と補償

　2019年末からの新型コロナウイルス感染症（COVID-19）の世界的流行にともない，日本では「新型インフルエンザ等対策特別措置法」に基づいて，飲食店等に休業や時間短縮といった営業の「自粛要請」が行われた。その際，「自粛と補償はセットで」といわれたが，ここでいう補償は憲法で要請される（＝

補償がなければ憲法違反となる）ものといえるであろうか。営業の自由は憲法22条１項で保障されるが，営業を継続することから得られる利益は29条１項の財産権に含まれるので，その制限があった場合は，３項の損失補償の問題になりうる。しかしまず，形式的には自粛要請は自粛の「お願い」にすぎず強制力はないため，そもそも財産権が「制限」されたとはいえない可能性がある。つぎに，「特別の犠牲」が生じたといえるかを考えても，要請の対象となった施設・店舗はかなりの数に上るため，特定の人・集団のみを対象としたものとはいえず，また，感染のまん延防止という目的で行われる一時的な規制は，財産権に内在する社会的制約として受忍すべき限度内のものと考えられるため，自粛要請に対して憲法によって補償が必要とされるとまではいえないと思われる。

とはいえ，もし憲法上必要とされる場合ではなくても，政策目的を達成するためにより効果的であると判断されるのであれば，法令に基づいて補償を行って，一部の人々の負担を社会全体で分担することは可能であり，その是非を検討することが必要であろう。

第5章 人身の自由

I 人身の自由の一般的保障

1 人身の自由の意義

　人身の自由は，個人が国家によりみだりに身体拘束を受けたり労役を強制されたりしないという身体そのものの自由（身体の自由）をいい，また被疑者・被告人の権利を含む。被疑者・被告人は，国家によって身体拘束をされ得る地位にあり，恣意的な刑罰権の行使を抑止するためにも刑事手続を定めることによって，人身の自由を保障することは，非常に重要である。さらに，人身の自由は，「最小限度の自由」であり，「これが保障されないとすれば，自由権はまったくないのと同じである」といわれる（宮沢）。

　日本国憲法には，18条の奴隷的拘束の禁止・意に反する苦役の禁止の規定，31条の適正手続の保障の規定，33条以下の被疑者・被告人の権利の規定など，人権規定全体の3分の1にも及ぶ充実した人身の自由を保障する規定が置かれている。

2 奴隷的拘束・苦役からの自由

　18条は，奴隷的拘束の禁止と意に反する苦役の禁止を定めている。これは，「奴隷または意に反する苦役は，犯罪に対する処罰として当事者が適法に有罪宣告を受けた場合を除いて，合衆国またはその管轄に属するいずれの地域内においても存在してはならない」というアメリカ合衆国憲法修正13条に由来するものとされる。

（1）奴隷的拘束の禁止

　日本には，奴隷制こそなかったが，かつて炭坑や鉱山などで見られた「監獄

部屋」のような奴隷的と形容される拘束は存在した。そのため，ここでいう奴隷的拘束とは，「自由な人格者であることと両立しない程度に人身の自由をはじめとする各種の自由が拘束されている状態」とされる（宮沢）。また，奴隷的拘束の禁止には，内在的制約はあり得ず，公共の福祉による規制も認められない。さらに，奴隷的拘束の禁止は，私人間にも効力が及ぶとされる（鵜飼）（本書33頁参照）。

（２）意に反する苦役の禁止

18条の「意に反する苦役」については，①本人の意思に反する強制的な労役を指すという見解，②通常人から見て普通以上に苦痛を感じられるような任務を指すという見解，③強制労役又はそれに準ずるような隷属状態を広く含むという見解がある。

では，非常災害その他の緊急時における救援活動等への従事命令を定める各種法律の規定（例えば，災害対策基本法65条・71条，災害救助法7条・8条，消防法29条5項など）は，「意に反する苦役」にあたるか。一般的には，ここでの労役の提供が臨時応急的なものである上に，あまりに大きな公共的損害の蓋然性が目の前に存する場合であることから，18条にいう「苦役」にはあたらないと考えられている（宮沢）。もっとも，「役務の強制はもっぱら倫理的なものとなり，強制違反に対しても法的な制裁を加えることは許されない」とする見解もある（杉原）。

また，徴兵制については，18条の淵源がアメリカ合衆国憲法修正13条にあることを考慮して，徴兵制はここでいう「苦役」に当たらないという見解もあるが，一般的には，「苦役」に当たると解されている。政府も，徴兵制について，13条や18条などから憲法上許容されるものではないとしている。

さらに，裁判員制度（本書243頁参照）における裁判員の職務等が「苦役」にあたるかについて，最高裁は「裁判員の職務等は，司法権の行使に対する国民の参加という点で参政権と同様の権限を国民に付与するものでありこれを『苦役』ということは必ずしも適切ではない」とし，国民の負担を過重にしないという観点から，裁判員となることを辞退できる者を類型的に規定し，辞退に関し柔軟な制度を設けていることや，日当等の支給により負担を軽減するための

経済的措置が講じられていることから,「苦役」にはあたらないとした(最大判平成23・11・16)。

3　適正手続の保障

　適正手続の保障の由来は,英米では,古くはイギリスのマグナ・カルタにまで遡る。また,それが,法の適正な手続(due process of law)の保障という形で,アメリカ合衆国憲法修正5条・修正14条によって具現化された。

　ヨーロッパ大陸では,フランス人権宣言にその淵源を見ることが出来る。その後,罪刑法定主義(犯罪と刑罰を予め法律によって定めておかなければならないという原則)という形で発展を遂げることになった。

　日本では,大陸法の影響の下,明治憲法23条で「日本臣民ハ法律ニ依ルニ非スシテ逮捕監禁審問処罰ヲ受クルコトナシ」と規定されていた。そして,戦後,日本国憲法では,英米流の法の適正な手続の保障に由来する規定である31条を設けることになった。

(1) 適正手続の保障の意義

　31条は,32条以下の解釈の指針となる総則的位置付けの規定といえる。もっとも31条は,「法律の定める手続によらなければ」と規定しているために,手続を法律で定めさえすればその適正は問わないのか,犯罪・刑罰の要件のような実体を法律で定めることは要求されていないのか,という疑問が生じる。すなわち,①人権保障の手続的側面について,あらかじめ法で定めること(法定)のみを求めるのか,その適正までも求めるのか,②人権保障の実体的側面について,法定のみを求めるのか,その適正までも求めるのか,ということである。これに関して学説は,(a)手続の法定のみを求める「手続法定説」,(b)手続の法定と適正を求める「適正手続説」,(c)手続の法定及び実体の法定を求める「手続・実体法定説」,(d)手続の法定と適正及び実体の法定を求める「適正手続・実体法定説」,(e)手続の法定と適正及び実体の法定と適正を求める「適正手続・適正実体説」,という5つに分かれる。もっとも,どの説も,実体の法定・適正からなる罪刑法定主義を否定していないし,他の条文(13条,14条,21条,36条,39条,41条,73条6号など)によって実体の法定・適正を認めて

いるように思われる。また，31条の由来を考えると，手続の適正は求められているといえよう。現在は，(e)の「適正手続・適正実体説」が通説である。

法定手続が適正であるかどうかを判断する際に重要なのが，「告知と聴聞 (notice and hearing)」である。「告知と聴聞」とは，公権力が国民に刑罰その他の不利益を科す場合には，当事者にあらかじめその内容を告知し，当事者の弁解と防御の機会を与えなければならないというものである（芦部）。判例も，第三者所有物没収事件（最大判昭和37・11・28）において，告知・弁解・防御の機会を与えなければ，適正な手続が保障されたとはいえないとしている。

実体の適正としては，刑罰法規の明確性，罪刑の均衡，刑罰の謙抑性などがある。特に，刑罰法規の明確性は，しばしば問題になる（本書89頁参照）。判例は徳島市公安条例事件（最大判昭和50・9・10）において，31条から導出される刑罰法規の明確性は，適正な告知と刑罰権の恣意的濫用の防止を図るためであることを示したうえで，「ある刑罰法規があいまい不明確のゆえに憲法31条に違反するものと認めるべきかどうかは，通常の判断能力を有する一般人の理解において，具体的場合に当該行為がその適用を受けるものかどうかの判断を可能ならしめるような基準が読みとれるかどうかによってこれを決定すべきである」とした。

＊　第三者所有物没収事件（最大判昭和37・11・28）

　関税法118条1項により密輸した貨物を没収された者が，没収した貨物には被告人以外の者（第三者）の所有物が含まれているため，所有者に財産権擁護の機会を全く与えないで没収するのは，29条1項に反するとして争った事件。最高裁は，「第三者の所有物を没収する場合において，その没収に関して当該所有者に対し，何ら告知，弁解，防禦の機会を与えることなく，その所有権を奪うことは，著しく不合理であって，憲法の容認しないところであるといわなければならない。けだし，憲法29条1項は，財産権は，これを侵してはならないと規定し，また同31条は，何人も，法律の定める手続によらなければ，その生命若しくは自由を奪われ，又はその他の刑罰を科せられないと規定しているが，前記第三者の所有物の没収は，被告人に対する附加刑として言い渡され，その刑事処分の効果が第三者に及ぶものであるから，所有物を没収せられる第三者についても，告知，弁護，防禦の機会を与えることが必要であって，これなくして第三者の所有物を没収することは，適正な法律手続によらないで，財産権を侵害する制裁を科す

るに外ならないからである。そして，このことは，右第三者に，事後においていかなる権利救済の方法が認められるかということとは，別個の問題である。然るに，関税法118条１項は，同項所定の犯罪に関係ある船舶，貨物等が被告人以外の第三者の所有に属する場合においてもこれを没収する旨規定しながら，その所有者たる第三者に対し，告知，弁解，防禦の機会を与えるべきことを定めておらず，また刑訴法その他の法令においても，何らかかる手続に関する規定を設けていないのである。従って，前記関税法118条１項によって第三者の所有物を没収することは，憲法31条，29条に違反するものと断ぜざるをえない」と判示した。

（２）適正手続と行政手続

条文の配置からすると，本来31条以下の規定の目的は，国家刑罰権の発動の抑制にあるように見える。しかし，行政権が肥大化し，行政権の行使による国民の権利・自由の侵害の危険性が生じており，行政権の発動が国家刑罰権の発動と同じように重要な問題となっている今日，人権保障のために，行政権の発動にも31条以下の条項を用いるべきではないかということが議論されている。すなわち，「刑事手続」ではない「行政手続」の際にも，31条以下の規律が及ぶと解すべきなのかが問題となる。

学説は，31条以下を行政手続に準用ないしは適用するべきと解する見解が通説である。ほかにも，行政手続に関しては，31条ではなく，13条を用いるべきという見解も有力に唱えられている（佐藤幸，高橋）。また，憲法的意味における「刑事」手続には31条，非刑事裁判手続には32条，それ以外の政府のすべての手続には13条が，手続的デュー・プロセスの権利を保障しているという見解もある（松井）。

判例は，35条と38条１項が行政手続にも及ぶかが争われた川崎民商事件（最大判昭和47・11・22）で，行政手続にも，限定的にではあるが，35条と38条１項が適用されるとし，さらに，成田新法事件*（最大判平成４・７・１）において，31条は行政手続にも保障が及ぶ可能性があることを示した。このように，行政手続に関して31条以下が及ぶことが示唆された反面，実際どのように行政手続に準用ないし適用するのか判然としなかった。こうした中で，成田新法事件の判決から１年後の1993（平成５）年，行政手続法が制定され，翌年施行された。

第Ⅰ部　基本的人権

> **＊　成田新法事件（最大判平成4・7・1）**
> 　告知・聴聞の機会を与えることなく工作物の使用が禁止される処分を定めた「新東京国際空港の安全確保に関する緊急措置法」（いわゆる「成田新法」）3条1項は31条に反するのではないかが争われた。最高裁は、「31条の定める法定手続の保障は、直接には刑事手続に関するものであるが、行政手続については、それが刑事手続でないとの理由のみで、そのすべてが当然に同条による保障の枠外にあると判断することは相当ではない」としたが、しかし31条による保障が及ぶと解すべき場合であっても、「一般に、行政手続は、刑事手続とその性質においておのずから差異があり、また行政目的に応じて多種多様であるから、行政処分の相手方に事前の告知、弁解、防御の機会を与えるかどうかは、行政処分により制限を受ける権利利益の内容、性質、制限の程度、行政処分により達成しようとする公益の内容、程度、緊急性等を総合較量して決定されるべきものであって、常に必ずそのような機会を与えることを必要とするものではないと解するのが相当である」と判示した。

Ⅱ　被疑者の権利

1　令状主義

　被疑者とは、犯罪の嫌疑を受け、捜査機関による捜査の対象とされているが、まだ公訴を提起されていない者をいい、公訴提起後は被告人という。憲法は、33条から35条まで、被疑者の権利として、不当な逮捕・抑留・拘禁の禁止および住居不可侵を規定している。そのため、捜査機関が強制処分を行うためには、令状が必要である（令状主義）。ここでいう令状とは、司法官憲（裁判官）の発する命令状であり、その例としては、逮捕状や勾留状などがある。

　基本的に、捜査は、直接的な人権侵害を伴わない任意捜査でなければならない（任意捜査の原則）。しかし、法律に特に定めのある場合にのみ、令状によって強制捜査（強制処分）が許される。また、刑事訴訟法（以下本文では、「刑訴法」と略称する）197条1項ただし書に定められている「強制の処分は、この法律に特別の定のある場合でなければ、これをすることができない」とする強制処分法定主義は、令状主義との結びつきが強い。もっとも、令状主義は捜査に対する「司法的抑制」であり、強制処分法定主義は立法府による事前の一般的な統

制である（酒巻匡）。この点，車両に使用者等の承諾なく GPS 端末を秘かに取り付けて位置情報を検索し把握する捜査手法である GPS 捜査の適法性が問題となった最大判平成29・3・15で，最高裁は，GPS 捜査が「個人の意思を制圧して憲法の保障する重要な法的利益を侵害するものとして，刑訴法上，特別の根拠規定がなければ許容されない強制の処分に当たる」とした上で，現行法に GPS 捜査を容認する条項を見出しがたいことから，GPS 捜査は強制処分法定主義に反するとして，「GPS 捜査が今後も広く用いられ得る有力な捜査手法であるとすれば，その特質に着目して憲法，刑訴法の諸原則に適合する立法的な措置が講じられることが望ましい」と述べたことが注目される。

2　逮　捕

　逮捕とは，人の行動の自由を奪い，ある程度の継続的に拘束することをいい，令状による逮捕を通常逮捕という。

　33条は，「何人も，現行犯として逮捕される場合を除いては，権限を有する司法官憲が発し，且つ理由となつてゐる犯罪を明示する令状によらなければ，逮捕されない」と規定し，令状主義の例外として，現行犯逮捕のみを認めることを示している。しかし，刑訴法では，現行犯逮捕（刑訴212条1項）のほかに，準現行犯逮捕（刑訴212条2項）及び緊急逮捕（刑訴210条）を認めている。

　33条により，現行犯逮捕については令状を必要としない。それは，犯人であることが明白で，誤認逮捕のような人権侵害のおそれがないことに加え，逮捕の必要性と緊急性があるためである。また，現行犯逮捕は，私人も行うことができる（刑訴213条）。そのため，逮捕の必要性の判断は厳格に行われなければならない。

　また，刑訴法212条2項は，現行犯ではないものの，現行犯とみなされ，何人でも令状なしに逮捕することができるものとして準現行犯逮捕を認めている。しかし，憲法で厳格な令状主義を採用していることを考えれば，刑訴法212条2項4号の「誰何されて逃走しようとするとき」にも準現行犯逮捕を認めるのは，犯罪との関連性が不明確であるために，憲法上問題があると思われる。

さらに、刑訴法210条は、緊急逮捕を認めている。緊急逮捕は、死刑または無期もしくは長期3年以上の拘禁刑にあたる罪を犯したことを疑うに足りる十分な理由がある場合で緊急性が認められるときに、令状なしに許される逮捕であり、逮捕後直ちに令状請求手続をとることが義務づけられている逮捕のことをいう。緊急逮捕について、最高裁は「厳格な制約の下に、罪状の重い一定の犯罪のみについて、緊急已むを得ない場合に限り、逮捕後直ちに裁判官の審査を受けて逮捕状の発行を求めることを条件とし、被疑者の逮捕を認めることは、憲法33条の規定の趣旨に反するものではない」（最大判昭和30・12・14）とし、合憲と判断している。もっとも、緊急逮捕については、違憲とする見解もある（杉原）。確かに33条は事前発給の令状のみを規定しており、事後発給の令状を認めている規定と解することは困難といえる。また、事後のチェックは、他の機関のなした既存事実の尊重に傾き、不十分なチェックになる可能性もある（奥平）。そのため、合憲とする見解からも、合憲性を論理的に肯定することは「困難」であるとした上で、実質的にその社会治安上の必要を考えたとき、緊急の状態のもとで重大な犯罪について例外を認めることの合憲性がかろうじて肯定されうるといわれる（平野龍一）。また、緊急逮捕を定める刑訴法210条は合憲限定解釈（本書251頁参照）を要するとの見解もある（君塚）。

3　抑留・拘禁の要件

　34条は、「何人も、理由を直ちに告げられ、且つ、直ちに弁護人に依頼する権利を与へられなければ、抑留又は拘禁されない。又、何人も、正当な理由がなければ、拘禁されず、要求があれば、その理由は、直ちに本人及びその弁護人の出席する公開の法廷で示されなければならない」と規定する。ここで、「抑留」とは一時的な身体の拘束をいい、刑訴法上の逮捕・勾引にともなう留置がこれにあたる。また、「拘禁」とは、抑留より継続的な身体拘束をいい、刑訴法上の勾留・鑑定留置がこれにあたる。そして、34条は、拘禁の場合は、公開の法廷でその理由を示すことで不当な拘禁の防止をはかっている。そのため、刑訴法上で、勾留理由開示制度を設けている（刑訴82～86条）。

　また、34条は、弁護人依頼権を定め、これを受けて、刑訴法39条1項に、拘

束中の被疑者・被告人との接見交通が規定されている。接見交通とは，身体拘束をされている被疑者・被告人と接見し，または書類もしくは物の授受をすることをいう。そして，被疑者・被告人は，弁護人または弁護人になろうとする者と，立会人なしに接見または授受をする権利が認められる。これを接見交通権という。もっとも，刑訴法39条3項は，捜査の必要があるときは捜査官憲側が被疑者と弁護人との接見の日時・場所などを指定できると規定している（接見指定）。判例は，刑訴法39条3項の規定について，「憲法34条前段の弁護人依頼権の保障の趣旨を実質的に損なうものではない」としている（最大判平成11・3・24）。ただし，初回の接見に対する指定については，違法としたものがある（最判平成12・6・13）。

4 住居等の侵入・捜索・押収の要件

35条1項は，「何人も，その住居，書類及び所持品について，侵入，捜索及び押収を受けることのない権利は，第33条の場合を除いては，正当な理由に基いて発せられ，且つ捜索する場所及び押収する物を明示する令状がなければ，侵されない」と規定する。

ここでいう「住居」とは，「人が居住して日常生活を営んでいる場所」であり，職場，宿泊先や大学の研究室なども含む（佐藤功）。また「書類及び所持品」については，現に身につけている物に限らず，「その占有に属するいっさいの物」を含む（佐藤功）。さらに，「侵入」とは「住居内に，その管理者の意によるのでなしに入ること」とされる（宮沢）。この点，最高裁は，GPS捜査の適法性が問題となった最大判平成29・3・15において，GPS捜査のような捜査手法が「個人の行動を継続的，網羅的に把握することを必然的に伴うから，個人のプライバシーを侵害し得るものであり，また，そのような侵害を可能とする機器を個人の所持品に秘かに装着することによって行う点において，公道上の所在を肉眼で把握したりカメラで撮影したりするような手法とは異なり，公権力による私的領域への侵入を伴うものというべきである」としたうえで，34条の保障対象には「『住居，書類及び所持品』に限らずこれらに準ずる私的領域に『侵入』されることのない権利が含まれる」とした。

加えて、ここでいう「捜索」とは、「住居の内部や、所持品を点検すること」をいい、「押収」とは、「物の占有を強制的に取得すること」をいう（宮沢）。また、「第33条の場合を除いては」について、最高裁は、「33条による不逮捕の保障の存しない場合」としている（最大判昭和30・4・27）。そのため、「33条による適法な逮捕の場合には、現行犯であると否とにかかわりなく、逮捕にともなう合理的な範囲であれば、本条による令状を必要とせずに、住居等の侵入等を行うことが許されることになる」とされる（芦部）。なお、最高裁は、「証拠物の押収等の手続に、憲法35条及びこれを受けた刑訴法218条1項等の所期する令状主義の精神を没却するような重大な違法があり、これを証拠として許容することが、将来における違法な捜査の抑制の見地からして相当でないと認められる場合においては、その証拠能力は否定されるものと解すべきである」とした（最判昭和53・9・7）。

Ⅲ　被告人の権利

1　公平な裁判所の迅速な公開裁判を受ける権利

　37条1項は、「すべて刑事事件においては、被告人は、公平な裁判所の迅速な公開裁判を受ける権利を有する」と規定する。ここでいう「公平な裁判所」とは、「構成其他において偏頗の惧なき裁判所」をいう（最大判昭和23・5・5）。そのため、刑訴法は、除斥・忌避・回避の制度を設けている（刑訴20条～26条、刑訴規則9条～15条）。また、刑訴法が起訴状一本主義（刑訴256条6項）や当事者主義（刑訴298条1項など）を採用したのも、この趣旨を強化するためとされる（宮沢）。

　「迅速な裁判」の要請は、古くはマグナ・カルタまで遡ることができる。この迅速な裁判の要請に対して当初学説は、プログラム規定説と具体的権利説に分かれていた。今日では、高田事件*（最大判昭和47・12・20）において、最高裁が免訴の判決を下したために、具体的権利説の立場で理解されている。なお、2003（平成15）年に「裁判の迅速化に関する法律」が制定され、それを受けて刑訴法も改正された（例えば、公判前整理手続（刑訴316条の2）、即決裁判手続（刑

訴350条の16)，連日開廷原則（刑訴281条の6第1項）など）。しかし，近年，「迅速すぎる」点が問題とされている（青井）。

公開裁判について，82条1項は裁判制度として規定しているが，37条1項は被告人の権利として規定している。この点，遮へい措置・ビデオリンク方式による証人尋問が公開裁判の原則に反しないか争われた際，最高裁は「審理が公開されていることに変わりはない」ため，81条1項及び37条1項に違反しないとした（最判平成17・4・14）。

> **＊ 高田事件（最大判昭和47・12・20）**
>
> 起訴後15年以上にわたって審理が中断されていた被告人について，37条1項の迅速な裁判を受ける権利の侵害を理由に公訴棄却あるいは免訴の判決を下すことが可能であるか否かが争われた。最高裁は，「憲法37条1項の保障する迅速な裁判をうける権利は，憲法の保障する基本的な人権の一つであり，右条項は，単に迅速な裁判を一般的に保障するために必要な立法上および司法行政上の措置をとるべきことを要請するにとどまらず，さらに個々の刑事事件について，現実に右の保障に明らかに反し，審理の著しい遅延の結果，迅速な裁判をうける被告人の権利が害せられたと認められる異常な事態が生じた場合には，これに対処すべき具体的規定がなくても，もはや当該被告人に対する手続の続行を許さず，その審理を打ち切るという非常救済手段がとられるべきことをも認めている趣旨の規定であると解する」とし，「刑事事件が裁判所に係属している間に迅速な裁判の保障条項に反する事態が生じた場合において，その審理を打ち切る方法については現行法上よるべき具体的な明文の規定はないのであるが，……本件においては，これ以上実体的審理を進めることは適当でないから，判決で免訴の言渡をするのが相当である」とした。

2　証人審問権と証人喚問権

37条2項は，「刑事被告人は，すべての証人に対して審問する機会を充分に与へられ，又，公費で自己のために強制的手続により証人を求める権利を有する」と規定し，前段で証人審問権を，後段で証人喚問権を保障している。

証人審問権は，被告人がその証言が証拠とされるすべての証人に対して，直接に審問する機会を与えられる権利をいい，被告人に審理の機会が与えられない証人の証言は証拠とされ得ないことを意味し（宮沢），直接審理の原則を保障している。また，証人審問権の保障から，証人等に対して反対尋問する機会

が保障されるため，刑訴法には，伝聞証拠の禁止（刑訴320条）が規定されている。なお，判例は，37条2項が直接審理を厳格に要求しているとは解しておらず，「公判廷外における聴取書又は供述に代る書面をもつて証人に代えることは絶対に許されないと断定し去るは，早計に過ぎるものであって到底賛同することができない」としている（最大判昭和23・7・19）。また，遮へい措置・ビデオリンク方式による証人尋問の合憲性が問題となった最判平成17・4・14において，最高裁は，①遮へい措置については，被告人から証人の姿を見ることができないけれども，供述を聞くことはでき，自ら尋問することもでき，また弁護人による証人の供述態度等の観察は妨げられないことを理由に，②ビデオリンク方式については，被告人からも映像と音声の送受信を通じてであれ，証人の姿を見ながら供述を聞き，自ら尋問することができることを理由に，それぞれ証人審問権は侵害されていないとした。さらに，③遮へい措置とビデオリンク方式の併用の場合についても，最高裁は，被告人が証人の供述を聞くことはでき，自ら尋問することもでき，弁護人による証人の供述態度等の観察が妨げられないため，証人審問権は侵害されていないとした。

証人喚問権は，自己に有利な証人の喚問を請求する権利をいう（高橋）。判例によれば，裁判所は被告人の申請する証人をすべて喚問する必要はなく，裁判をするのに必要適切な証人を喚問すればよいとされる（最大判昭和23・7・29）。また，「公費で」について，判例は「有罪の宣告を受けた刑事被告人にも訴訟費用を負担せしめてはならないという趣意の規定ではない」としている（最大判昭和23・12・27）。

3　弁護人依頼権

37条3項は，「刑事被告人は，いかなる場合にも，資格を有する弁護人を依頼することができる。被告人が自らこれを依頼することができないときは，国でこれを附する」と規定する。ここで「刑事被告人」と書かれているために，国選弁護人は被告人のみの権利のようにみえる。しかし，「被告人」について，本項のモデルになったアメリカ合衆国憲法修正6条およびマッカーサー草案では"accused"となっていることから，ここでの「刑事被告人」は被疑者・

被告人の両方を含む概念であるとされる（高橋）。なお，現在は，被疑者国選弁護人制度が設けられている（刑訴37条の2）。また，必要的弁護制度（刑訴289条）について，最高裁は，「如何なる被告事件を所謂必要的弁護事件となすべきかは専ら刑訴法によって決すべきもの」として，31条，37条第3項によって定まるものではないとしている（最大判昭和25・2・1）。

4　不利益供述の強要禁止

　38条1項は，「何人も，自己に不利益な供述を強要されない」と規定する。これを受けて，刑訴法は，被疑者・被告人に黙秘権を保障しており（刑訴198条2項，291条5項，311条1項），自己に不利益な供述だけではなく，一切の供述を拒否できる。では，この刑訴法上の黙秘権は，憲法の要請以上の権利を与えているのか，それとも憲法上要請される権利なのか。前者のように解すると，氏名等の供述は「自己に不利益な供述」にならないため，氏名等の黙秘は，38条1項では保障されないことになる。最高裁は，38条について，「その法意は，何人も自己が刑事上の責任を問われる虞ある事項について供述を強要されないことを保障したものと解すべき」とし「氏名のごときは，原則としてここにいわゆる不利益な事項に該当するものではない」としている（最大判昭和32・2・20）。

5　自白の証拠能力の制限

　38条2項は，「強制，拷問若しくは脅迫による自白又は不当に長く抑留若しくは拘禁された後の自白は，これを証拠とすることができない」と規定する。ここでの「自白」は，犯罪事実の全部または一部について自己の刑事責任を認める供述であり，犯罪事実に限らず自己の不利益な事実を認める供述のことである。38条2項は，38条1項を実効的なものにするための規定である（自白排除法則）。そのため，不当な手段によって得た自白は証拠能力が否定される（刑訴319条1項，3項）。

　38条3項は，「何人も，自己に不利益な唯一の証拠が本人の自白である場合には，有罪とされ，又は刑罰を科せられない」と規定する。これは，自白には

それを裏付ける補強証拠が必要であるということをあらわしている（自白補強法則）。つまり，自白の証拠能力に関する38条2項を受けて，38条3項は自白の証明力を制限しているのである。また，公判廷における自白であると否とを問わず，補強証拠が必要とされる（刑訴319条2項）。なお，共犯者の自白が，38条3項にいう「本人の自白」に含まれるか否かも問題となる。判例は含まれないと解している（最大判昭和33・5・28）。しかし，憲法の趣旨は自白偏重による人権侵害を排除するところにあり，共犯者の自白はその危険性が高いと考えられ，また，共犯者の自白は自己の罪責を他人に転嫁しようとする傾向があるために，信用性に問題があるとも考えられる。そのため，学説からは反対論もある（杉原）。

6　遡及処罰の禁止

39条は，「何人も，実行の時に適法であつた行為又は既に無罪とされた行為については，刑事上の責任を問はれない。又，同一の犯罪について，重ねて刑事上の責任を問はれない」と規定する。前段前半は，遡及処罰の禁止（事後法の禁止）をあらわしている。遡及処罰の禁止とは，実行の時に適法であった行為について，その後に定められた法律に基づいて刑事責任を問うことを禁止する原則である。刑罰法規の遡及を禁止することは当然であるが，問題は，刑事手続が被疑者・被告人に事後的に不利益になった場合である。学説では，事後法の禁止は手続規定まで対象としないとする否定説（佐藤功），手続規定まで対象とする肯定説（杉原），条件付きで手続規定にも及ぶとする条件付肯定説があり，条件付肯定説には，「訴訟手続を行為時とくらべていちじるしく被告人に不利益に変えた場合にも，本条の精神からいえば，それを適用することは許されない」とするもの（宮沢）などがある。最高裁は，「単に上告理由の一部を制限したに過ぎない」訴訟手続に関する改正規定を適用して，その制定前の行為を審判することは，「たといそれが行為時の手続法よりも多少被告人に不利益であるとしても」本条に反しないとした（最大判昭和25・4・26）。

39条前段後半「既に無罪とされた行為については，刑事上の責任を問はれない」という部分と後段「同一の犯罪について，重ねて刑事上の責任を問はれな

い」という部分の解釈は，学説上大別すると3つの説に分かれる。①両者を含めて二重の危険の禁止であると捉える説（平野龍一，鵜飼），②前段後半は一事不再理を定め後段は二重処罰の禁止を定めたとする説（佐藤功），③両方を含めて一事不再理と捉える説（美濃部）の3つである。英米の法制度と同様の二重の危険（double jeopardy）の禁止を定めたものと解すると，判決が確定する前であっても同一の犯罪につき重ねて手続を開始することは被告人を二重の危険にさらすことになるため，検察官上訴は原則として認められないことになる。一方，一事不再理は，一度事件が裁判で決着した以上再度蒸し返すことを禁止するものなので，検察官上訴は禁止されないことになる。判例は，「一事不再理」と「二重の危険」の両方の語を用いつつ，「下級審における無罪又は有罪判決に対し，検察官が上訴をなし有罪又はより重き刑の判決を求めることは，被告人を二重の危険に曝すものでもなく，従ってまた憲法39条に違反して重ねて刑事上の責任を問うものでもない」とした（最大判昭和25・9・27）。

7　拷問・残虐な刑罰の禁止

36条は，「公務員による拷問及び残虐な刑罰は，絶対にこれを禁ずる」と規定する。拷問とは，被疑者・被告人から自白を得るために肉体的・精神的苦痛を与える手段をいう。また，残虐な刑罰とは，「不必要な精神的，肉体的苦痛を内容とする人道上残酷と認められる刑罰」である（最大判昭和23・6・23）。

死刑は「残虐な刑罰」にあたるのか。最高裁は13条や31条のような憲法上死刑を存置しそれを是認したともいえる規定もあることから，火あぶり等のように「その執行の方法等がその時代と環境とにおいて人道上の見地から一般に残虐性を有するものと認められる場合」には残虐な刑罰となるが，死刑そのものをもって残虐な刑罰にはならないとした（最大判昭和23・3・12）。もっとも，政策論・立法論として死刑を廃止することは十分にあり得ると思われる（奥平）。

第6章　受益権と社会権

I　受益権

1　請願権

　請願は，公の機関に対してその職務に関する事項について希望や意見を述べることをいう。近代的議会制度が成立する以前における専制国家において，為政者に民衆の意向を伝える手段として発達してきた権利であり，極めて重要な意義を有するものであった。現在の我が国においては議会制民主主義が保障されており，選挙を通じて民衆の意思が表示できることや，裁判を通じて訴えを実現することができること，表現の自由の保障の意識が高まっていること，人権保障のプロセスが担保されてはいることなどにより，請願権を認める意義はかつてほど強くはない。ただ，専制主義の歴史的な由来を踏まえた上で現在の憲法においても請願権の規定が保障されているのである。

　日本国憲法16条は，何人も「平穏に請願する権利を有し」ていることを規定している。また，「かかる請願をしたためにいかなる差別待遇も受けない」として請願を行う権利を行使することによる不利益的な取扱いを受けないことを明記している。現行憲法における請願権は，国民の多様な考えや要望などを立法機関や行政機関に届けるという意味において代表民主制の至らぬ面を補完する作用が期待できる面があり，参政権的な機能を有しているといえる。

　請願は，平穏に行わなければならず，暴力による請願は禁止されている。請願法2条によれば，請願は，請願者の氏名及び住所を記載して，文書でこれをしなければならない。また，同法3条は，請願書は，請願の事項を所管する官公署にこれを提出することを規定する。この場合，請願の範囲については，公の機関の職務すべてにわたり，その名宛人は国や地方公共団体などの公的機関

である。請願を受けた機関は，誠実にこれを処理せねばならない（請願法5条）。すなわち，請願を受けた機関は誠実に処理すれば足りるのであり，法的に審査したり回答したりする義務を負うものではない。

2　裁判を受ける権利

　憲法には，国民の多くの権利が明記されている。この権利が現実に保障されるためには，公権力などからの侵害があったときに救済を受ける制度が担保されていなければならない。

　明治憲法24条は，裁判を受ける権利について規定を置いていたが，司法行政は政府によって掌握されていた。また，司法権の及ぶ範囲は民事事件と刑事事件に限定されており，特別裁判所として特別な身分の国民を裁判する軍法会議のようなものや，行政事件を主に扱う行政裁判所が認められており，その権利の保障は十分ではなかった。

　日本国憲法32条は，「何人も，裁判所において裁判を受ける権利を奪はれない」と定めている。裁判を受ける権利は民事事件と刑事事件では意味するところが異なるといえる。前者の場合は，何人も裁判所に自ら訴訟を提起することができ，裁判所は適法な民事訴訟を拒絶することができないことを意味する。後者の場合は，裁判所以外の機関によっては刑罰を科せられないということを意味する。刑事裁判では検察官にのみ公訴権が与えられており，被告人は裁判を受ける権利というより，検察官によって起訴され裁判を受ける義務を負わされているかのように見える。しかし，公正な裁判所における裁判を受ける権利があるがゆえに，この裁判所の裁判を通じてしか刑罰を科せられないという権利があるといえる。

　ちなみに，ここでいう裁判所については，憲法76条1項で，「すべて司法権は，最高裁判所及び法律の定めるところにより設置する下級裁判所に属する」と定められている。また，この規定により司法権は裁判所固有のものであることを明らかにした（本書236頁参照）。

　憲法76条2項では，同条1項の規定の関連から行政裁判所などの特別裁判所の設置を禁止した（本書245頁参照）。それにより，憲法32条の国民の裁判を受

ける権利の保障の強化を考えたのである。なお，家庭裁判所は，家庭事件や少年事件など特定の事案を取り扱う裁判所であるが，最高裁判所を頂点とする系列に位置づけられており，特別裁判所ではないといえる。

また，憲法76条2項後段で，「行政機関は，終審として裁判を行ふことができない」と定めている。行政機関の中には，特許庁の審判や，海難審判所の審判，あるいは労働委員会の審査などのような準司法的審判を行う機関がある。しかしこれらの機関は終審として判断することはできず，不服ある場合は裁判所に提訴できる途が開かれている。その意味においてこれらの機関は憲法と矛盾するところがないといえる。このほかにも裁判官の独立や，裁判の公開などは裁判を受ける権利の前提として重要な原則である。なお裁判を受ける権利の保障は外国人にも保障されるというのが通説である。

3　国家賠償請求権

明治憲法下においては，官吏の不法行為に基づく国家や地方公共団体の賠償責任に関する規定は存在しなかった。いわゆる「国家無答責の原則」に基づいており，「国家は不法をなしえない」という考えから国家の権力発動に不法ということはあり得ず，もし権力発動に伴って損害が生じた場合には，職務行為を行った官吏が個人の責任で対応するものと考えられていた。判例は，国の鉄道事業などの営利行為については，私法上の法律関係を適用したが，その他のものは公法行為と位置づけていた。その後，遊動円棒事件で大審院は公法行為を権力的公行政作用と非権力的公行政作用に分類して，後者については民法715条，同717条の適用を認めるに至った（大審院大正5・6・1）。しかし，権力的公行政作用については，「国家無答責の原則」を貫いていた。

これらのことを踏まえて日本国憲法17条は，公務員の不法行為を原因として生じた損害について，国や地方公共団体などに対して，その賠償を求めることができる権利として国家賠償請求権を定めた。この規定では，「何人も」賠償を求めることができるとしており，日本国民以外に外国人に対してもこの権利保障を認めている（ただし相互保証主義が採られている）。また，公務員については，公務員の身分を有する者だけでなく，公務に従事する者も含まれる。不法

第6章　受益権と社会権

行為についても広い意味での不法行為を指す。この点，憲法17条を受けて制定された国家賠償法は，1条1項において公権力の行使に当たる公務員が故意又は過失によって違法に他人に損害を加えた時の国又は地方公共団体の賠償責任を定め，同法2条1項は，道路や河川などの公の営造物の設置・管理に瑕疵があったため他人に損害を生じた時の国又は地方公共団体の賠償責任について定めている。前者については，公務員の故意又は過失を成立要件としているが，後者については，通説・判例は公の営造物設置・管理に当たる公務員の故意又は過失を問わない無過失責任とする（最判昭和45・8・20）。なお国家賠償法の他に国又は地方公共団体の賠償責任を定めた法律があれば，それに該当するケースについて当該法律が優先的に適用される。*

> *　郵便法違憲判決（最大判平成14・9・11）
> 　通常郵便より，厳格な手続が必要とされている特別送達郵便について，郵便法では，通常郵便物と同様の損害賠償義務の軽減が規定されていた。
> 　本件事案は，債権者が債務者の預金を差し押さえようとして裁判所に申し立てを行い，それを受けて裁判所が差押命令を出し，特別送達によって，債務者の預金がある銀行に命令書が送られたが，郵便局の配達職員が間違えて，銀行の私書箱に投函してしまったため，送達に遅れが生じ，その間に，債務者が銀行預金を引き出してしまい，債権者が，差押債権の券面額相当の損害を受けたとして，国に対して損害賠償を請求したというものである。
> 　最高裁は，「郵便の役務をなるべく安い料金で，あまねく，公平に提供することによつて，公共の福祉を増進することを目的とする」という郵便法の趣旨は理解でき，普通郵便においては，同法68条，73条が損害賠償の対象及び範囲に限定を加えた目的は正当なものとする。しかし68条，73条の規定のうち，書留郵便について，「郵便業務従事者の故意又は重大な過失によって損害が生じた場合に，不法行為に基づく国の損害賠償責任を免除し，又は制限している部分は，憲法17条……に違反し，無効である」とする。そしてこれを書留郵便の一種ではあるが，書留郵便に加えた特別の料金が必要とされているなどの特別送達郵便の特殊性に照らすと，「郵便業務従事者の軽過失による不法行為に基づき損害が生じた場合に，国家賠償法に基づく国の損害賠償責任を免除し，又は制限している部分は，憲法17条に違反し，無効である」と判示した。

4　刑事補償請求権

刑事補償請求権は，明治憲法下においては，憲法上の人権としては規定され

ておらず，ただ旧刑事補償法（1931年）の権利保障として制度化されていたが，それは国家による恩恵的なものであり補償の範囲も限定的であった。

日本国憲法は31条から39条にわたり刑事手続に関する規定を詳細に設けているが，これは誤認逮捕や冤罪を防ぐためでもある。しかし，それでも捜査機関や裁判所が誤って無辜の人を抑留，拘禁したり，有罪判決を下すことがある。そのため憲法は「何人も，抑留又は拘禁された後，無罪の判決を受けたときは，法律の定めるところにより，国にその補償を求めることができる」（40条）と刑事補償請求権を定め，これを受けて新たな刑事補償法が制定された。

刑事補償請求権は無罪の判決が確定したとき，再審により有罪判決が取り消されて無罪が確定したときに認められる。裁判で無罪とされることは結果として違法に抑留，拘禁をされたことになって財産的・精神的損害を被ることになるのであり，その損害を国家が補償すべきことになる。

免訴（刑訴337条）・公訴棄却についても一定の場合は刑事補償法25条1項によって補償請求権を認めている。また，身体の拘束を受けた後，不起訴処分となったときには，刑事補償法に規定はないが，判例は拘束中に他の被疑事実についても取り調べが行われ，拘束の理由となった事実については不起訴になったが，他の事実について公訴が提起され，無罪となった場合は補償請求権を認めている（最大決昭和31・12・24）。

また，身体を拘束された後不起訴になった場合の補償については，「被疑者補償規程」（法務省訓令）でも一定の場合に認められている。

なお刑事補償請求権については，憲法17条の国家賠償請求権の場合と異なり国の完全な無過失責任が認められる。

II　社　会　権

1　生存権
（1）生存権の誕生

近代社会では，「自由」と「平等」が人権の主流であった。経済面で見ても，国家が市民生活に必要以上に介入すれば，自由主義経済が円滑に回らなく

なり経済の発展が阻害されると考えたからである。それゆえ，国家は社会の最低限の秩序維持と治安の確保を満たせばよいという小さな政府の思想（夜警国家観）が主流的な考えとなった。

ただ，資本を持つ者と持たざる者との貧富の格差が生じるという資本主義経済の矛盾が生じることとなった。すなわちそれは，資本を持たない者は，契約自由の原則の考え方に基づいて，自己の労働力を資本家に提供するということになり，その結果ますます貧富の格差が広がることになっていったのである。

このことから，自由と平等が形式的に保障されても社会的，経済的弱者にとり失業や貧困，飢餓が解消されないことが明らかとなって，社会権という人権の必要性が主張されるようになり，実際社会権は人権として認められるに至った。この社会権は，伝統的な自由権のうち，私的所有の自由，営業の自由などの経済的自由権に一定の制約を加えることにより保障される性質のものであり，国家が市民生活の領域に積極的に関わりを持つことにより資本主義経済の問題を解消して，個人的責任を超越して困窮している市民の救済に当たることを目指すものである。いわば，社会権は，歴史的・社会的展開によって生じてきた社会的・経済的弱者が，人間らしく生活することができるよう国家に積極的な配慮を求める権利として，大きな政府の思想（福祉国家観）に基づいて認められるに至った権利である。

社会権が，最初に実定化されたのは1919年に成立したワイマール憲法であるが，社会権の考えは，第二次大戦後多くの国の憲法に取り入れられることになる。我が国においても憲法25条以下において，生存権をはじめ，教育を受ける権利，勤労の権利，労働基本権など，社会権を保障する規定が設けられた。

（2）生存権の意義と法的性格

生存権には，①自由権的側面として，国民が自ら健康で文化的な最低限の生活を営むことを，国家によって妨害されないという面と，②請求権的側面として，国家は，国民が健康で文化的な最低限の生活を営めるように積極的に行動する義務があり，国民はそれを国家に求める権利を有するという面がある。

憲法25条1項は，「すべて国民は，健康で文化的な最低限度の生活を営む権利を有する」と定める。また，同条2項では，「国は，すべての生活部面につ

いて，社会福祉，社会保障及び公衆衛生の向上及び増進に努めなければならない」としている。25条1項でいう「健康で文化的な最低限度の生活を営む権利」とは，人間として尊厳ある生活を意味するのであり，ボーダーの生活を意味するものではない。なお生存権は，環境権の主張の根拠とされることもある。環境権は，環境を保全することにより公害などから国民の健康を守る権利として，国家に対してよりよい環境を請求する権利であり，13条などとともに25条の生存権に法的根拠が求められることがあるのである。ただし，環境権は，抽象的な権利であり，権利性があっても具体化する法律がないと裁判で認められにくいといえる。

　生存権の請求権的側面の法的性格については，学説は，生存権規定を法的な拘束力を持たない道徳的な意味合いの強い「プログラム規定」と見るか，それとも拘束力を有する「法的権利」の規定としてとらえるかに大きく分かれる。

　プログラム規定説は，生存権を法的な権利ととらえず，憲法25条1項の規定はあくまでも国に政策の目標を示したものと考える。国民は，生存権に関わる法律が整備されていなくても，あるいは内容が不十分でも憲法25条1項を根拠に提訴はできないとする。

　法的権利説はさらに具体的権利説と抽象的権利説に分かれるが，そのうち具体的権利説は，25条1項は，具体的な権利を定めたのであり，健康で文化的な最低限度の生活を営むことができない国民は国の不作為の違憲確認を求めるため提訴することができるとする見解である。ただ，行政権を拘束するまでには至らないが，立法府を拘束することは明確とする。

　抽象的権利説は，憲法25条1項は，国民が国家に対して健康で文化的な最低限度の生活を営むため立法など必要な措置を要求する権利を保障しており，それに対応して国に法的義務を課しているとする。この説は，生存権自体は憲法上具体的な権利として認められた権利ではないから，憲法25条1項を根拠にして，裁判所に出訴できる権利ではないとする。ただ，憲法の生存権の実施が法律によって具体的に明記されている場合は，その法律に基づいて，憲法25条1項違反として提訴することが可能となる。本説が通説に近い見解といえる。

（3）生存権をめぐる判例

（a）**食糧管理法違反事件**　生存権をめぐる初期の最高裁判決としては，「食糧管理法違反事件」がある。終戦間もなくの頃，闇米の購入運搬に関わって食糧管理法違反として起訴された被告人が，不足食糧の購入や運搬を禁じることは生存権の保障に反すると主張した事件である。最高裁は「この規定により直接に個々の国民は，国家に対して具体的，現実的にかかる権利を有するものではない」として憲法25条1項の具体的権利性を否定的にとらえ，プログラム規定説の立場に立脚した判決を下している（最大判昭和23・9・29）。

（b）**朝日訴訟**＊　生存権の法的性格が正面から争われた代表的事例であり，後に改めて詳しく述べている。

（c）**堀木訴訟**　朝日訴訟の後，各地で各種年金や公的な手当の支給の併給制限規定（同一人に同一の性格を有する二以上の公的年金が支給されることを制限する規定）の違憲を争点とした訴訟が提起されたが，原告敗訴に終わっている。その中でも，障害福祉年金と児童扶養手当の併給禁止規定（当時の児童扶養手当法4条1項1号）が憲法13条，14条1項，25条2項などに違反するのではないかとして争われた併給制限についての典型的な訴訟が堀木訴訟である。

最高裁は，25条の規定について，「国権の作用に対し，一定の目的を設定しその実現のための積極的な発動を期待するという性質のものである」とする。そして，「本規定を現実の立法として具体化するに当たっては，国の財政事情を無視することができず，……高度の専門技術的な考察とそれに基づいた政策的判断を必要とするものである」として，「具体的にどのような立法措置を講ずるかの選択決定は，立法府の広い裁量にゆだねられており，それが著しく合理性を欠き明らかに裁量の逸脱・濫用と見ざるをえないような場合を除き，裁判所が審査判断するのに適しない事柄であるといわなければならない」（最大判昭和57・7・7）と判示した。本判決は，原告の請求を退けたものの，朝日訴訟同様，憲法25条に一定の裁判規範性を認め，裁量権を逸脱した場合司法審査の対象となることを肯定しているといえる。

（d）**学生無年金障害者訴訟**　1991年3月まで20歳以上の学生の国民年金への加入は任意とされていた。原告は，大学在学中に疾病にかかり障害を負った

ために障害基礎年金（国民年金の一種）の支給裁定を申請したが，国民年金に任意加入していなかったため，被保険者資格が認められないとして障害基礎年金を支給しないとの処分を受けた。そこでこの不支給処分の取り消しと国家賠償を求め出訴した。

　最高裁は，憲法25条の趣旨に応えて具体的にどのような立法措置を講じるかの選択決定は，立法府の広い裁量に委ねられており，それが著しく合理性を欠き明らかに裁量の逸脱，濫用と見ざるを得ないような場合を除き，裁判所が審査判断するのに適しない事柄であるといわなければならないとした上で，当時の国民年金法が，20歳以上の学生の保険料負担能力などを考慮し，任意加入を認めて，国民年金に加入するかどうかを20歳以上の学生の意思に委ねることとした措置は，それ以外の者を強制加入対象としたことに対して，著しく合理性を欠くということはできないとした（最判平成19・9・28）。

　(e)　生活保護老齢加算廃止違憲訴訟　　原告は生活保護法に基づいて生活扶助を受けていたが，厚生労働大臣が生活保護法による保護基準を改定し，それにより，原則として70歳以上の者を対象とした生活扶助の老齢加算制度を廃止した。原告はこの老齢加算制度の廃止は憲法25条，生活保護法3条・8条・56条などに反するとして提訴したが，最高裁は厚生労働大臣の判断に裁量権の範囲の逸脱又はその濫用があるとはいえず，老齢加算制度の廃止は生活保護法3条又は8条2項の規定に違反しないと判示した（最判平成24・2・28）。

＊　朝日訴訟（最大判昭和42・5・24）

　1950（昭和25）年制定の生活保護法に基づいて原告は生活扶助（日用品費月額600円の支給）と医療扶助（医療費の全額無料措置）を受けていた。ところが原告の実兄が健在であることが分かり，仕送り月1500円を受けられるようになった。生活保護事務を担当していた市はその仕送りのうち600円を生活費として認め（生活扶助は廃止），残り900円を医療費の自己負担分とし，残りの医療費について医療扶助を行うという保護変更決定をした。この決定に対して，原告は知事及び厚生大臣に不服申し立てを行ったが却下された。このことに対して，生活保護法8条1項で，厚生大臣が保護基準を定めるが，この月額600円という生活扶助基準は低額すぎて同法3条で保障する「健康で文化的な最低限度の生活」を満たしておらず，違法なものであるとして提訴したのが本件訴訟である。

最高裁は、係争中に上告人が死亡したため訴訟終了とした。しかし、「念のため」として傍論で、食糧管理法違反事件の判決を引用しながら生存権の法的性格について、付加的に判示をした。判示によれば、憲法25条の生存権の法的性格について、「すべての国民が健康で文化的な最低限度の生活を営み得るように国政を運営すべきことを国の責務として宣言したにとどまり、直接個々の国民に対して具体的権利を賦与したものではない」とした上で、生存権の具体的な権利は、「憲法の規定の趣旨を実現するために制定された生活保護法によって、はじめて与えられる」ものであるとした。そして厚生大臣の裁量については、「何が健康で文化的な最低限度の生活であるかの認定判断は、いちおう、厚生大臣の合目的的な裁量に委されており、その判断は、当不当の問題として政府の政治責任が問われることはあっても、直ちに違法の問題を生じることはない」とするが、「ただ、現実の生活条件を無視して著しく低い基準を設定する等憲法および生活保護法の趣旨・目的に反し、法律によって与えられた裁量権の限界をこえた場合または裁量権を濫用した場合には、違法な行為として司法審査の対象となる」とした。
　本判示は、厚生大臣の裁量権を認めているものの、憲法・生活保護法から裁量権の限界を明示しており、裁量権を逸脱した場合には、司法審査の対象になることを勘案すると抽象的権利説に立脚した判決ということがいえる（もっともプログラム規定説を採っているという見解もある）。

2　教育を受ける権利

（1）意義と法的性格

　人が人格を形成して幸福に生きていく上において重要な要素になるのが、教育を受ける権利が保障されているということである。適切な教育を受けることは民主主義国家の存立と発展、経済活動の繁栄の上からも大切である。
　憲法26条1項は、「すべて国民は、法律の定めるところにより、その能力に応じて、ひとしく教育を受ける権利を有する」として国民に教育の機会均等を保障している。そもそも教育を受ける権利は、憲法13条の幸福追求権ならびに憲法25条の生存権の文化的側面を有する。生存権の面からは、国民は国家に対して積極的に学校教育や社会教育を受けられることを保障するように求めることができるといえる。また、国家は国民が教育を受けることを妨げることをしてはならないという自由権的側面をも併せ持つといえる。これは、国家から干渉を受けることなく自らの意思により自由に教育を受けて人格の形成を図ることができることを意味している。
　さらに、憲法26条2項は「すべて国民は、法律の定めるところにより、その

保護する子女に普通教育を受けさせる義務を負ふ。義務教育は、これを無償とする」と定めている。これは、保護者の教育を受けさせる義務を明確に規定することにより子どもの教育を受ける権利を保障することをねらいとするものである。この親の義務に対応するように義務教育を無償としている。無償の範囲について最高裁は「対価を徴収しないことを定めたものであり、教育提供に対する対価とは授業料を意味すると認められるから、同条項の無償とは授業料不徴収の意味と解するのが相当」であるとする（最大判昭和39・2・26）。なお教科書の無償は、判例や多数説によれば国の義務とはされない。

また教育を受ける権利については、そもそも子どもの教育内容を決定する権能（教育権）が誰に帰属するかという問題もあり、旭川学力テスト事件判決でそのことについての最高裁の判断が示されている。

(2) 教育を受ける権利をめぐる判例

(a) 市立尼崎高校事件　　教育を受ける権利についての事例として、市立尼崎高校事件がある。原告は幼少のときに進行性筋ジストロフィーと診断され、小学校高学年から車椅子での生活を送ってきたが、市立尼崎高校進学を希望し、1991年3月、総合選抜試験を受験した。高校側は、原告は調査書の学習評定と学力検査の成績においては合格圏内にあったが、障害のため高校3年間の全課程を履修するのが困難と判断して不合格とした。このため、原告は「障害を理由とした不合格処分は不当」として、同校校長と尼崎市を相手取り、入学不許可処分の取り消しと損害賠償を求めて、神戸地裁に提訴した。

判決は、高等学校入学の可否は「学校長の裁量的判断に任されて」いるとする。ただ、「処分が事実の誤認に基づいていたり、その内容が社会通念に照らして著しく不合理であったりするような場合」は、裁量権の逸脱又は濫用とみなされて、その処分が違法となるとする。そして本件では、「原告の身体的状況が高等学校の全課程を無事に履修する見通しがないとした」点について事実誤認があるとして原告勝訴の判決を下した。本判決の基底にある考えは、憲法26条、教育基本法1条・3条1項より、「障害を有する児童、生徒も、国民として、社会生活上あらゆる場面で一人の人格の主体として尊重され、健常児となんら異なることなく学習し発達する権利を保障されている」という点と、

「障害者がその能力の全面的発達を追求することもまた教育の機会均等を定めている憲法その他の法令によって認められる当然の権利である」（神戸地判平成 4・3・13）という判示に表れている。

(b) 伝習館高校事件　原告らは，福岡県立伝習館高校の社会科教諭であったが，日常の授業で教科書を使用せず，学習指導要領を逸脱した偏向教育を行ったなどとして懲戒免職になった。その取り消しを求めたのが本件事件である。本件事件では，①学習指導要領の法的性質と，②教師の教育活動などを理由とする懲戒免職処分と教師の教育の自由との関係が争点となった。最高裁は，①については，学習指導要領が法規としての性質を有すると解することが憲法23条，26条に違反するものでないことは，最高裁昭和51年5月21日大法廷判決の趣旨とするところであるとした上で，「高等学校においても，教師が依然生徒に対し相当な影響力，支配力を有しており，生徒の側には，いまだ教師の教育内容を批判する十分な能力は備わっておらず，教師を選択する余地も大きくないのである。これらの点からして，国が，教育の一定水準を維持しつつ，高等学校教育の目的達成に資するために，高等学校教育の内容及び方法について遵守すべき基準を定立する必要があり，特に法規によってそのような基準が定立されている事柄については，教育の具体的内容及び方法につき高等学校の教師に認められるべき裁量にもおのずから制約が存するのである」として，学習指導要領の法的拘束力について判示した。また，②については，原告らに対する懲戒免職処分は，その活動が教育の具体的内容及び方法につき高等学校の教師に認められるべき裁量を前提としてもなお，明らかにその範囲を逸脱して，日常の教育のあり方を律する学校教育法の規定や学習指導要領の定め等に明白に違反するものであることなどからすれば，「社会観念上著しく妥当を欠くものとはいえず，懲戒権者の裁量権の範囲を逸脱したものとはいえない」とした（最判平成2・1・18）。

＊　旭川学力テスト事件（最大判昭和51・5・21）
　1961年に実施された全国中学校一斉学力調査（学テ）に対し，旭川市の中学校でそれ

を阻止しようとした者らが，建造物侵入，公務執行妨害などで起訴された事件。最大の争点は学テ実施の適法性であったが，学テは文部大臣（当時）が企画・立案し，各中学校に実施を要求したものであったため，関連して子どもの教育内容を決定する教育権は誰が持つかも重要な争点となり，最高裁の判断がかなり詳しく述べられている。

すなわち以前より公教育における教育内容を決定する権限である教育権の所在が国家にあるのか，それとも教員を中心とする国民の側にあるのかといった「国家の教育権」説と「国民の教育権」説の対立問題は論議を呼んでいた。国民の教育権説は，親から付託を受けた教員を中心とした国民が教育内容を決定することができるという見解である。この学説では国は外部的な条件整備にのみ関わることができるとする。国家の教育権説は，教育権の主体になるのは国であり，国が自らの責任において公教育を実施する権限と責任を有しており当然教育の内容を決定することができるというものである。

最高裁は，本件旭川学テテスト事件において，教育権の所在をめぐる国家の教育権説と国民の教育権説という「二つの見解はいずれも一方的であり採用できない」とし，一定の範囲においては教師の教授の自由と親の教育の自由は肯定されるとする。しかし，それ以外の領域においては，「国は，国政の一部として広く適切な教育政策を樹立，実現すべく，また，しうる者として，憲法上は，あるいは子ども自身の利益の擁護のため，あるいは子どもの成長に対する社会公共の利益と関心にこたえるため，必要かつ相当と認められる範囲において，教育内容についてもこれを決定する権能を有する」と判示している。判決の実体は，国民の教育権説に配慮しながら実質的には国家の教育権説に傾いたものということがいえるであろう。

3 勤労の権利

憲法27条1項は，「すべて国民は，勤労の権利を有し，義務を負ふ」と定めている。これは，自ら働くことによって文化的で人たるに相応しい生活を営むことを労働政策の面から具体化したものである。この規定により国は，職業安定所などを設置する義務を負う。しかし本条項は，国民に具体的な権利を付与したものではない。国が国民に働く場をあまねく提供することは不可能だからである。また，「勤労の義務」は，労働を法的に強制させられることを意味するのではなく，倫理的規定の色彩が強いが，労働能力と機会があるにもかかわらず，あえて働かずに憲法25条の生存権に基づき生活保護を受給しようとすることは認めないという限りでは，法的意味があると理解されている。

同条2項は，「賃金，就業時間，休息その他の勤労条件に関する基準は，法律でこれを定める」とする。また同条3項は，「児童は，これを酷使してはならない」と定める。自由主義経済では，「契約自由」が基本原則であるが，労

働者が少しでも使用者と対等に労働契約を締結できる環境を整えようとする趣旨であり，労働者の適正な勤労条件整備の必要性から本条項を定めたのである。労働基準法は憲法27条2項・3項の趣旨を最も体現している法律である。

4　労働基本権
（1）意義と内容

憲法28条は，「勤労者の団結する権利及び団体交渉その他の団体行動をする権利は，これを保障する」と定めている。団結権，団体交渉権，団体行動権の労働基本権（労働三権）の保障である。本条は，憲法27条2項と同じく資本主義社会において不利な立場の労働者を保護していくことにより，労働者が経済的にも社会的にも人間として満足して生きていくことを保障していくことにも繋がる。労働基本権の保障は，我が国の労働者の大半は民間企業の労働者であるから，私人間にも直接適用される。また，自由権的側面として，労働基本権をむやみに制限するような立法や国家行為を国に対して禁止している。さらに，労働委員会による行政的な労働基本権侵害の救済を受ける権利も保障する。本条の趣旨から，労働組合法，労働関係調整法などが制定されている。

団結権は，労働者が使用者と対等に労働条件について交渉することを目的に労働組合を作ったり，参加したりすることができる権利である。使用者は，労働者が労働組合設立や加入したことを理由に不利益取扱をしたりするなどの不当労働行為をなすことを禁止されている。

団体交渉権は，労働者の団体が生活向上のため，労働条件などについて使用者と交渉を行う権利である。使用者は，労働者の代表者と団体交渉をすることを正当な理由なく拒否できない（これも不当労働行為とされる）。団体交渉の結果締結された労働協約は，労働契約に優先して適用される（労組14条・16条）。

団体行動権は，労働組合が労使間における団体交渉力を担保するためにストライキや，サボタージュなどを行う権利である。正当な争議権の行使は，刑事責任を免責される（労組1条2項）。また，正当な団体行動を通じて使用者に損害を与えても賠償責任などの民事上の責任を問われない（労組8条）。

(2) 労働基本権の制限

　前述のように正当な争議行為は、刑事・民事上責任を問われることはない。何をもって「正当な」争議行為とするかであるが、当然暴力の行使は認められない。また、「工場事業場における安全保持の施設の正常な維持又は運行を停廃し、又はこれを妨げる行為は、争議行為としてでもこれをなすことはできない」（労働関係調整法36条）。

　山田鋼業事件において最高裁は、労働者側が一時的に経営施設・資材等を占拠し、自ら経営管理を行うような「企業者側の私有財産の基幹を揺がすような争議手段は許されない」と判示した（最大判昭和25・11・15）。「ピケッティング」は、国鉄久留米駅事件（最大判昭和48・4・25）などにおいて争議行為としての適法性を認められていない。判例・学説は、憲法29条の私有財産制度の趣旨からこれらの手段を否定的に捉えているのである。

　「政治スト」については、「純粋政治スト」は憲法21条の表現の自由の適用を受けるにすぎないが、「経済的政治スト」は労働者の経済的地位向上の点から憲法28条の適用を受けるとする説が有力である。判例も政治ストを憲法28条と無関係として正当な争議行為と認めない傾向にある（最大判昭和48・4・25）。

　公務員の職務内容は、国民生活と密接に関連し重大な影響を与えることが多い。一般の労働者に比べると憲法28条の労働三権の一部か全部で制限が加えられている（国公98条2項・108条の2第3項・5項、地方公務員法37条1項・52条3項・5項など）。そこで憲法で公務員の労働基本権の制限が明記されていないにもかかわらず、法律で規制できるのかが問題になる。特に団体行動権（争議行為）では争いとなる。判例は大きく三つの時代で判断が異なる。

　最初期の判決では、最高裁は公務員の労働基本権の制限を憲法15条2項の「全体の奉仕者」を根拠に「公共の福祉」により認められるとした。弘前機関区事件判決（最大判昭28・4・8）や、三鷹事件判決（最大判昭和30・6・22）、国鉄檜山丸事件判決（最判昭38・3・18）などがその例として挙げられる。

　第二期にはそれまでの判例に変更が見られる。契機となったのが、全逓東京中郵事件判決（最大判昭和41・10・26）である。この判決で最高裁は、「国家公務員や地方公務員も、憲法28条にいう勤労者にほかならない以上、原則的には、

その保障を受けるべきものと解される」とし,「憲法15条を根拠として,公務員に対して右の労働基本権をすべて否定するようなことは許されない」として公務員の労働基本権の制限は必要最小限に止めるべきだとした。この判決を踏襲発展させたのが都教組事件判決(最大判昭和44・4・2)である。最高裁は,そこでは,争議行為のあおり,そそのかし等の処罰対象は,違法性の強い争議行為を違法性の強い方法でそそのかし,あおる等の行為に限定されるという「二重のしぼり」論を採用した。

　しかし第三期には,最高裁は全農林警職法事件(最大判昭和48・4・25)でこうした第二期の判例変更を行った。すなわちこの判決で非現業国家公務員の争議行為禁止と争議行為のあおり行為を処罰する国家公務員法を全面的に合憲としたのである。その理由は,①公務員の地位の特殊性や職務の公共性,②公務員の勤務条件は国会の制定する法律や予算により決定されるのであり,争議行為による圧力は国会の議決権を侵害することになる,③市場抑止力の欠如,④人事院による代償措置の存在などである。結論は同様であるが,理由を明確にしたという点で最初期の判例とも異なっている。最高裁はその後,岩手教組学テ事件判決(最大判昭和51・5・21)や,全逓名古屋中郵事件判決(最大判昭和52・5・4)など非現業地方公務員や現業国家公務員の事例でもこの判例を踏襲し,現在に至っている。

第7章 参　政　権

Ⅰ　選挙権と被選挙権

1　選挙権
(1) 選挙権の法的性格

　参政権とは，民主主義国家においては，国民が主権者として，直接的又は間接的に国の政治に参加する権利のことである。参政権として最も一般的で重要なものが選挙権である。憲法も15条1項で「公務員を選定し，及びこれを罷免することは，国民固有の権利である」と規定し，具体的権利として国会議員の選挙権（43条，44条），住民による地方公共団体の首長及びその議会の議員などの選挙権（93条2項）を保障している。

　選挙権とは，選挙人として各選挙に参加することができる資格又は地位を意味するが，その法的性格については，選挙人の地位に基づいて公務員の選挙に関与する「公務」と見るか，国の政治への参加を国民に保障する「権利」と見るかをめぐり争いがある。学説上は，①選挙権を純粋に個人の権利とする権利説，②選挙は本来国家という団体の行為であり，個人は国家のために必要な公的職務を遂行するにすぎないとする公務説，③選挙を選挙人団による国家機関の選任行為とみなし，選挙に関する個人の権利も選挙人団の権限に伴う形で認められるものとする権限説，④公務と権利の両方の性質を併せ持つとする二元説に分けられ，現在では二元説が通説的地位を占めている。

　この問題は，国民主権をどのように理解するのかという問題とも結びついている。公務説や権限説は，選挙権の源を，個人を超える国家に求めている点でナシオン主権論に親和的であるといえよう。また権利説は，選挙権をプープル主権論から導かれる主権的権利，すなわち政治的意思決定能力を持つ人々が主

権の行使に参加する当然の権利と位置づけ，その制約も権利の内在的制約のみ認められるべきと主張している（杉原）。他方で二元説も選挙権に公務的性格を認めつつも，基本的人権としての性格を重視する立場が主流である。しかしながら，基本的人権の制約として，その内在的制約に加えて公務的性格に基づく必要最小限の制限を認める点で，権利説と立場を異にしている。*

> ＊　選挙犯罪処刑者の選挙権等停止事件（最大判昭和30・2・9）
>
> 　最高裁は，一定の選挙犯罪により刑に処された者の選挙権・被選挙権の停止を規定した公職選挙法252条について，「かかる犯罪の処刑者は，……現に選挙の公正を害したものとして，選挙に関与せしめるに不適当なものとみとめるべきであるから，これを一定の期間公職の選挙に関与することから排除するのは相当」であると判示し，その合憲性を認めた。このような制約について，二元説は選挙権の公務的性格に基づく必要最小限の制限として許容するのに対して，権利説は罰金刑や執行猶予中の者にまで制約が及ぶ点を挙げ，選挙権の内在的制約を超える不当なものと批判している（杉原）。

（２）選挙権の内容

　選挙権の具体的な権利内容には，選挙人資格請求権に加えて投票権が含まれる。投票権とは，選挙権の行使として実際に投票する権利のことであり，この権利に基づき国民は，投票を実際に可能とする選挙制度の整備を国に対して要求することができる。

　最高裁は，1952年の公職選挙法改正による在宅投票制度の廃止に対する国家賠償請求訴訟において，国会議員の立法行為の国家賠償法適用上の違法性を，「憲法の一義的な文言」に違反している場合に限った上で，選挙制度について広範な立法裁量を認めていた（最判昭和60・11・21）。しかし，在外国民の選挙権の行使が問題となった裁判で*，国民の選挙権やその行使の制限には，「そのような制限をすることなしには選挙の公正を確保しつつ選挙権を認めることが事実上不能ないし著しく困難であると認められる」必要があると判示した（最大判平成17・9・14）。さらに，公職選挙法が精神的理由により投票できない選挙人に在宅投票を認めないことに対する国家賠償訴訟では，上記平成17年判決を先例として示した上で，「国民が精神的原因によって投票所において

第7章　参政権

155

選挙権を行使することができない場合についても当てはまる」と述べて，選挙権の行使の制限は原則として許されないことを明示している（最判平成18・7・13。ただし，本判決は結論としては本件立法不作為を国家賠償法上違法とはせず，原告の訴えを退けている）。

＊　在外国民選挙権訴訟（最大判平成17・9・14）

　外国に居住していることを理由に1998年の公職選挙法改正まで選挙権の行使を全く認められず，改正後も投票できるのが衆議院・参議院の比例代表選出議員の選挙の投票に限られていた原告らが，①次回の選挙から衆議院・参議院のすべての選挙で投票できる権利を有することの確認と，②1996年に行われた衆議院議員選挙で投票できなかったことについての立法不作為による国家賠償を求めた裁判。最高裁は，本文中に示した基準を適用し，原告らが選挙権の行使を認められない「やむを得ない事由」があったとは認められないとして原告らの請求を認めた。なお，後述するように2006年の公職選挙法改正により，在外国民に関する選挙権の制限は全廃された。

2　被選挙権

（1）被選挙権の内容と憲法上の根拠

　従来，被選挙権とは，選挙人団により選定されたとき，これを承諾して公務員となる資格のことであり，選挙されることを主張し得る権利ではないと解されてきた（清宮）。しかし，国民の国の政治への直接的な関与の重要性に鑑みて，現在被選挙権は，国民が選挙に立候補する権利という意味で，憲法で保障された国民の基本的権利と理解されている。

　被選挙権については，憲法には根拠を明示する規定は存在しない。そこでその憲法上の根拠をめぐって学説上は，①憲法13条の幸福追求権にその根拠を求める説（佐藤幸），②憲法44条が選挙権と被選挙権とを区別していないことを根拠とする説（伊藤），③選挙権と被選挙権を表裏一体のものととらえて憲法15条1項に根拠を求める説（奥平），に分かれている。現在は，憲法15条1項に根拠を求める③説が，通説的地位を占めている。最高裁も立候補の自由について，「選挙権の自由な行使と表裏の関係にあり，自由かつ公正な選挙を維持する上で，極めて重要である」と述べ，これを憲法15条1項の保障する重要な基

本的人権の一つと解すべきであるとしている（最大判昭和43・12・4）。

（2）被選挙権の制限

公職選挙法は，被選挙権について，衆議院議員は満25歳以上，参議院議員は満30歳以上と選挙権の場合よりも年齢要件を高く設定している（公選10条）。また同法は，選挙権に比べて被選挙権について様々な制限を置いている。

被選挙権の制限について特に問題とされるのが，供託金制度（公選92条～94条）と連座制（公選251条の2・251条の3）である。立候補に当たっては一定の金額（現在は衆議院小選挙区・参議院選挙区の場合は候補者一人につき300万円，衆議院比例区・参議院比例区では600万円）を供託せねばならないという供託金制度については，一般に選挙妨害や売名など「不正の目的」のための立候補の防止に必要であると説明される（大阪高判平成9・3・18）。しかし，学説上は，低所得者の立候補を事実上不可能にする（松井）や「財産又は収入」による差別に当たる（樋口）などの指摘に加えて，供託金では金持ちの売名候補を排除することができないなど，そもそも供託金制度が「不正な目的」のための立候補の防止に必要不可欠とはいえない（杉原）などの強い批判がある。

候補者本人によってではなくても，秘書，近親者などによって買収などの悪質な選挙違反がなされれば，候補者の当選の効力を失わせる連座制については，1994年の公職選挙法改正により，その射程や効果が大幅に拡大・強化された。現行法では，対象に候補者本人や秘書，近親者だけではなく選挙運動の総括主宰者，組織的運動管理者等，候補者と一定の関係を持つ者の違反行為も含まれ，また，その効果も候補者の当選無効だけではなく，候補者の当該選挙区における立候補が5年間禁止される（公選251条～251条の5）。最高裁は，連座制の合憲性について「民主主義の根幹をなす公職選挙の公明，適正を厳粛に保持する」ために「必要かつ合理的なもの」であると述べて是認している（最判平成9・3・13）。

その他，公職選挙法は，選挙事務関係者や公務員の立候補を制限し（公選88条・89条），複数の選挙への重複立候補や兼職も禁止している（公選87条）。

3　選挙の原則

　近代民主主義国家における憲法や選挙法は，選挙の公正の実現のために，①普通選挙，②平等選挙，③自由選挙，④秘密選挙，⑤直接選挙の五つを選挙に関する基本原則として採用してきた。我が国においても，日本国憲法の下でこれらの原則が採用され，特に普通選挙（15条3項），平等選挙（44条），秘密選挙（15条4項）の原則については，それぞれ憲法上明文でその根拠が示されている。これらの原則は，選挙の公正の実現だけではなく，国民の選挙権の保障にとっても重要な意味を持っている。

（1）普通選挙の原則

　普通選挙の原則は，平等選挙の原則とともに選挙における「平等」についての原則である。本原則は，特に「選挙人たる資格」において国民を平等に取り扱うという原則である。憲法は，15条3項で「成年者による普通選挙」を保障し，さらに44条但書で，選挙人たる資格を「人種，信条，性別，社会的身分，門地，教育，財産又は収入によって差別してはならない」と定めている。

　本原則における普通選挙とは，狭い意味では，財力（納税又は財産の所有）を選挙権の要件としないもののみを指し，反対にそれを要件とする制度は制限選挙と呼ばれる。広い意味では，社会的地位，財産，納税，教育，信仰，又は性別などを選挙権の要件としない選挙制度を指すとされ，これが現在の意味の普通選挙とされている。1925年に我が国で初めて狭い意味での普通選挙制が実現したが，選挙権は満25歳以上の男子に限定されていた。1945年に満20歳以上の男女に選挙権が認められ，ようやく広い意味における普通選挙制，すなわち現在の意味における普通選挙制が実現された。なお，2015年に公職選挙法が改正され，選挙権の年齢要件が満18歳以上にまで引き下げられた。

　現行法において，本原則との関係で問題となるのは，公職選挙法における選挙人資格の制限である。公職選挙法は，選挙人資格の積極的要件として，日本国籍を有すること，満18歳以上であること，地方公共団体の長及びその議会の議員の選挙については3か月以上当該地方公共団体の域内に居住していることを挙げている（公選9条）。また消極的要件としては，①禁錮以上の刑に処せられその執行を終わるまでの者，②禁錮以上の刑に処せられその執行を受けるこ

とがなくなるまでの者（刑の執行猶予中の者を除く），③収賄など公職に関わる罪で刑に処せられた者，及び④選挙犯罪で禁錮以上の刑に処せられた者を列挙して選挙権及び被選挙権を有しないと定めている（公選11条1項2号〜5号。ただし③と④については刑の執行猶予中の者とか刑の執行を終わり5年を経ない者とかの限定が付いている）。さらに公職選挙法違反者については，一定の期間選挙権を停止すると定めている（公選252条）。以下では，これらの制限について詳述する。

　(a) 国　籍　　選挙権は，国民主権原理と密接な関係を持つという性格上，外国人には認めることはできないと解されてきた。最高裁も，国政における選挙権を日本国民に限定することは憲法に反しないとしている（最判平成5・2・26）。しかし，地方公共団体に関する選挙権については，憲法93条2項は外国人に参政権を保障したものではないとしつつも，法律で地方公共団体の長及びその議会の議員などの選挙権を付与することは，憲法上禁止されていないとしている（最判平成7・2・28）（本書29頁参照）。

　(b) 住　所　　地方公共団体の長及びその議会の議員の選挙については，当該域内に3か月以上居住するという要件があり，国政選挙については，当該市町村の住民基本台帳に3か月以上記録されていることが選挙人名簿への登録要件とされている。そのため国政選挙においては，他の市町村に転居した場合には，3か月間は新住所地での投票ができず，前住所地での投票のみ認められる（公選28条2号）。なお，外国に居住する日本国民については，前述の最高裁判決（最大判平成17・9・14）を受けて行われた2006年の公職選挙法改正によって，同一の領事館の管轄域内に3か月以上住所を有する者については，すべての国政選挙で投票が可能となった。

　(c) 受刑者・選挙犯罪者　　受刑者及び選挙犯罪者の選挙権は，公職選挙法により剥奪もしくは停止の制限を受ける（公選11条1項2号・3号，252条）。しかし，これらの国民についても，憲法15条1項により「国民固有の権利」として選挙権が保障されていることに変わりはない。選挙犯罪者に対する制限については，前述の最高裁判決（最大判昭和30・2・9）によりその合憲性が是認されているものの，執行猶予中も含めて一律に選挙権を剥奪することには根強い違憲論（奥平・松井）が存在する。また，一般犯罪の受刑者についても，投票

を認めることが物理的・技術的に全く不可能でない限り，受刑者の主権者としての権利の保障という観点から再検討の余地があるとの指摘が存在する（辻村・野中）。なお，2007年制定の「日本国憲法の改正手続に関する法律」（国民投票法）では，日本国民で満18歳以上の者という積極的要件のみが定められているので，受刑者及び選挙犯罪者にも投票権が認められている。

(d) 成年被後見人　成年被後見人は，かつて「禁治産者」と呼ばれていた時代より，政治的な意思決定能力を欠く者として「選挙権及び被選挙権を有しない」とされてきた（公選11条1項1号）。しかし，2006年に国連で採択され，我が国も批准している「障害者の権利に関する条約」は，締約国に障害者の政治的権利及びその行使の機会の保障を求めている。また，諸外国の例を見ても，後見の開始が必ずしも選挙権の剥奪を意味するわけではない。このような状況の下で2013年に上記の規定を削除する公職選挙法改正がなされ，成年被後見人に選挙権が認められた。また，国民投票法でも，以前は成年被後見人には投票権が認められていなかったが（同法4条），この規定も同様に削除され，投票権を持つに至った。

(2) 平等選挙の原則

平等選挙の原則は，「投票」において国民を平等に取り扱うという原則である。この原則は，憲法14条及び44条但書で明示されている。

平等選挙とは，特定の選挙人に複数票の投票を認める複数選挙制や，選挙人を財産や身分に基づく特定の等級に分けて等級ごとに代表者を選出する等級選挙制を否定し，一人一票を原則とする選挙制度をいう。これは，投票における数的平等の原則であるが，現在では平等選挙とは，投票価値の平等，すなわち質的平等をも含むものとされている。この点で国会や地方議会の議員定数の不均衡が問題となる。

最高裁は，1972年実施の衆議院議員選挙について，投票価値の平等を憲法上の要請と認めた上で違憲の判断を下した（最大判昭和51・4・14）。その後も衆議院議員選挙については，違憲及び違憲状態とする判決が下されている（最大判昭和58・11・7，最大判昭和60・7・17，最大判平成5・1・20，最大判平成23・3・23，最大判平成25・11・30）。しかし，参議院議員選挙については，参議院の

特殊性を理由に不均衡を許容する判決が続いたが，最大較差が6.59倍に至った1992年実施の選挙についてようやく違憲状態との判断を下した。また，2010年実施の選挙についての判決では，最大較差が5.00倍で違憲状態の判断を下しており（最大判平成24・10・17），数字にとらわれることなく徐々に厳しい判断を下すようになってきている（投票価値の平等の問題については，本書56頁参照）。

（3）秘密選挙の原則

　秘密選挙の原則は，誰に投票したのかを秘密にして，選挙人の自由な投票を確保しようという原則である。憲法は，「すべて選挙における投票の秘密は，これを侵してはならない」（15条4項前段）と規定して投票の秘密を保障している。

　秘密投票の原則には「投票検索の禁止」の原則が含まれるとされ（辻村），最高裁も「何人が何人に対して投票したか」を調べて公表することは，秘密投票の原則に反するとしている（最判昭和23・6・1）。しかし，詐偽登録罪及び詐偽投票罪の疑いで警察が投票用紙を押収し，指紋を検出したことについては，「上告人らの投票内容を探索する目的でされたものでなく」，「上告人らの投票内容が外部に知られるおそれもなかった」として上告人の損害賠償の請求を認めなかった（最判平成9・3・28）。

（4）自由選挙の原則

　自由投票の原則は，選挙人が外部から干渉を受けることなく，自らの自由な意思に基づき投票をする・しないの判断をし得ることを要請する原則である。憲法は，「選挙人は，その選択に関し公的にも私的にも責任を問はれない」（15条4項後段）と規定し，この原則を確認している。

　本原則との関係で問題となるのが，棄権の自由が認められるか否かである。選挙の公務性に鑑みて，正当な理由なしに棄権した選挙人に最小限の制裁を加える程度ならば憲法に反しないとする意見もある（野中）が，投票率の向上は制裁ではなく政治教育などにより望むべき（芦部）であり，また選択に関する無答責には，投票内容だけではなく投票をするか・しないかの選択まで含まれるべきであり，棄権の自由も保障されると考えるべきであろう（樋口）。

　また，本原則との関連では，選挙運動の期間（公選129条），戸別訪問（公選

138条），文書図画の頒布・掲示（公選142条〜147条）などについての厳しい制限も問題にされている。

（5）直接選挙の原則

　直接選挙の原則は，選挙人が代表者を直接に選出する原則をいう。憲法には，地方公共団体の長及びその議会の議員の選挙について直接選挙とする規定（93条2項）が存在するが，国政選挙には直接選挙の規定がない。しかし，92条3項は，戦前の地方選挙が間接選挙を採用していたことから，それを否定するために置かれたと解され，間接選挙は選挙人の選考と結果に乖離が生じやすく，戦前の衆議院議員選挙でも既に直接選挙制が採用されていたことに鑑みれば，国政選挙においても直接選挙が求められると考えるべきである（樋口）。

Ⅱ　その他の参政権

1　国政におけるその他の参政権

（1）最高裁判所裁判官国民審査

　最高裁判所裁判官の国民審査制度は，最高裁の裁判官の罷免の可否を国民が審査する制度であり，各裁判官の任命後に初めて行われる衆議院議員総選挙の際に行われ，その後は審査後10年ごとに再審査が行われる。審査の結果，投票者の多数が罷免を可とした裁判官は罷免される（79条3項）。この制度は，最高裁の地位や職務の重要性に基づく最高裁の裁判官の選任に対する民主的なコントロールが目的であり，国民による公務員の選定・罷免権（15条）に根拠づけられるものである。

　国民審査の法的性格については，①任命により裁判官の地位にある者を解職するものと解する説（宮沢・佐藤功）と，②内閣の任命の国民による確認や事後審査とする説（長谷部・辻村）がある。通説・判例は，審査の性質を解職と解する①説であるが，少なくとも第1回目の審査対象となる裁判官に関しては，内閣の任命の国民による確認や事後審査の意味も含まれていると解するのが妥当であろう（芦部）。

　なおこれに関連して，罷免を可とする場合にのみ×印をつけるという現行の

投票方法が思想・良心の自由等を侵害するとして訴えが提起されたが，最高裁は，国民審査制度を解職制度と解した上で，「積極的に『罷免を可とする』という意思を持たない」者の投票を「罷免を可とするものではない」と扱うことは憲法違反ではないとの判断を示している（最大判昭和27・2・20）。

　また，在外国民の国民審査の投票については，2006年に選挙権の制限が全廃された後にも，制限された状態が続いていた。このことが問題となった裁判で，最高裁は，憲法は，国民審査の権利についても選挙権と同様に平等に保障しており，権利の制限は原則として許されないと指摘したうえで，投票させない「やむをえない事情」があるとはいえないとして，在外国民の投票を認めていない国民審査法の規定を違憲と判断した（最大判令和4・5・25）。これを受けた2022年の法改正により，在外国民に関する国民投票の権利の制限は全廃された。

（2）地方特別法の住民投票

　憲法95条は，「一の地方公共団体」のみに適用される特別法を制定するためには，当該地方公共団体の住民の投票において過半数の同意を得る必要があると規定する。この手続により制定される法律は，地方特別法と呼ばれる。

　この制度は，国会単独立法の原則の例外をなすものであり，その趣旨は，①地方公共団体の個性の尊重，②地方公共団体の平等権の保障，③地方公共団体の自治権の侵害の防止，④民意の尊重が挙げられる。住民投票の手続については，地方自治法261条に規定されているが，どのような法律が地方特別法に該当するかの統一的な基準を定めた法律は存在せず，その判断は国会に委ねられているとされる。実際，特定の地方公共団体に適用される法律であっても，国の機関や事務に関するものは適用外とされており，最高裁も駐留軍用地特別措置法の沖縄への適用について，一般法の個別地域への適用にすぎないとして憲法違反の訴えを退けている（最大判平成8・8・28）。しかしこれでは，自治権の侵害の防止や民意の尊重という本制度の趣旨からも問題があろう（本書266頁参照）。

（3）憲法改正の国民投票

　憲法は，憲法改正のためには国会が各議院の総議員の3分の2以上の賛成で

改正案を発議し，国民投票において国民の過半数の賛成を得る必要があると規定している（96条1項）。憲法改正に通常の法律の制定・改廃よりも厳しい手続要件を課す国は少なくないが，それらの国も必ずしも国民投票までを求めているわけではない。我が国の憲法改正における国民投票は，国民主権原理と最高法規である憲法の民主的正当化の要請に応えるものである。

国民投票は，「特別の」又は「国会の定める選挙の際行われる」投票により行われる。承認の要件とされる「過半数」の意味については争いがあるが，国民投票法は有効投票数の過半数と規定している（同法98条2項・126条1項）（本書17頁参照）。

2 地方政治におけるその他の参政権
（1）直接請求

地方政治における参政権について，憲法には地方公共団体の長及びその議会の議員等の選挙権の規定（93条2項）の他に定めはない。しかし地方自治法には，住民の直接請求，住民監査請求及び住民訴訟などに関する規定が置かれている。

地方自治法に基づき，住民は，条例の制定・改廃（地自74条～74条の4），事務の監査（地自75条），議会の解散（地自76条～79条），議員・首長・役員の解職（地自80条～88条）を直接請求することができる。請求には，条例の制定・改廃及び事務の監査については有権者の50分の1以上の連署が，議会の解散及び議員・首長・役員の解職については有権者の3分の1以上（ただし，有権者数が40万人を超える場合には，要件が緩和される）の連署が必要とされる。各種請求は，それぞれ法定の手続に従い処理されるが，必ずしも請求通りの結果が保障されているわけではない。

（2）住民監査請求と住民訴訟

住民監査請求とは，住民が，自らの居住する地方公共団体の違法・不当な財務会計上の行為について監査委員に対し監査を求め，その行為に対し損害回復等の必要な措置を講ずべきことを請求する制度である（地自242条）。請求の結果に不服がある場合には，住民訴訟を提起できる（地自242条の2）。

住民監査請求や住民訴訟は，直接請求のように一定数の連署を必要とせず，一人でも行うことができ，また，自らの主観的な利益がなくとも行うことができる（客観訴訟）。監査の対象は，法令上は財務会計行為に限定されているが，最高裁は住民訴訟で財務会計行為に先行する行政行為の違法性を争うことを認めている（最判昭和60・9・12）。そのため，この制度は政教分離や首長の交際費などをめぐる訴訟において，憲法89条の公金支出制限と連動して，先行する行政行為そのものの違法性を問う手段として広範に用いられている（例えば政教分離について最大判昭和52・7・13，最大判平成22・1・20，首長の交際費について最判平成元・9・5など）。

（3）住民投票

　地方自治法や市町村合併特例法などの法律による住民投票とは別に，地方公共団体が独自に住民投票条例を制定して住民投票を行う事例が増えている。原発や基地等の問題をめぐる住民投票など，特定の施策に対する住民の意見表明の機会として1990年代より積極的に活用されている。

　条例による住民投票では，法律上の住民投票とは異なり外国人や未成年者に投票権を与える例もあるように，投票対象や投票者の範囲を自由に制定することができる。投票結果については，法的拘束力は認められないと考えられている。これは，法律に明記された首長と議会が持つ権限に抵触するのを避けるため，住民投票を諮問型に止める必要性があるからである。また投票率が低い場合には，住民の意思が十分に反映されているのか疑問視される場合もある。そのため，住民投票成立のための投票率の要件を設けている条例もある。

第8章　国民の義務

1　国民の義務の意義

　憲法は,「国民の権利及び義務」と題する第3章で,国民の義務として教育の義務（26条2項）,勤労の義務（27条1項）,納税の義務（30条）を定めており,これらは一般的に国民の三大義務と呼ばれる。明治憲法では,「臣民権利義務」と題する第2章における兵役の義務（明憲20条）,納税の義務（明憲21条）に加えて,勅令により定められた教育の義務が,臣民の三大義務と呼ばれていた。

　憲法の国民の義務規定は,具体的な法的義務を定めたものではなく,一般に国民に対する倫理的指針としての意味,あるいは立法による義務の設定の予告という程度の意味を持つに止まると解されている（野中）。なぜならば,日本国憲法は,人権の濫用を禁じ,公共の福祉による人権の制限の余地を認めているが,それらに基づく人権の制限や義務の賦課は,あくまで人権の保障と矛盾しない限りで,国会の定める法律により許容されるにすぎないからである。義務規定を根拠に人権の制限が当然に認められるわけではない（只野）。

　以上のように義務規定を憲法上の人権保障規定の中で規定することの意義は,それほど大きいとはいえない。それにもかかわらず,日本国憲法に義務規定が置かれているのは,1789年のフランス人権宣言以来の近代的意味における憲法と位置づけられる諸外国の憲法にも国民の義務規定が置かれていることと軌を一にするものと考えられる。

2　教育の義務

　憲法26条2項は,「すべて国民は,法律の定めるところにより,その保護する子女に普通教育を受けさせる義務を負ふ」と規定している。これは同条1項の「教育を受ける権利」を実質化することに対応した義務規定であり,形式的

には国家に対する義務とされるが，実質的には保護する子女に対する義務であるとされ，その効果も保護する子女に対するものとなっている。この点について，最高裁もこの規定が，教育の義務を教育が民主国家の存立・繁栄のために必要であるという国家的要請だけではなく，子女の人格の完成に必要不可欠であるという理由から，親が本来その保護する子女に対して有している義務として位置づけていることを認めている（最大判昭和39・2・26）。

　この規定で定められている義務の具体的内容は，教育基本法や学校教育法に示されている。教育基本法5条は，国民に対してその子女に「普通教育を受けさせる義務」を定め，学校教育法16条，17条がそれぞれ一定の学校へ9年間就学させる義務を定めている。この就学義務には履行の督促が定められ，督促を受けてなお不履行の者は，10万円以下の罰金に処せられる（学教144条）。また，学齢にある子女を使用する者についても，子女が義務教育を受けることを妨げてはならない旨の義務規定が置かれ（学教20条），それに対する違反についても制裁がある（学教145条）。他方で，これらの義務の履行のため，市町村は，経済的理由によって就学困難と認められる子女の保護者に対して必要な援助を与えなければならないと定められている（学教19条）。

　教育の義務をめぐっては，親の教育の自由との関係で問題になることがある。親の教育の自由については，最高裁も「親の教育の自由は，主として家庭教育等学校以外における教育や学校選択の自由にあらわれる」として一定の理解を示している（最大判昭和51・5・21）。親が子女に学校教育以外の家庭教育などを受けさせる自由については，子女の個性に合った教育の必要性，親の思想・信条に基づく教育の自由などから，それらの教育効果の審査への国の一定の関与を条件としつつも肯定する見解も有力である（中村）。また，学校教育法は，「病弱，発育不完全その他やむを得ない事由のため，就学困難と認められる者」について，市町村の教育委員会の決定による就学義務の猶予又は免除を定めている（学教18条）。ここでいう「病弱，発育不完全」とは特別支援学級の教育にも耐えられない程度のものとされ，「その他やむを得ない事由」には，少年の失踪や救護院や少年院への収容等が挙げられる。また登校拒否問題の深刻化を受け，不登校も場合によっては「その他やむを得ない事由」に含ま

れる。以上のような学校教育法上認められた事由がない場合に，親の思想・信条に基づき公立学校での授業や行事の一部に子女を参加させないことまで，親の教育の自由の一環として認められるかについては，就学の義務づけが思想や信仰を強く制約する場合には，義務の免除の余地を認める見解（只野）もあるが，争いがある。

3　勤労の義務

憲法27条1項は，「すべて国民は勤労の権利を有し，義務を負ふ」と規定している。この義務の内容は，一般的に働く能力を有する者は自らの労働により生活を維持するべきであるということであり，この規定を根拠として国家が国民に対して勤労を強制するようなことはできないと解されている。直接的な強制は，憲法18条の「その意に反する苦役」に当たり，間接的な強制も職業選択の自由（22条1項）などに抵触するからである。

以上のように考えるならば，勤労の義務は，何ら法的な意味は持たず，専ら訓示的なものにすぎないということになるが，学説では，勤労の機会や能力があるにもかかわらず，勤労をしようとしない者には生存権などの保障は及ばない趣旨であると解する説が有力である（宮沢）。実際に，社会国家的給付に関する法律には，勤労の義務の履行を給付の条件にしているものがある。例えば，生活保護法4条1項は，「保護は，生活に困窮する者が，その利用し得る資産，能力その他あらゆるものを，その最低限度の生活の維持のために活用することを要件として行われる」と定めている。

4　納税の義務

憲法30条は，「国民は，法律の定めるところにより，納税の義務を負ふ」と規定している。この義務は，国民主権国家は，国民の収める税金によってのみ国家の財政が維持され，国家の存立と国政の運営が可能となることから，国民の当然の義務と解されている。「法律の定めるところにより」とは，憲法84条の定める租税法律主義を国民の義務の面から定めるという意味である。

第Ⅱ部

統治機構

第1章 天　　皇

I　天皇の地位

1　国家の基本原理
（1）神勅主義から国民主権へ

　日本国憲法第1条は「天皇は，日本国の象徴であり日本国民統合の象徴であつて，この地位は，主権の存する日本国民の総意に基づく」と規定している。

　憲法の第1章第1条は，一般に，その国家の基本原理や最重要原理を示す規定と考えられている。その意味で，1条の解釈は，国家統治の基本原理が何であるのかを解き明かす作業を含む。大戦の後に誕生した日本国憲法は，1条に国民主権を掲げ，主権者の総意に基づき，日本国と日本国民の統合を象徴する働きを担う存在を設けた。そして，その象徴という地位に位置する存在となるものが天皇であると定めた。この点で，日本の基本原理が明治憲法との比較において，決定的に異なるものへと変化した点に注意が必要となる。

　明治憲法の第1条は「大日本帝国ハ万世一系ノ天皇之ヲ統治ス」と定め，第4条で「天皇ハ国ノ元首ニシテ統治権ヲ総攬シ……」と，主権や国権と呼ばれる国土と国民を支配する権利総体としての統治権を行使する権限を，天皇が手にしていることを基本原理としていた。天皇が総攬者となる根拠は，「万世一系」の言葉に表されているように，天孫降臨の天祖神話における天照大神の大詔（神勅）に基づく。天祖神話に基づく国家体制（国体）を体現したものが明治憲法であった。この点は，告文や，「国家統治ノ大権ハ朕カ之ヲ祖宗ニ承ケテ之ヲ子孫ニ伝フル所ナリ」との上諭（明治憲法発布の勅語）に明示されており，天皇の存在は天壌無窮であるとされ，「天皇ハ神聖ニシテ侵スヘカラス（3条）」と天皇の無答責を定めた文言も，天皇は神聖なる現人神（現御神）で

あることを述べた天祖神話（国体思想）を具体化する規定であるとの理解へと結びつくほどであった。当時の軍学校などでも広く用いられていた上杉愼吉の『帝国憲法逐条講義』（日本評論社，1935年）には，「我が国体は天祖の建国と共に確立し，……天祖が瑞穂国是吾子孫可王之地宜爾皇孫就而治焉とのたまひし，その時に大日本帝国が建設されたのであり……」と古来より伝わる神勅に基づく国体思想を明文化したものが帝国憲法であると論じ，天皇は即国家であり，臣民には絶対服従の義務があると説いていた。

　神勅主義の立場に立つ上杉は，「萬世一系と云へるは，……肉体的に天祖一系の御子孫にましますのみではなく，精神的に，天祖今も在りますが如く，天祖の霊を我が霊となしたまひ，現人神として統治しまふのである」と天祖神話を最高の道徳と掲げ，帝国の誕生を中興の一盛事と仰ぐべきと帝国憲法を読む者に説いていたのである。

　神勅主義に基づく憲法観は，戦争を遂行する精神論へと結実する。そして，その精神は，現人神としての主権者天皇への懐疑的見解を排斥する国体明徴声明（昭和10年）を呼び起こし，総力戦を遂行するために国家のすべての資源（個人の生命・身体・財産をはじめ多様な資源）を政府が統制運用できると定めた国家総動員法（昭和13年），「国体ヲ変革スルコトヲ目的トシテ結社ヲ組織シタル者又ハ結社ノ役員其ノ他指導者タル任務ニ従事シタル者ハ死刑又ハ無期若ハ五年以上ノ懲役若ハ禁錮」と定めた治安維持法（昭和16年）の制定へと至る。神勅を体現する帝国を支えてきた人々にとってみれば，敗戦・無条件降伏・国体の変更を正面から受け止めることは極めて困難なことであった。その結果，憲法に基づく客観思考と衝突する感情に突き動かされた熱情が復活する。すなわち，天皇が日本民族・日本社会の中心であったとする社会史的・文化史的な事情こそを「国体」として観念し，その意味での「国体」は今も護持されているとする主張である。これは，敗戦によって傷ついた兵士の情愛を慰謝するには格好の主張であった。しかし，法的意味における国体の変更を否定することは不可能であった。天皇への崇敬に基づく神勅国体思想に対して，日本国憲法は，前文と1条に国民主権を掲げ，天皇が位置する象徴という地位の根拠が，神話に基づく神勅から，主権者である国民の総意に転換したことを宣言した。

これは，法の支配と民主制度に基づく近代国家誕生の宣言であった。

国民主権国家の誕生である。とはいえ今日にも繋がる日本の市民宗教とでも呼ぶべき天皇を神と崇める宗教観（天皇教・横田）からの脱却は容易ではなく，国民が主権者となる立憲国家（立憲的意味の憲法）へと人々の価値観を転換させていくことには非常に大きな心的負担を課したものであったといえよう。

現在でも明治憲法を懐かしむ政治家や研究者が存在するほどに宗教と国家原理の分断は容易ではなかったのである。そして，この強固なる結びつきを予想していたからこそ，日本国憲法は，国民主権を掲げ，国教樹立を禁じる政教分離原則を明文化し，宗教国家からの脱却を目指してきたのである。第1条が掲げた基本原理の転換は，天祖を神と崇め帝国を支えた臣民にとっては国家の基本原理が180度転換したことを示していたのであり（註解），革命的転換と呼べば聞こえはいいが，到底受け入れることのできない価値観（国体）の大転換であったといえるのである。

（2）日本国民統合の象徴

日本国憲法の誕生により，古来より受け継がれてきた国体が消滅したのかが強い議論の的となった。国体とは，上杉によれば，神勅国家そのものを意味するが，明治憲法時代の憲法学は，主権の所在により明らかとなる国家体制の別を国体と呼び，主権の行使の態様によって明らかとなる国家体制の別を政体と呼び区別していた。国体は，主権が君主にあるのか国民にあるのかにより君主国体と共和国体に区分され，政体は，主権が権力分立によって行使されるのかにより立憲政体と専制政体に区別されるとされていた。この分類に基づき，国家の本質は主権の所在にあるとして，政体が変わる程度は許容されるが，主権の所在が変わること，すなわち，国体が変更することは決して許されないと説き天皇主権原理の天壌無窮性を強調していた。しかし，この意味での国体は，国民主権に立脚する日本国憲法の下で変わったとみるべきことは極めて明らかであった（宮沢・8月革命説）。

国家の基本原理が大きく転換したことを宣言した1条は，象徴天皇の原則的な在り方を示す総則的規定として，第一章「天皇」の諸規定を解釈するにあたっての基準となるべき重要な規定となった。そこで，国民主権に基づく1条

の法的意味を読み解くために，まず，象徴という言葉そのものの意味を確認する必要がある。

　象徴とは，具体的な有形物に備わる情報の伝達機能を意味すると同時に，その機能を備えた有形物自体も指す語となる。人にある特定の観念を想起させ，感得させようとするとき，その観念を示す有形物を指して，我々は，その観念の象徴（symbol）と理解している。そして，この具体的な有形物と無形の観念との間に発生する特定の指示関係を象徴作用と呼んでいる。この象徴作用を備えた有形物の典型が「言葉」である。例えば，「あ・い」という音から「愛」の意を想像し感得する場面がそれである。もっとも，この象徴作用は，多くの人々の心理に依拠するところが大きい社会的事実作用であるため，その社会により，また，その時代によって指示する物と指示される観念との組合せに変化が生まれることとなる。

　例えば，現在，平和という観念を想起させる象徴として鳩があげられるが，象徴の関係は，社会と時代の条件が異なれば全く別の指示関係となる可能性を持っている。例えば「9」という数字が象徴する観念がそれである。また観念の象徴に何を位置づけるべきかと問い直した場合には，その有形物が必ずしも適切な象徴となるとは限らず，場合によっては，選ばれた象徴自身に備わる文脈によって，本来とは全く異なる観念を想起させることもあり得る。例えば，平和の象徴に十字架を位置付けたとしても，十字架それ自体に備わる意味作用から，平和以外の宗教も象徴するものと機能するといった場合がそれである。

　昭和から平成そして令和へと時代と社会が変化した今日，憲法1条に定められた象徴が指し示している「日本国」・「日本国民統合」という法的観念が何であるのかを再認識することは重要である。それは，憲法が掲げた原理的価値である国民主権，基本的人権の尊重，平和主義を意味し，それに基づく社会契約を文言化した日本国憲法に基づく国家なのであり，憲法尊重擁護義務（99条）をはじめ最高法規の下に恣意的権力を抑制する立憲主義に基づく法の支配を実現する国家であることを意識しなければならない。もちろん，その契約の善し悪しの評価は諸個人の思想及び良心の自由に委ねられている。しかし，「日本国」が個人の尊厳に基づく国民主権を掲げ，基本的人権を尊重するための仕組

みを実現するために権力を分立し，民主的過程による熟議を通じ暴力によらず平和的に物事を解決していく国家構想（前文）を掲げた「国」として法的に組織されるに至ったことを見落としてはならず，「日本国民統合」の象徴が個人の自由に立脚する国民主権という観念を象徴するためのものということを忘れてはならない。

（3）象徴と代表の相違点

　以上のように，象徴とは，本来的には繋がりのない異質なものとの間に成り立つ指示関係を意味する概念なのである。この点で，象徴に備わる指示関係が法的意味での代表関係とは全く異なる点にも注意が必要である。一般に，代表は同質なものとの間に成り立つもので，ある一つのものが全体の特徴や性質などをよく表している場合にそれを代表と理解する。例えば，鷹は猛禽類の代表である。また，法的分野における代表関係は，その代表となる者の行為が法的に被代表者の行為とみなされるのに対し，象徴作用にはそのような法的効果は一切生じない。象徴作用には，議会と国民との間における様な政治的代表としての法的関係も生じない。

　以上のことを憲法の条文にあてはめると，1条は，天皇という具体的な存在が日本国及び日本国民統合という無形の観念を指示する象徴という地位にあることを定め，象徴である天皇を目にした多くの国民が，日本国・日本国民統合といった無形の観念（基本的人権・個人の自由の尊重）を想起・感得することを期待した規定であるということになる。もっとも，1条が天皇を象徴と規定したからといって，日本国・日本国民統合の意味が天皇自身に備わる文脈に固定化されてはならない。天皇が象徴であるからといって，象徴が指し示す観念に統合するように働きかける法的権限や義務が発生するものでもない（鵜飼）。天皇から何を感じ取るのかは主権者の心に委ねられる。したがって，1条が天皇を象徴と規定したことは，天皇という存在が，たとえ伝統的・文化的に特定の文脈（天孫降臨神話）を意識させる存在であったとしても，憲法に拘束される公的場面においては非権力的な日本国憲法の基本原理を象徴する存在として取り扱われなければならないことを意味するのである（清宮）。

　この点で，明治憲法との比較において，1条が，伝統的なる天皇像に備わる

象徴作用という社会的事実を憲法に制度化したものではなく，天皇が位置する象徴という地位に対し，憲法原理と矛盾することのない非権力的・非政治的地位にとどまっているという規範的要求を含む規定としたものといえるのである。

そこで，1条の法的意味は，天皇は，「専ら日本国という不可視的な存在をその一身において，国民に想起，感得させるという消極的役割を担うものなのであって，国の政治の動向に影響を及ぼすような行為は一切行ってはならないし，また，国民も，かかる政治的行為を天皇に要請してはならないこととなる。日本国の在り方は国民のみによって決せられ，天皇はその決定に参与すべきではない。天皇の役割は国民によって決められてゆく，その時々の日本国を，そのままその一身において具象化することにつきる」という規範を定めた規定である（清宮）と解される。

なお，憲法は天皇を「日本国の象徴」と「日本国民統合の象徴」という二つの象徴と規定しているが，日本国は日本国民の統合体に他ならないので二つを異なるものと位置づける必要性は無い（美濃部）。両者は同一の意味を持つものとみて差し支えない。あえて，両者を別けるとするならば，「日本国の象徴」とは領土その他の物的要素，例えば，桜や富士山や建造物に着目し，いわば物的に考えられる日本の風景の象徴を意味し，「日本国民統合の象徴」とは国民の結合という人的要素に着目し，例えば，社会契約の契約書とでも呼ぶべき憲法の原理により導かれる日本国の象徴を意味するとする区別（宮沢）や，その機能から，「日本国の象徴」は主として対外的に日本国の存在を確認する上での機能を持ち，「日本国民統合の象徴」は主として対内的に国民統合の姿を各人に意識させる上での機能を持つ（清宮）と，用語の特質を強調する分類が可能ではあるがいずれにせよ，象徴という地位を非権力的な地位とした1条の法的意味が変わるものではない（芦部）。

2　象徴という地位と君主・元首の関係

（1）象徴の非権力性

象徴となった天皇が「国政に関する権能」を持たないと規定されていること

は（4条），象徴としての機能的側面を解釈する場合に重要な意味を持ってくる。端的に述べれば，それは象徴という地位を非権力的に解釈しなければならないことを意味する。そこで，明治憲法体制では統治権を総攬する元首としての役割を一身に背負っていた天皇の地位が，象徴という新たな地位へと変更したことにより，その地位に就く人間天皇の歴史的君主性・元首性がどのように変化したと理解すべきかが憲法解釈上の問題となる。

（2）君　主

近代の国法学は，共和制と君主制について，①単一人で構成する機関（独任機関）であること，②その地位が世襲であること，③地位に伝統的権威が伴うこと，④一定の統治権を持つこと，⑤象徴的機能が認められること，⑥対外的に国家を代表すること，⑦その行為について責任を負わないことなど，これまでの諸国の君主にみられた歴史的事実を指標に，これらを併せ持つ存在を君主と定義し，こうした君主を有する国を君主制，そうでない国家体制を共和制と分類している。

明治憲法時代の天皇については，「大日本帝国ハ万世一系ノ天皇之ヲ統治ス（1条）」，「天皇ハ神聖ニシテ侵スヘカラス（3条）」，「天皇ハ国ノ元首ニシテ統治権ヲ総攬シ……（4条）」と，君主の条件である①～⑦までの内容が憲法に規定されており，天皇が君主であり，大日本帝国の国家体制が君主制であることは明らかであった。これに対して，天皇主権から国民主権へと変貌を遂げた現行憲法上の日本についてはどう考えるべきであろうか。君主の条件①～⑦までを見た場合，皇位が世襲であり，日本国の象徴であり，国事行為について責任を負わないこと（1・2・3条），また，社会的事実として天皇が神道における伝統的宗教権威の象徴として祀られていることを併せれば君主の条件を満たした存在であるという理解も成り立つように思える。しかし，君主の条件の中でも最も重要な条件④一定の統治権（主権）を有しているのか否かという点によって，もはや天皇を君主と呼ぶことは法的にも社会的にも適当とはいえないのである。このように日本国憲法の下では天皇は君主とはいえず，君主を持たない現行憲法下の日本は共和制，より正確に民主共和制に属するといえるのである。

（3）元　首

　君主と同様に，日本国憲法の下で天皇を元首と呼べるのかも問題となる。もともと，元首（Staatsoberhaupt, head of a state）という語は国家有機体説に由来するもので，現在では，一般に，対内的には統治権の一部を有し対外的には国家を代表する地位，具体的には条約締結権を含む外交処理権を有する地位を元首と呼んでいる。したがって，単に象徴と位置づけられ，「国政に関する権能」を一切持たず，国家の代表でもない天皇を元首と呼ぶことは法的に非常に難しくなる。現行憲法の下では元首に該当する機関は内閣と解すべきとなる。上記の④と⑥を併せ持つ内閣は行政権の主体であり（65条），特に外交処理権や条約締結権を有し日本国を代表する（73条2号・3号）機関である。合議体である内閣を元首と呼ぶことが適当でないとするならば，内閣総理大臣が現在の日本の元首といってよいであろう。もっとも，元首と呼べるからといって，憲法を超えた権限・法的効果が発生することはない。

3　象徴と皇位の継承

　憲法2条は，象徴に位置するとされた皇位の継承（これまでの天皇に代わり，新しい天皇がその地位に就くこと）について「皇位は，世襲のものであって，国会の議決した皇室典範の定めるところにより，これを継承する」とし，継承原因・継承資格・継承順位などの詳細は，皇室典範という名の法律によって定めるとしている。

　皇位の継承について，世襲の原則のみを憲法に定め，その詳細は皇室典範に定めるという手法は明治憲法時代とあまり変わらない。しかし，旧皇室典範は明治憲法と並ぶ不磨の大典と位置づけられ，国民はもちろん議会の関与も許されない皇室の家法という特別な位置づけであった。これに対し，現行憲法は「国会の議決した皇室典範」と皇室典範が純然たる法律であることを明示し，違憲立法審査の対象としている。この点で，法律の名称を変更せずに皇室典範という名称を継続していた点は，明治憲法時代からの違いを見落とす恐れもあったとして不適切であったとする見解もある（清宮）。

　皇室典範の定めによれば，現在「皇位は，皇統に属する男系の男子が，これ

を継承する」（典範1条）と，継承資格を皇族の男系男子に限定し，その継承順位については直系・長系優先主義をとっている（典範2条）。また継承の時期については「天皇が崩じたときは，皇嗣が，直ちに即位する（典範4条）」とし，天皇の死を唯一の皇位継承の原因と定めている。従来，天皇が生前に自らの退位（生前退位・代替わり）を申し出ることは認められてはこなかった。しかし現在は特例法により可能となっている。

　現在の皇室典範によれば，女性天皇（女帝）を置くことは認められていない。この点，14条が保障する平等権や自らの進退における自己決定権（13条）の観点から皇室典範に対する批判や改正の意見が出されている。

　こうした批判や意見のうち，女帝については，象徴天皇制度が平等原則とはなじまない世襲制を採用しているのであるから，そもそも天皇制度は平等原則の例外として理解され得るという見解もある（野中）。「ただし，憲法上は女帝が許されないものとされているのではないから，皇室典範を改正して女帝を認めることは可能である。」（佐藤功『憲法（上）』〔新版〕48頁）。

　女帝にしても生前退位にしても，それを認めるのに憲法改正の必要はなく，皇室典範の改正という法律の改正手続，あるいは特別措置法（特例法）の制定で行うことができる（ただし，女帝については，世襲の解釈につき憲法改正が必要との意見もある）。なお，生前退位については，当時の天皇がそのような意向を持っていたとの理由から具体的な議論や検討が開始され，平成29年6月9日に「天皇の退位等に関する皇室典範特例法」が成立した。しかし，むしろ，そのような意向が示されれば法律が出来上がるという現実の仕組みに対し，「国政に関する権能」の実質化を否定し，そのような政治的運用を制限するために設けられた憲法尊重擁護義務の意義が今一度問われる。

4　摂政と臨時代行

　日本国憲法は生前退位を予定していなかった。そこで，現実問題として，例えば，高齢や心身の不調により天皇が国事行為（このことについては次に説明する）を行うことができない場面を想定し，条文を設けている。憲法は，4条2項で「天皇は，法律の定めるところにより，その国事に関する行為を委任する

ことができる」とし，5条で，「皇室典範の定めるところにより摂政を置くときは，摂政は，天皇の名でその国事に関する行為を行ふ」としている。

　4条にいう法律とは，「国事行為の臨時代行に関する法律」のことで，同2条は「天皇は，精神若しくは身体の疾患又は事故があるときは，摂政を置くべき場合を除き，内閣の助言と承認により，国事に関する行為を皇室典範（昭和二十二年法律第三号）第十七条の規定により摂政となる順位にあたる皇族に委任して臨時に代行させることができる」としている。代行が委任される行為は象徴天皇が行い得る国事行為で，臨時代行が必要とされる場面は，天皇の長期の病気療養（摂政を置く程度に至らないもの）や海外旅行などが考えられるが，いずれにせよ内閣の助言と承認が必要となる。

　臨時の代行を置く程度にとどまらない事態が生じたときは摂政が置かれる。もちろん，摂政自体は天皇ではないから，「象徴」としての役割は行えない（このことは臨時代行の場合も当然同様である）。

　摂政とは何かについて憲法は特段の定めを置いていないが，摂政とは天皇の法定代理機関の名称であると理解される。皇室典範の定めによれば，摂政は①天皇が成年（18歳）に達していないとき（典範16条1項，22条）と，②天皇の精神や身体に重患または重大な事故があり自ら国事行為をすることができないとき（典範16条2項）に限って設けられる。重患又は重大事故にあるのかは皇室会議によって認定され，摂政の就任順位は皇室典範17条に定めがある。

　摂政の行為は，天皇の名で行われる国事行為となるから，第3条「天皇の国事に関するすべての行為には，内閣の助言と承認を必要とし，内閣が，その責任を負ふ」により無答責となる。また，第5条が「……摂政を置くときは，……前条第一項の規定を準用する」と念を押しているように，摂政も「国政に関する権能を有しない」。なお，摂政は在任中は訴追されず（典範21条），このことから当然に天皇も同様と解される。

第Ⅱ部　統治機構

Ⅱ　天皇の権能

1　国事行為
（1）国政に関する行為

　憲法4条は天皇の権能に関し「憲法の定める国事に関する行為」と「国政に関する権能」とを対比的に示している。その区分を文言の意味からだけで導こうとすることは容易ではないが，憲法原理に基づき解釈することにより，本条の「国事に関する行為（国事行為）」の意義を読み解くことができる。

　無条件降伏文書となるポツダム宣言を受け，明治憲法時代の天皇大権を完全に否定する機能を担うこととなった4条は，「国政に関する権能」を有しない象徴天皇は憲法が定めた「国事に関する行為」しか行うことができないと定めている。この「国政に関する権能」とは，広く政治や統治に関する権限と権利を主張し行使できる能力を意味する。その点で広範な人権を含んでいる。つまり，4条の趣旨は，3条の「内閣の助言と承認を必要とし」とする文言と相まって，天皇という位に就く人物が，単独の意思によって行動することを禁じ，天皇という地位に基づく行動のすべては内閣の意志に基づくべきとすることを要求する趣旨となっている。この様に解釈すると，4条の国事行為とは「自己の決定にもとづいてする行為ではなくて，他の国家機関（内閣の・内閣総理大臣または国会）によって決定された行為に儀礼的・名目的に参加する行為を意味する（宮沢）」となり，反対に，「国政に関する権能」の意は広く，政治的動物である人間を本位とする政治的自己決定を可能とするすべての権限と能力を指す。そして，象徴天皇の非権力性を際立たせるため，法の支配により権能が停止するという理解に達する。さらに，4条で，天皇が行い得る国事行為が，7条をはじめ憲法が定めた行為に限定されていることを念押しすることで，国事行為の範囲が拡張することがないよう規定している。このような解釈はもちろん，象徴としての行為についても当てはまる。

（2）任命権（6条）

　象徴天皇が行い得る国事行為を具体的に記しているのが6条と7条である

(その外に4条2項に基づき天皇が国事行為を委任する行為も国事行為に数えるのが通説であるが，国事行為そのものと国事行為を委任する行為とを同視することは適切ではない)。まず，6条1項で「国会の指名に基いて，内閣総理大臣を任命する」とし，2項で「内閣の指名に基いて，最高裁判所の長たる裁判官を任命する」としている。ここで「任命」という語を使っているが，誰を総理大臣に指名するかを決定するかは国会に委ねられた政治権能であり，天皇は，ただその決定を儀礼的に外部に表示するだけで，なんら実質的な任命の意味を持たず，まったくの儀礼的な行為をするにすぎない。最高裁長官の任命の場合も同様である。なお，任命の方式については別段の定めはないが，先例によれば，辞令の交付によって行われ，天皇の前で辞令を交付する儀式（親任式と呼ばれる）が行われる。もっとも，こうした儀式の有無は任命の効力に影響しない。

(3) 国事行為（7条）

天皇が行い得る国事行為について7条は，「天皇は，内閣の助言と承認により，国民のために，左の国事に関する行為を行ふ」とし，10の行為を列挙している。列挙された行為自体を見れば，公布，召集，解散など，法令用語としては，必ずしも単に儀礼的・名目的な行為を意味するものではなく，高度な政治的意思決定を伴う行為が列挙されているように見える。しかし，ここで重ねて，「内閣の助言と承認により」との文言をあげ，本条に列挙する国事行為を実質的に決定するものは内閣であることを明らかにしている。したがって，例えば，天皇が内閣の助言と承認により法律を公布するとは，内閣が，いかなる法律を，いつ，どういう方法で公布すべきかを決定し，天皇はそれをそのまま天皇の行為として行うことを意味し，天皇が内閣の助言と承認により国会を召集するとは，内閣が国会の召集を決定し，天皇がこれに天皇の行為たる形式を与えることを意味する。すなわち，天皇が行い得る一連の国事行為のうちで，内閣が実質的に決定する政治的部分を除いた儀礼的・名目的部分が真に天皇の行い得る行為となるのである。それが，「国事行為」なのである。「衆議院を解散すること」についていえば，衆議院の解散をすべきか否かを実質的に決定することは「国政に関する権能」であり，天皇のなし得るところではない。決定された解散を形式的に外部に表明する行為が天皇の行う国事に関する行為な

のである。

2　内閣の助言と承認

(1)「助言と承認」

憲法3条は,「天皇の国事に関するすべての行為には,内閣の助言と承認を必要とし,内閣が,その責任を負ふ」と定め,7条も「内閣の助言と承認」の必要性を強調している。この「助言と承認」は内閣(閣議)が行うものであり,個々の国務大臣が単独で行うものでも内閣総理大臣のみ(例外として7条5号の新内閣総理大臣が任命した国務大臣の認証についての助言と承認は,事柄の性質上内閣総理大臣のみによって行われる)が単独で行うものでもない。また,天皇の発意を内閣が応諾する形での閣議は認められない(この点で,「象徴としてのお務めについての天皇陛下のおことば(平成28年8月8日)」の憲法学的評価が分かれる)。

天皇は,形式的・儀礼的・名目的な行為である国事行為についても自らの発意では行えず,ただただ内閣の求めがある場合に限って,しかも求められたとおりに国事行為を行わなければならないこととなる。こうして,天皇は,まず政治に関する実質的な権能が認められないという制約を受け,次いで一つだけ残された形式的・儀礼的・名目的な行為である国事行為を行う権能についても,自由な行使は許されず,内閣の求めに従って行使せねばならぬという制限を受けるのである。天皇の権能はいわば二重に制限されているのである。いかに憲法が,用心深く天皇の政治に関する権能に対する制限の徹底を図っているのかが分かる。

(2) 国事行為の実質的決定権

「助言と承認」に関する次なる課題は,国事行為の実質的な決定権を有する機関はどこかである。このことについては「助言と承認」を行う内閣に実質的な決定権が与えられているとする説と,そこまでの決定権は含まれていないとする説があるが,後者であれば,実質的な決定権の所在は個別に検討されることとなる。例えば,国事行為のうち,内閣総理大臣の任命は国会の指名(6条1項・67条1項),最高裁判所長官の任命は内閣の指名(6条2項),公布のうち法律は両院の可決(59条1項),憲法改正は国民投票(96条),政令及び外交関係

は内閣（73条2号・4号・6号），条約は内閣と国会（73条3号），国務大臣の任免は，内閣総理大臣（68条）に実質的な決定権が与えられていると解される。ところで，国会の召集（7条2号），特に衆議院の解散（同3号）の場合，その実質的決定権は誰が手にするのであろう。この場合は，内閣の「助言と承認」を行う前提として行為の実質的決定を行っても，その結果としての国家の行為が条文上明確には記されていない。そこで，このような国家作用における実質的な決定権を有する機関がどこなのかが問題となるのであるが，大別して次の二つの考えに分かれる（芦部）。

衆議院の解散（7条3号）を例にとっていうと，第一は内閣の「助言と承認」が実質的な決定権を含む場合もあるとする見解である。この立場は，内閣が「助言と承認」を行う前提として行為の実質的決定を行っても，その結果としての天皇の国事行為が儀礼的・名目的なものとなるのであれば何ら憲法の精神に反することはないと主張する。そこから，憲法7条3号の衆議院の解散という国事行為に対する「内閣の助言と承認」を根拠とし，内閣（閣議）に実質的な解散権が認められるとする説（7条説）が有力である。

第二は，「内閣の助言と承認」には国事行為の実質的な決定権までは含まれていないとする立場で，いかなる機関が衆議院の解散を実質的に決定するかの根拠は7条以外の条項に示されているとする。この立場は，さらに憲法69条を根拠に，内閣は衆議院の内閣不信任決議が可決された場合に限り衆議院を解散できるとする説（69条説）と，権力分立制・議院内閣制を採用している憲法の全体的な構造を根拠に，不信任決議とは関わりなく内閣の自由な解散権を認める説（制度説）に分かれる（なお解散権の行使を行政作用とし，65条により行政権を有する内閣が解散権を持つという65条説もある）。

3　国事行為以外の行為

憲法によって国事行為のみを行い得ると定められた天皇ではあるが，人間としての行動までもが禁じられているわけではない。天皇は，象徴天皇制度という枠組みの中で，個人的な趣味娯楽活動や学問研究活動などの私的行為を行うことができる。ところが，現在では，こうした私的行為ではないが，かといっ

て，6条・7条の定める国事行為ともいえない行為をかなりの範囲で行っている。これらの行為は，一般に「公的行為」，最近は「ご公務」などと称されている。例を挙げれば，外国元首との親書・親電の交換，外国公式訪問，外国の国家儀礼への参列，国会開会式への出席とお言葉の朗読，国内巡幸，謁見，大臣などから職務についての報告や説明を受ける内奏などがある（横田）。また，平成28年に発せられた象徴の地位や務めについての「お気持ち」の公式表明もその例といえよう。

このような天皇の公的行為の憲法適合性については，人間としての天皇が，憲法で象徴と定められたときから，象徴の地位にある人間が何らかの行為をすることは当然に想定されていたとして，天皇には国事行為を行う国家機関としての地位の他に，象徴としての地位と私人としての地位の三つの地位があるとし，公的行為は象徴としての地位に基づくと説く象徴行為説（清宮）や，天皇の公的行為を公人としての地位に伴う事実行為だとする公人行為説などがある。公人行為説は，国家機関として一定の国事行為を行う存在であるという意味において天皇を公人ととらえ，そのような公人に期待される社交的・儀礼的行為としての公的行為が認められると主張する（佐藤幸）。もっとも，公的行為が許されるのは地位に伴う社交上の行為となるから，7条の9号や10号の範囲を超えるような行為は許されない。また，儀礼的・名目的な国事行為については内閣の「助言と承認」によることとしている憲法の趣旨からすれば，社交上の行為とはいえ，私的行為（例えばコンサートを私費で聴きに行く行為）とはいえない公的行為（例えばコンサートを公費で聞きに行く行為）についても，内閣がコントロールすることが求められていることになる。いずれにせよ，「ご公務」なる音楽鑑賞や施設見学を公的行為として認める立場に立てば，憲法に記載のない天皇の「ご公務」は無限定に広がっていく可能性が高い。歴史的に天皇がお墨付きを下す機能を担ってきたことを考えれば，国教樹立を固く禁ずる政教分離原則との衝突の可能性は否定できない。この点で，天皇によるお墨付き文化（天皇を崇めずにはいられない天皇教とでも呼ぶべき市民宗教の存在）を容易に政治利用できる場面が益々広がるという危険性に注意しなければならない（横田）。

Ⅲ　皇室の経済

　明治憲法時代において，皇室は国会の支配から完全に独立し，莫大な財産を有する巨大な財閥であった（皇室経済自立主義）。しかし，戦後，その9割を財産税として国に徴収された。こうして，皇室財産は，そのほとんどが国庫に帰属し，身の回り品，宝石類，美術品，工芸品，貯金を除いては日本国憲法88条によりすべて国有財産とされた。憲法88条後段は「すべて皇室の経済は予算に計上して国会の議決を経なければならない」と定め，皇室経済に対する国会のコントロールが強化された。

　皇室経済法によれば，国会の議決を経なければならない皇室の費用は，内廷費，宮廷費，皇族費の三つである（皇経3条）。内廷費は天皇，皇后，上皇，上皇妃，皇太子，皇太子妃，内親王などの天皇一家（内廷）の日常経費や皇室の私的使用人の給与などの諸経費に充てられる。内廷費は宮内庁の経理する公金ではなく，御手元金という個人資産となる。所得税が課せられず，天皇一家が自由に使用することができる。具体的な支出を明らかとする必要はなく，会計検査院の検査もない。2023年度の予算は3億2,400万円となっている。皇族費は，皇族としての品位を保持するために充てられるもので，各宮家の皇族に対し，一人あたり3050万円の予算で年額支出される。この額は，皇族ごとの皇族費を算出する基礎となる額で（例えば，親王の妃は定額の2分の1），2023年度の皇族費の総額は，2億6,017万円となっている。皇族費も各皇族の御手元金となり，宮内庁が経理する公金とはならない（皇室経済法第6条，皇室経済法施行法第8条，天皇の退位等に関する皇室典範特例法附則第6条）。

　宮廷費は皇室の公的活動費である。国事行為である儀式はもちろん，国賓・公賓等の接遇，行幸啓，外国訪問など皇室が公的行為として行う活動等に必要となる経費，皇室用財産の管理に必要な経費，皇居等の施設の整備に必要な経費などが含まれる。2023年度は，61億2,386万円となっている。宮廷費は，宮内庁の経理する公金で，一般の国費と同様に財政法や会計法の適用を受け会計検査院の検査を受ける（皇経5条）。

第2章　平和主義——憲法9条

序　日本国憲法の平和主義

　世界の歴史の中で，戦争が行われていない時代はほとんどなかったといってよい。しかし，近代以降は，戦争のない状態を作り出す，平和を実現するという動きが主流になっており，特に二つの世界大戦を経た現在では，戦争は，以前よりも起こりにくい環境になっているともいえる。国際社会は，1928年のパリ不戦条約の締結によって侵略戦争が違法であることを確認した。また，1945年の国際連合憲章において示された国連を中心とする集団安全保障体制では，加盟国に対し，国際問題の解決に武力を用いることを可能なかぎり回避するよう求めるなど，戦争を廃絶するシステムの構築のための努力がなされている。

　ただ，国際社会がすべての戦争を廃絶し得たというわけではない。やむを得ない手段としての自衛戦争は認められている。そして，軍隊を保持している以上は，戦争に至らないまでも，局地的・偶発的に起こる武力衝突の可能性は否定できない。さらに近年では，国家ではない集団によるテロリズムの脅威に対し，軍事力をもって対抗することもあり得る。また国連に関しても，常任理事国が関わる問題に対してはうまく機能できないなどの点が指摘されている。国際社会は，平和を希求しながらも，「戦争」ともある程度共存せざるを得ない状況にあるといってよい。

　また，国際社会における平和の希求が，人権思想の発展と関連していることにも留意しておかねばならない。戦争状態では，様々な形で国民の生命・身体・財産が危機に晒される。戦争という手段が，いかなる目的を持つものであるとしても，最も重要な価値である国民の権利の犠牲の上でしか成り立たないことは自明である。平和があってこそ国民の権利は保障される。このことは，平和とは何かを考える上で欠かせない要素である。

　日本国憲法の平和主義は，第二次世界大戦終結時の国際社会における戦争廃

絶の動きを前提とし，日本国民の平和への希求を反映させている。日本国民は，前文において，「政府の行為によつて再び戦争の惨禍が起ることのないやうにすることを決意」して憲法を確定したと記されている。また，「平和を愛する諸国民の公正と信義に信頼して，われらの安全と生存を保持しようと決意」しており，これは平和外交，国連中心の安全保障を意図していると解される。さらに，「平和を維持し，専制と隷従，圧迫と偏狭を地上から永遠に除去しようと努めてゐる国際社会において，名誉ある地位を占めたいと思ふ」として，日本のみならず世界の平和に対して積極的な行動をとるという要請も示されている。憲法9条は，国際社会における平和の希求よりもさらに理想的な形の平和主義を具現化するものであるといえよう。

　そもそも，戦争の廃絶，平和の実現については方法が一つではなく選択肢は多様だが，9条が何を意味しているのかということについては，上記のような平和主義の趣旨を汲むものでなければならないことはいうまでもない。

I　9条の解釈

1　学説の9条解釈

　憲法9条1項の「戦争の放棄」，2項の「戦力の不保持」と「交戦権の否認」は，日本国憲法の平和主義と国家の安全保障に関して憲法9条が提示する具体的な内容である。

（1）戦争の放棄

　9条は「戦争の放棄」を規定するが，ここで放棄される戦争とはいかなるものであろうか。一般に，「戦争」とは，主権国家同士によって，開始時の宣戦布告や終了時の講和条約などの手続を経るなどの国際法のルールの下で行われるものだとされる。国際法は，主権国家が戦争という手段に訴えること自体を禁止していない。ただ，現在の国際法は侵略戦争を違法とし，紛争を解決する目的で戦争という手段に訴えることは認めていない。こう考えれば，現代では，国際法上の「戦争」は非常に限定的ともいえる。ただ，これで国家・国民にとっての脅威が取り除かれたというわけではない。国際法のルールを遵守し

ない，戦争に至らない「武力の行使」は，実態としては同じである。また，戦闘行為を伴わなくても，武力を背景として他国に対し一方的な要求を行うといった「武力による威嚇」は不合理であり，戦闘行為に発展する可能性もある。これらのことから，「戦争」に至らない「武力の行使」，「武力による威嚇」に対しても慎重でなければならないことは，国際社会の共通認識ともなっている（国際連合憲章第6章）。これらを踏まえた上で，9条1項は「戦争」とともに「武力の行使」と，「武力による威嚇」を挙げ，それらを「永久に放棄」すると宣言しているのである。

　しかし，9条で示される「戦争」が国際法の理解と同じであるかについては解釈の対立がある。9条では，放棄される「戦争」に対して，「国際紛争を解決する手段としては」という限定が付けられている。ここでの問題は，侵略戦争のみを否定し自衛戦争を許容する不戦条約にも同様の文言が置かれているところで，これをどのように理解するかということである。ひとつには，この限定にこだわることなく，（ア）9条1項はあらゆる形態の「戦争」を放棄している，という「全面放棄説」があり，有力に主張される。これは，侵略戦争と自衛のための戦争の区別が実際には困難であること，戦争の多くが実際には自衛の名目で行われており，その反省の上で成立した日本国憲法が，国際法の一般的な解釈を確認する程度の理解ではあり得ないとするのである。

　これに対し，9条の「戦争」の把握を国際法の解釈にならい，（イ）9条1項が放棄するのは侵略戦争であり自衛のための戦争は放棄していないと理解する「限定放棄説」が主張される。これが学説における多数説である。また，「限定放棄説」については，9条2項の解釈とも関連してさらなる考察を必要とする。2項前段には「前項の目的を達するため，陸海空軍その他の戦力は，これを保持しない」とあるが，この「前項の目的」が何を指すかというところでさらに考え方が分かれるのである。

　「前項の目的」を，前文にある「恒久平和の実現」という日本国憲法が戦争を放棄するに至った動機一般を指すと解釈すれば，侵略戦争・自衛戦争の区別なく一切の戦力を保持することができないということになる。すなわち，（ウ）日本国憲法はあらゆる戦力の保持を禁止しており，それゆえ実際には自衛のた

めの戦争は遂行できず，結果的にすべての戦争が放棄されたと解さざるを得ない，という「遂行不能説」が主張され，これが通説的見解となっている。

これに対し，「前項の目的」を「侵略戦争放棄という目的」と解釈し，自衛のための戦力の保持，自衛戦争は可能であると主張する説もある。これは，国際社会一般の「戦争」の理解と同じであるが，①日本国憲法には，66条2項の文民条項以外に軍隊や戦争を予定した規定がないこと，②日本国憲法が国連による安全保障を基本的なものとして想定していると考えられること，③日本国憲法の掲げる格調の高い平和主義が国際法一般の理解と全く同じであるとは考えにくいこと，④戦争又は戦力そのものに関して実際上の区別が困難であること，⑤3項で交戦権を否認していること，などの点で疑問が向けられる。

(2) 戦力の不保持

9条2項は「戦力の不保持」を宣言する。ここでは，そもそも国家に固有の権利だとされる「自衛権」が日本国憲法においても認められるのか，またこれと関連して，日本国憲法が持たないとする「戦力」とは何かということが問題になるが，自衛隊の合憲性はこの解釈と大きく関わる。

(a) 日本国憲法と自衛権　自衛権とは，一般に，外国からの急迫不正な侵害に対して，国家が自国を防衛するためにやむを得ず行う実力行使についての権利である。国際法上許容される自衛戦争は，この自衛権に基づく。自衛権行使が正当化されるためには，まず，急迫不正の侵害が存在しているかどうか（違法性），そして侵害除去のために他の手段がないこと（必要性），行われた自衛のための実力行使が防衛又は侵害の除去のために必要最小限度のものであるかどうか（均衡性），という要件を満たしていることが必要だと考えられる。

自衛権は，通常，自国への侵害に対して行使されることが基本的な考え方となっている（個別的自衛権）。また国連憲章51条は，自国に対する侵害がなくとも，他国に対する侵害に対して，平和と安全に関する一般的利益に基づいて，協力ないし防衛行動を行う権利（集団的自衛権）を，国家固有の権利として認めている。日本においては，長らく集団的自衛権の行使を憲法違反としてきたが，政府は2014年に集団的自衛権行使容認を閣議決定した（本書196頁参照）。

この自衛権（ここではさし当たり個別的自衛権を指す）は，日本国憲法の平和主

義，憲法9条の規定の下で認められるのであろうか。平和主義，戦争放棄，戦力不保持を根拠とした自衛権放棄説も主張されるが少数である。多数説は日本国憲法が自衛権を放棄していないとする。すなわち，ここでの問題は，自衛権を行使する手段としての防衛力・自衛力が「戦力の不保持」の下で認められるのかどうかという点に絞られる。

(b) 「戦力」の意味するところ　「戦力」をどのように把握するか，ということは，日本が自衛権の行使に際してどのような手段を用いることができるかということである。「戦力」を最も幅広くとらえる立場は，「戦力」とは，戦争に利用可能な一切の潜在的能力であるとする。こう考えれば，軍事に利用可能な生産施設，航空機，船舶，港湾施設，技術開発，核戦力研究などの一切が含まれることになり，これは妥当ではない。通説は，「戦力」を，軍隊及び軍隊となり得る程度の実力部隊であるとする。すなわち，ここでいう「戦力」とは，外国の侵略に対して国土を防衛するという目的を持ち，また人員，組織，装備，訓練，予算などがその目的遂行にふさわしい内容を実質的に有する実力部隊であって，陸海空軍といった名称には特にこだわらないものである。自衛隊に関していえば，その実態に即して判断した場合，「戦力」に当たるといわざるを得ず，その違憲性が学説上強く指摘される（芦部）。政府は，「戦力」に関しては通説と同様に理解しているが，自衛隊については，「自衛のための必要最小限度の実力」であって，憲法の禁じる「戦力」には当たらないとしている（次の2，本書197頁を参照）。

(3) 交戦権の否認

交戦権とは，国際法的には，①「国の交戦者としての権利」，すなわち，相手国兵力の殺傷・破壊，相手国領土の攻撃・占領を行う権利，中立国の船舶を拿捕する権利など，交戦国が国際法上有する権利の総体，であるとされる。政府見解や有力説（芦部）はこれを採用する。

ただ，「戦争の放棄」の解釈として全面放棄説や遂行不能説を採用する場合，戦争そのものが行えない以上，①説ととらえそれを否定する意味はない。ここで交戦権とは，②「国が戦争を行う権利」そのもの，あるいは①はもちろんのこと②をも含んだ③「およそ戦争をする権利」だととらえる考え方が主張

されることになる。すなわちここでは「交戦権の否認」を，全面放棄説を確認するもの，又は遂行不能説と相まって戦争放棄の全面化を導くものだと理解するのである。

また，限定放棄説のうち自衛戦争が許容されると考える説の場合には，②，③説を採用することはできない。しかし，①説だとすれば，憲法が，自衛のための戦争自体は認めるものの，国際法上認められる交戦国の諸権利を放棄しているとすることは不可解であり，不合理でもある。また，交戦国の権利の中に傷病者・捕虜・文民の保護などを定めた国際人道法を含むとすれば，その放棄はさらに問題となろう。さらに，侵略戦争と自衛戦争における交戦権を分けられると考えることは，文面上も困難である。

2　政府の9条解釈

日本国政府の憲法9条の解釈については，自衛隊の合憲性，集団的自衛権の容認（本書196頁参照）の部分を除けば，学説における通説的解釈とそれほど距離はない。「戦争の放棄」は，侵略戦争の放棄と理解し，自衛のためのものであっても「戦力の保持」は禁止されるとしている。ただ，9条は主権国家に固有の「自衛権」まで放棄したわけではなく，「戦力」に至らない，「自衛のために必要な最小限度の実力」（自衛力）の保有は憲法に反しないと考えており，自衛隊はこれに当たると説明されるのである。

ここで問題になるのは，「戦力」と「必要最小限度の実力」の境界線である。政府は，それが国力・国際情勢，科学技術の進歩などに応じて変わる相対的なものであるため一概にはいえないとしている。具体的な自衛隊の装備に関しては，大陸間弾道ミサイル（ICBM）や航空母艦，長距離爆撃機など，明らかな侵略的又は壊滅的破壊能力を備えた装備でなければ「戦力」に当たらないとしている。ただ，他国の侵略に対抗し得る自衛のための一般的な装備を，他国への侵略に戦略的に用いることは可能であるため，実際の線引きは明確ではない。学説が自衛隊を違憲とする理由がここにあることは既に述べたが，政府は上記のように説明することで自衛隊を合憲としている。

「交戦権」に関しては，政府は国際法上の捉え方と同様の解釈を採用してい

る。日本は自衛権を有しており，その範囲での武力の行使は可能であり，それに必要な範囲で侵略国家の兵力を破壊・殺傷するなどの行為は認められることとなる。「交戦権の否認」はこれを超える部分で妥当するということである。

II　我が国の安全保障と自衛隊の海外活動

1　日本国憲法と国際連合による安全保障

　日本国憲法における平和主義は，国連を中心とした安全保障を前提としていると考えられる。ここでは，世界のほとんどの国家を包含した国連という組織において，それぞれが平和を追求し，平和を損なった国家に対しては他の加盟国による，場合によっては強制力を伴う制裁によって平和を実現するという集団安全保障体制が構築されている。これは国家単独や同盟関係に基づく安全保障とは異なるアプローチである。集団安全保障体制においては，国連軍などといった武力による制裁も想定されるが，より平和的な解決を促すPKO（Peace-keeping Operations：国連平和維持活動）も行われている。

　日本は，9条の解釈から，国連軍はもちろんのことPKOについても参加はできないとしてきた。しかし，1989年に冷戦が終結し，国際紛争解決にとっての国連の役割が重要視されるようになると，日本もこれらの活動への協力をすべきという主張が強くなった。1991年の湾岸戦争を経てこの声はさらに強まり，より積極的な国際貢献のためのいわゆるPKO協力法が1992年に成立した。自衛隊は，国際協力の名目で海外に派遣されることになったのである。PKOへの派遣は継続的に行われており，常態化しているといってよい。当初は武器使用を伴う活動については参加しないという判断が行われていたが，2001年に変更され現在は可能である。また，2006年の自衛隊法改正によって，付随的任務とされていた自衛隊のPKO参加が「本来任務」となった。

2　日米安全保障条約と自衛隊の活動領域の拡大

（1）日米安全保障条約に基づく安全保障

　日本の安全保障を考える上で，国連とともに大きな比重を占めてきたのが日

米安全保障条約に基づく安全保障である。第二次世界大戦の敗戦後、占領下にあった日本は、1952年のサンフランシスコ講和条約の発効によって主権を回復し、占領を終結させた。占領軍として日本に駐留していたアメリカ軍は、この時点でその駐留の理由を失ったが、講和条約と同時に締結された日米安全保障条約（旧安保条約）によって、引き続き日本に駐留することになった。日本は、主権を回復したものの武装を解除されているために自衛権を行使する手段を持たず、不足する安全保障の手段をアメリカ軍の駐留によって担保しようとしたのである。ただ旧安保条約は、実際には、日本への侵略に対するアメリカ軍の防衛義務はなく、日本の基地をアメリカ軍が使用することを定めるだけの片務性の強い不平等なものでもあった。

　1960年、新たに日米安全保障条約（新安保条約）が締結された。これは、日本の安全と極東の平和と安全の維持という目的のためにアメリカ軍の駐留を認めている点で旧安保条約を引き継いでいたが、アメリカ軍の日本防衛義務が明記されることで相互防衛体制を確立するものであった。そして、アメリカ軍の行動に関する日米の事前協議の枠組みが設けられるなど、旧安保条約の不平等性が是正されている。現在の日米安保体制の基盤はここで成立したといえる。この条約は1970年に最初の期限を迎えたが、破棄・改定されることなく自動延長し現在まで維持されている。その間、日米の協力体制については「日米防衛協力のための指針」（ガイドライン）という両政府間の合意に基づく文書によって詳細かつ具体的な内容を取り決め（1978年、1997年、2015年に日米間で了承されている）、必要に応じてその実効性を担保するための関連法を整備してきている。

（2）日米安全保障条約の問題①——安保条約と憲法

　日米安全保障条約については、日本の領域内にアメリカ軍が基地を有し、活動を行うことが憲法9条に違反するのではないかという点が指摘される。政府見解及び合憲説は、憲法9条が禁止する軍隊は、日本の指揮権の下にあるものであって、外国の軍隊はこれに当たらないと考えている。ただ、これに対しては、条約が駐留を認めている以上は日本が領域内の軍隊を許容しているということでもあり、9条に違反するのではないかという批判がある。

　そもそも、条約の対象区域は「日本国の施政の下にある領域」と定められて

いるものの，駐留目的の一つとして「極東における国際の平和及び安全の維持」が明記されている。この「極東」とは，日本政府の理解としても「大体において，フィリピン以北並びに日本及びその周辺の地域であって，韓国及び中華民国の支配下にある地域」（1960年の岸首相答弁）であり，日本の領域外を含んでいる。日本の領域外でのアメリカ軍の活動に際し，日本の基地が機能し，駐留アメリカ軍が活動するということは，上記合憲説を採用したとしても，日本が領域外の活動に結果的に関与していることにならないかという指摘がなされる。さらには，このような活動に関しては，日米間の事前の協議が行われるが，必ずしも日本の思惑どおりになるとはいえず，この場合，意図せぬ戦争に巻き込まれていくことになる危険性もある。

（3）日米安全保障条約の問題②——自衛隊の活動領域の拡大

また，さらに問題になるのは，相互防衛体制の下での日本の自衛隊の役割と活動領域の拡大である。安保条約はそもそも日本側の具体的な役割について定めていないが，それはガイドラインその他によって規定・拡大されてきた。

そもそもアメリカ軍の活動範囲となる「極東」は，前述のとおり，日本の領域外も含んでいる。1978年の最初のガイドラインでは，その範囲で，日本が旧ソ連から武力攻撃を受けた場合の共同対処などが合意されていた。しかしこれは，東西冷戦の終結により，新たな意味づけをする必要が生じた。さらには朝鮮民主主義人民共和国による危機（IAEA査察拒否，NPT脱退の意向表明）を経て，1996年4月の日米安全保障共同宣言によって条約の「再定義」が行われ，安保条約が，「アジア太平洋地域」の平和と安定的な繁栄の基礎をなすものであることが確認された。そして「日本周辺地域」において発生し得る事態に対して，日本はアメリカ軍の「後方支援」を積極的に行うことが了承された。そしてこれを受けて1997年に「新ガイドライン」が策定され，関連法として1999年に周辺事態法が制定されたのである。

この「周辺事態」とは，「日本周辺地域における事態で日本の平和と安全に重要な影響を与える場合」であると定義されている。何がこれに当たるかは事態の態様，規模等を総合的に勘案して日米両国が各々主体的に判断する。すなわちここで安保条約は，「極東」の枠を越えて運用されることになったのであ

る。日本の役割としての「後方支援」とは，武器弾薬を含まない物資の提供や後方地域における遭難兵士の捜索救助とされた。これによって自衛隊は，日本の領域外で活動することを求められるようになった。この「周辺事態」自体は，自衛権発動の要件を満たさないため，自衛隊が自衛権に基づく武力の行使を行うことは認められない。しかしアメリカ軍は，独自の判断で戦闘状態に入っていることも考えられる。ここで後方支援を行うことは，アメリカの戦闘行為と一体化した活動とみなされるおそれもある。このことは，当時の政府が否定していた集団的自衛権の行使にも繋がるのではないかという批判が向けられることにもなった（さらに（5）参照）。

（4）アメリカ軍等への協力

また2001年9月11日の世界同時多発テロを契機とした同年10月のいわゆるテロ対策特措法の制定においては，アメリカ軍との協力関係における自衛隊の活動のさらなる拡大をみた。派遣地域は公海及びその上空，受入国の同意を条件としたその国の領域とされ，戦闘地域以外ではあるが戦時における初の自衛隊の海外派遣が行われた。海上自衛隊の艦船がインド洋に派遣され，米艦船への洋上給油などを行ったのである。

さらに，2003年にアメリカがイラクに対し大量破壊兵器保有を理由として行った武力攻撃に際しては，これを支援するためにいわゆるイラク復興支援特措法が成立した。ここでの自衛隊の主な役割は，戦争後のイラクの国家再建のために，非戦闘地域においてイラク国民への人道・復興支援と，治安維持を行うアメリカ軍・イギリス軍の後方支援であった。ここで自衛隊は，戦闘地域と非戦闘地域の線引きがより困難な地上での活動を行うこととなった。

（5）有事関連立法

周辺事態法制定以降の自衛隊の活動範囲の拡大とともに，同時多発テロやイラク戦争などを背景に，武力攻撃などの有事を想定した法整備が進められた。2003年，武力攻撃事態法など有事関連三法が制定され，外国からの武力攻撃の際の政府の行動の理念，国と地方の役割，国民の協力のあり方，手続などが定められた。さらに2004年にはこれらを補完するための国民保護法など有事関連七法が制定されている。国民保護法は，外国からの武力攻撃の際の国民の生

命，財産の保護，国民生活への影響を最小化することを目的とするものである。ただ，武力攻撃の際には自衛隊の速やかな活動が不可欠であり，そのため，実質的にはこの法律も国民に負担及び制約を課すものであるという批判がある。

（6）集団的自衛権と平和安全法制，安全保障戦略の多方面化

2014年7月1日，政府は「国の存立を危うくし，国民を守るための切れ目ない安全保障法制の整備について」という閣議決定を発表し，従来認められないとしてきた政府の憲法解釈を変更し，集団的自衛権の行使を容認するとした。ここでは，憲法9条，自衛隊の合憲性に関する「従来の憲法解釈」に基づく自衛のための措置として，集団的自衛権の行使が認められるとしたのである。

そして翌年，これに対応するために整備されたのが平和安全法制である。武力攻撃事態法は事態対処法と改められ，①「我が国と密接な関係にある他国に対する武力攻撃が発生し，これにより我が国の存立が脅かされ，国民の生命，自由及び幸福追求の権利が根底から覆される明白な危険がある」事態（＝存立危機事態）において，②「これを排除し，我が国の存立を全うし，国民を守るために他に適当な手段がない」場合に，③「必要最小限度の実力行使にとどまる」範囲で，「武力の行使」すなわち集団的自衛権の行使が認められるとしている。「周辺事態」は，「我が国の平和及び安全に重要な影響を与える事態」＝「重要影響事態」と改められ，地理的概念にとらわれずにアメリカ軍や他の外国軍隊に対する支援も行えるようになった（重要影響事態安全確保法）。

PKO活動法の改正は，武器使用につき「自己防衛」から「妨害排除（任務遂行）」に拡大され，いわゆる「駆け付け警護」（国外の派遣先で活動する自衛隊の部隊が，武装集団に襲われるなど危険な状況にある国連やNGOの要員からの緊急の要請を受けて，離れた場所に駆け付け武器を用いて防護すること）が行えるようになった。そして，国連が統括しない，多国籍軍などによる人道復興支援や安全確保等の活動にも部分的に参加が可能になった。また，新たに制定された国際平和支援法は，特措法のようにその都度制定する必要なく，国際連合決議に基づき脅威を除去する活動を行っている諸外国の軍隊等に対する後方支援活動や捜索救助活動を行うために自衛隊を派遣することが可能になった。

その他，自衛隊によるアメリカ軍艦艇などの部隊の警護や緊急事態における邦人救出に武器を携行できるようになったことや，武器使用における基準の緩和が規定された。これらは自衛隊の，武器使用を伴う海外派遣をより行いやすくさせるものといえよう。

　また2022年12月には，「戦後，最も厳しく複雑な安全保障環境の中で」「防衛力の抜本的強化を行う」，としていわゆる防衛三文書の改定が行われた。これは，外交・防衛に加え経済安保，技術，サイバー，情報等の国家安全保障戦略に関連する幅広い分野の戦略的指針を示し，中長期的な防衛力の整備計画を企図するものである。ここでは，反撃能力（いわゆる敵基地攻撃能力）の保有も明記された。この反撃能力については，1956年の政府見解において「自衛の範囲に含まれ，可能である」とされていたがこれまで政策判断として保有するとしてこなかったものである，と説明されている。

　以上のような流れは，憲法上どのように評価すべきであろうか。そもそも自衛隊の存在を認めてきた政府見解，学説においても，日本国憲法の平和主義，9条の下では，「必要最小限度の実力」の保持，行使が限定的に認められてきたにすぎない。集団的自衛権の行使は，日本に対する侵略がない段階で行われるものであって，必要最小限度の実力行使を超えるものであると考えざるを得ない。反撃能力に関しても，専守防衛という前提を転換するものであるかどうか，そもそも「戦力」として「必要最小限度」の範囲内であるのかどうか，議論する余地は少なくない。これらについては，多くの学説から憲法に違反するとの主張があり，この点ではこれまでの平和主義，憲法9条の解釈と照らし合わせて評価していく必要があろう。

Ⅲ　9条をめぐる裁判

1　自衛隊の合憲性に関する裁判と憲法9条，平和的生存権

　自衛隊に関しては，まずその前身である警察予備隊の違憲性が問われたが（最大判昭和27・10・8〔警察予備隊違憲訴訟〕），ここでは違憲審査制のあり方という論点で訴えが却下された（本書247頁参照）。自衛隊となって以降提起され

た裁判では，憲法9条及び「平和的生存権」との整合性が争われた。

なお憲法前文第2段の「全世界の国民が，ひとしく恐怖と欠乏から免かれ，平和のうちに生存する権利を有することを確認する」という規定などを根拠に主張される「平和的生存権」（平和を全世界の国民が享受すべき権利とする主張）については，そもそも，憲法第3章にある諸権利と同様に日本国民がこの「平和的生存権」を根拠として裁判所に救済を求めることができるかが問題となる。学説上は，消極説・積極説の二つに分かれる。消極説は，憲法前文は憲法の理念を示しているにすぎない，第3章の中にない，憲法9条はそもそも国民の権利を保障する規定ではない，内容が具体的ではないなどと主張する。

積極説は，憲法前文は単なる政治的宣言ではなく法規範と考えるべきである，幸福追求権（本書39頁を参照）から根拠づけることは可能である，などとしたり，9条の戦争放棄規定から個々の国民の権利としての平和的生存権を客観的な制度として保障する意味があることなどを挙げる。裁判においては，長沼事件（次の（2）を参照）第一審判決において，平和的生存権が侵害された場合には争う法律上の利益があるとされている。

（1）恵庭事件（札幌地判昭和42・3・29）

本件は，北海道千歳郡恵庭町（現恵庭市）に住む酪農家2人が，陸上自衛隊の演習に伴う爆音などに悩み，基地内の演習用の電話線を切断して，自衛隊法121条の防衛用器物損壊罪違反で起訴された事件である。本件は自衛隊法及び自衛隊そのものの合憲性が争われた初めての事件として注目された。

裁判所は，本件で被告人が切断した電話線は，自衛隊法121条で損壊が禁止されている「その他の防衛の用に供する物」に該当しないとして，被告人を無罪とした。ここでは「その他の防衛の用に供する物」とは，自衛隊の武力行動に直接かつ高度の必要性と重要な意義を持つ物件などを指し，電話線はそれに当たらないとしたのである。そして無罪の結論に達した以上は，憲法判断を行う必要がなく，また行うべきではないと述べ，憲法判断そのものを回避した形となった。

（2）長沼事件

防衛庁（当時）が北海道夕張郡長沼町において地対空ミサイル基地を建設す

るにあたって，農林大臣（当時）が基地予定地の山林の国有保安林指定の解除処分をし樹木の伐採を認めた。本件はこれに対して周辺住民がその処分の取消しを求めた裁判である。周辺住民は，森林法26条2項が，事業に「公益上の理由」があれば解除処分を行えるとしているが，自衛隊法が違憲である以上指定を解除する公益性はないと主張した。

　第一審判決（札幌地判昭和48・9・7）は，平和的生存権が侵害され，また侵害される危険がある限り，地域住民は森林法上の処分について争う法律上の利益がある，として住民の原告適格（原告となり得る資格）を認めた。そして，このような憲法の基本原理に対する重大な違反の疑いがある場合には，憲法判断を行わなければならないとし，9条に関しては，政府の解釈に沿いながらも違憲判断を導いた。すなわち，9条1項は侵略戦争の放棄を意味するが，自衛権は放棄していないとする。その上で，「戦力」とは，「外敵に対する実力的な戦闘行為を目的とする人的，物的手段としての組織体」であるとし，自衛隊はこれに当てはまるため憲法違反だとしたのである。

　これに対し第二審判決（札幌高判昭和51・8・5）は，平和的生存権が「法律上の利益」ではない（それゆえ原告適格が認められない）として一審判決を取り消すとともに，自衛隊が違憲であるかどうかという高度に政治的な問題は「統治行為」（本書238頁参照）に該当し司法審査の範囲外に置かれるとした。最高裁判決（最判昭和57・9・9）は，原告適格につき第二審判決と同様に判断しつつ，自衛隊の合憲性の判断にふれずに訴訟を終結させた。

（3）百里基地訴訟

　本件は，茨城県小川町（現同県小美玉市）の航空自衛隊百里基地の建設予定地の用地買収のための国と土地所有者の契約の有効性が争われた事件である。この土地は，元々基地建設反対派の住民との売買契約が成立していたが，代金の一部未払いなどから所有者は売買契約を解除し，国に売り渡すことにした。国と所有者は，売買契約の相手方であった反対派住民に対し所有権確認，仮登記の抹消を求め裁判を提起した。争点となったのは，国と所有者との売買契約が憲法9条に反する無効なものであるかどうかであった。

　第一審判決（水戸地判昭和52・2・17）は，9条は侵略戦争及び侵略のための

戦力を放棄したものであって，自衛のための戦力保持は認められるとした。その上で，自衛隊がここでいう自衛のための戦力を超えるかどうかの判断については統治行為であり，司法審査の範囲外だとした。第二審判決（東京高判昭和56・7・7）は，国と私人の対等の立場における契約に関しては私法の適用を受けるものであって，憲法9条の直接的な適用は受けないとした。そして自衛隊基地のための土地売買が民法の「公序良俗」に違反するほど反社会的であるという社会の共通認識は存在せず，契約は有効であると判断した。最高裁も同様の判断を行った（最判平成元・6・20）。

(4) 自衛隊の合憲性と裁判所の判断

裁判所が自衛隊の合憲性に関し，実体的な判断を行ったのは長沼事件第一審判決のみである。他の裁判は判断を回避しながら訴訟を終結させている。最高裁は自衛隊につき合憲とも違憲とも判断していない。確かに，自衛隊の合憲性に対する最高裁の憲法判断の政治的な影響力は小さくない。しかし，憲法判断の回避や訴訟要件レベルでの判断，私人間の契約の問題のレベルでの解決は，憲法9条が法規範として国家と国民に対して拘束力を持つという通説的見解からすれば十分ではなく，最高裁は何らかの判断を行う必要があるのではないかという批判が向けられている。

2　日米安全保障条約の合憲性が争われた事例——砂川事件など

日米安全保障条約の合憲性に関しては，砂川事件で同条約によるアメリカ軍の駐留が憲法9条の「戦力の不保持」に反しないかという点が争われた。

この砂川事件は，1957（昭和32）年に，東京都北多摩郡砂川町（現立川市砂川町）にあるアメリカ軍立川飛行場の拡張のための測量作業に対する抗議活動の際に，境界柵を破壊し基地内に侵入した被告人らの行為が，刑事特別法2条（アメリカ軍の施設又は区域を侵す罪）違反に問われた事件である。

第一審（東京地判昭和34・3・30）は，駐留アメリカ軍は違憲の存在であり，こうしたアメリカ軍の施設などを特に厚く保護する刑事特別法によって刑罰を科すことはできない，として被告人らを無罪とした。ここでは，憲法9条は自衛権を否定しないが，自衛戦争及び自衛のための戦力の保持は禁止されるとし

ている。そして，アメリカ軍の駐留によって，日本が直接関係のない武力紛争の渦中に巻き込まれる危険性について指摘し，安保条約によってアメリカ軍の駐留を許容した日本政府の行為が日本国憲法の精神に悖る疑いがあるとする。また，アメリカ軍の駐留は我が国政府の要請とアメリカ政府の承諾によるものであり，したがってアメリカ軍の駐留は一面日本の政府の行為によるものと考えることもでき，その指揮権の有無などにかかわらず，アメリカ軍の駐留を我が国が許容していることは憲法9条2項前段によって禁止される「戦力の保持」に該当するといわざるを得ず，駐留アメリカ軍は憲法上その存在を許されないとした。

　これに対し検察は，跳躍上告（控訴審を経ずに第一審から最高裁に訴えること。刑訴406条）し，最高裁は原判決を破棄し差し戻した（最大判昭和34・12・16）。最高裁は，憲法9条によっても我が国が主権国として持つ固有の自衛権は何ら否定されたものではなく，また，憲法9条は我が国が平和と安全を維持するために他国に安全保障を求めることを禁じていないとする。そして，9条2項が禁じる「戦力」とは，日本が主体となって指揮権，監督権を行使し得る戦力をいうものであって，アメリカの軍隊は日本に駐留しているとしてもこの戦力には当たらないとした。また安保条約の合憲性に関しては，内閣及び国会の高度に政治的ないし自由裁量的判断と表裏をなす部分が少なくなく，一見極めて明白に違憲無効であると認められない限りは司法審査にはなじまない性質のものであるとした。

　この砂川事件最高裁の新安保条約締結直前の判断に対しては，政治的意図があるという批判も多い。また自衛権を主権国家固有の権利と認める部分は，近年の議論において集団的自衛権を認める根拠として用いられたりもしている。この判決は，安保条約の合憲性を示しているのかどうか，議論の多い判決であるが，「一見極めて明白に違憲無効」とはいえないということ以外に判断はしていないと考えるべきであろう。また，新安保条約の違憲性が問われた事件においても，条約の合憲性については同様の判断がなされている（最大判平成8・8・28〔沖縄代理署名訴訟〕）。

第3章 国　　会

I　国会の性格と地位

1　国民の代表機関

　現行憲法は，国民主権の原理に立脚しつつ（前文・1条），「国民の厳粛な信託」に基づく代表民主制を採用し（前文・43条），国会を「国民の代表機関」と位置づけている（43条）。まず，国会は，多様な国民意思を反映・統合する「代表機関」という性格を有するが，その理解をめぐって，「代表」の意義が問題となる。「代表」の意義については，法的な意味での代表（美濃部，佐々木）ではなく，政治的意味での代表と解するのが従来の通説である（宮沢，清宮）。

　政治的代表とは，多様な国民意思の統合過程を重視した概念で，ここにいう「代表」とは，議会を構成する議員が選挙民の指令に拘束されず（命令委任の否定），全国民の代表者として，自主独立にその職務を担うべきものと解する（自由委任の原則）。しかし，これでは代表者は全国民のために行動する意思を持てば足り，現実の国会意思と国民意思の一致は必ずしも要求されず，ある種の擬制を伴うイデオロギー的色彩が強い点は否定できない。

　そこで，多様な国民意思の反映過程を重視し，社会学的観点から代表概念を再構成したのが，社会学的代表である。この社会学的代表は，選挙等により表明される多元的な国民意思が，事実上，できる限り公正かつ正確に国会へ反映されることを要請する（芦部）。この点，政治的代表と社会学的代表は相互に対立する概念ではなく，両者は補完的関係から把握することができる。そして，現行憲法の「代表」は，この両者を内包した概念であり，政治的代表に社会学的代表の要素を加味し，調和的に理解することが妥当であろう。

2　国権の最高機関

　前述のとおり，国会は，まず，主権者である「国民の代表機関」という性格を有し，その帰結として，「国権の最高機関」及び「唯一の立法機関」(41条)の地位を得る。そのうち，「国権の最高機関」の理解に関しては諸説あるものの，ここでは，統括機関説，政治的美称説，最高責任地位説を紹介する。

　第一に，統括機関説は，伝統的な国家法人説を前提に，「最高機関」を法的意味から捉える見解である。国家を一つの法人とみなせば国権を統括する機関が必要であり，戦後，その統括機関は天皇から国会に変遷し，法的意味において，国会は最高機関として国権を統括すると捉える（佐々木）。しかし，この見解は，国民主権原理における国民との関係や，権力分立原理における他の国家機関との関係からみて妥当ではない。

　第二に，政治的美称説は，「最高機関」の法的意味を否定する見解である。すなわち，国会が，主権者である国民によって直接選任され，その点で国民に連結しており，しかも，立法権をはじめ重要な権能を憲法上与えられ，国政の中心的地位を占める機関である，ということを強調する政治的美称と捉える（芦部）。これが通説である。しかし，近年，国会機能の空洞化が著しいことから，議会制民主主義の復権を目指して，「最高機関」の法的意味を捨象する政治的美称説には有力な批判が展開されている。

　そこで第三に，最高責任地位説が登場する。この見解は新たに「最高機関」を法的意味から捉え直す。すなわち，最高機関性の宣言は，法的な意味で，「国家諸機関の権能および相互関係を解釈する際の解釈準則となり，また，どの機関に権限が所属するかが不明確な場合には国会にあると推定すべき根拠となる」と捉える（佐藤幸）。もっとも，この見解も「法的」の意味理解に不明確性を残し，論難される。

3　唯一の立法機関

　また他方，「唯一の立法機関」の理解に際しては，「立法」と「唯一」という二つの用語の意義が問題となる。

（1）「立法」の意義

「立法」の意義には，形式・実質二つの捉え方がある。まず，形式的意味の立法とは，国法の一形式である「法律」の定立を意味するが，これでは「法律」の形式さえ取らなければ，国会以外の機関にも自由な立法権の行使を可能とし，妥当ではない。他方，実質的意味の立法とは，「法規（Rechtssatz）」という特定の内容を持った法規範の定立を意味する。「法規」は，かつて19世紀の立憲君主制の時代には，「国民の権利・自由を直接に制限し，義務を課す法規範」と解されたが，現行憲法下では，これをより広義に捉え，「およそ一般的・抽象的な法規範をすべて含む」と解するのが妥当である（芦部）。この法規範の一般性・抽象性とは，不特定多数の人・ケースへの適用を前提とし，これによって恣意的な私権剥奪立法を抑制し，現行憲法の自由と平等という理念が担保される。

（2）「唯一」の意義

国会が「唯一」の立法機関であるとは，憲法上，特別規定が存在する場合を除いて，①国会が立法権を独占し（国会中心立法），②国会の立法が，他機関の関与を排して国会の手続のみで完結すること（国会単独立法）を意味する。

(a) 国会中心立法の原則　国会中心立法原則は，（イ）行政権が緊急勅令や独立命令の形式で独自の立法を可能とする明治時代の「立法二元制」（明憲8条・9条）を廃止し，（ロ）行政権が可能な立法を執行命令と委任命令のみに限定した上で，「立法一元制」を採用した点に意義が認められる。現行憲法上，この原則の例外には，(i)両議院の議院規則（58条2項），(ii)最高裁判所規則（77条1項）等の制定がある（本書242頁参照）。

この点，国会が法律事項の定立を行政機関に委任すること（委任立法）が，この原則に違反しないか問題となる。もっとも，委任立法という法形式自体は，国会審議の時間的制約，高度な専門技術的立法事項の拡大，統治に付随する予測不能性，緊急事態で求められる迅速性・機動性，委任立法の柔軟性等を考慮すれば，現代行政国家の現状を前提に，これを一般的に否定することはできない。また，憲法自身も委任立法という法形式を許容している（73条6号但書）（本書231頁参照）。ただし，立法一元制の趣旨から，行政独自の立法に繋が

る一般的・抽象的白地委任は禁止され，あくまでも個別具体的委任でなければならない。ところが，行政権への一般的・抽象的な立法権委任は日常的に行われているのが実情である。国会中心立法の原則を形骸化させないためには，今後，国会の事後的審査・承認を委任立法の成立・発効の要件とする新たな制度枠組みの創設が検討されなければならない。

(b) 国会単独立法の原則　　国会単独立法原則は，明治憲法下における立法過程への天皇の関与を否定し，両議院の議決のみで法律を成立せしめる枠組み（59条1項）に意義がある。現行憲法上，この原則の例外には，地方特別法（95条）の制定がある（本書266頁参照）。

この点，内閣法5条における内閣法案提出権が問題となるが，法案の提出自体は国会の議決権を何ら拘束するものでないこと，憲法が議院内閣制を採用していること，憲法72条前段の「議案」に法案も含まれ得ること，さらに，内閣構成員の過半数は法案提出権を有する国会議員である事情等から，国会単独立法の原則には違反しないと考えられる。

II　国会の構成——二院制

1　二院制の意義と類型

二院制とは，立法権を有する機関がそれぞれ独立した意思決定を行う二つの合議体から構成される制度をいう。現行憲法は，「国会は，衆議院及び参議院の両議院でこれを構成する」（42条）と定め，二院制を採用する。この二院制の意義は，端的には，「抑制・均衡」の体系を議会内で確立することにある。すなわち，①両議院での審議を経ることで議事に慎重を期し，下院の軽率な行為・過誤を回避すること，また，②選出基盤の異なる二院制を採用し，多様な国民意思を立法過程に忠実に反映することが期待される。

通例，上院構成のあり方は，各国の歴史的，政治的，社会的諸条件によって規定される。この点，上院のあり方をその構成に基づき大別すると，①貴族院型（英・戦前の日本），②連邦制・地域代表型（米・独・露），③民主的第二次院型（現在の日本・第3・4共和制の仏）の類型が見受けられる（芦部）。現在の日

本のように，衆参両議院ともに類似した選挙制度の下での構成を維持する限り，実質的な抑制・均衡の原理を担保することは難しい。ところが，近年，衆参両議院における与野党の勢力比の「ねじれ」現象によって，参議院の存在意義が注目されている。この点，衆議院の議決と異なる議決を参議院が行った際に，衆議院を解散し国民の信を問い，その「直近の民意」を根拠に参議院への自制を求める論調があるが，常に直近の民意が優先するなら二院制は不要であろう。参議院には「良識の府」として短期的民意に影響されない理性的判断が要請され，参議院の議決がその要請に沿うものである限り，本来，衆議院は参議院の決議を尊重すべきであり，また，議決の不一致が生じた場合には，まず，その調整を両院協議会（後述）に諮るべきである。

2　衆議院と参議院の関係

両議院の関係について，現行憲法は，内閣不信任決議権（69条）や予算先議権（60条1項）等を衆議院のみに付与し，また，法律案・予算の議決，条約承認，及び内閣総理大臣の指名において，衆議院の優越を認めている（59条・60条・61条・67条）。なお，予算の議決，条約の承認，及び内閣総理大臣の指名等について，両議院の意見が対立した場合，こうした意見の不一致を調整するため，必ず，両院協議会が開かれるが（60条2項・61条・67条2項），他方，法律案の議決については，衆議院の求めに応じて開かれる（59条2項・3項）。制度上，両議院の力関係において，衆議院が参議院に優位するように見受けられるが，ただし，法律案の議決では，衆議院が参議院の議決を覆すには3分の2以上の多数を必要としており，事実上，衆議院でこれだけの勢力を確保することは至難といえる。

3　衆議院議員と参議院議員の選挙制度

両議院の議員は，選挙によって選出される（43条）。国会が立法権を保持し得る正当性は，「治者と被治者の自同性」原理，すなわち，国民の「同意」に依拠している。この国民の「同意」は，選挙を通じて担保されるのである。ここに選挙とは，有権者からなる選挙人団が公職就任者を選任する行為をいう。

通常，国民の意思は多様であって，国会は立法過程にこの多様な国民意思を反映する必要があるが，他方で，最終的には一つの政策体系へと統合しなければならない。したがって，選挙制度を検討する際には，①国民の多様な意思を国会構成にいかに忠実に反映させるか（民意の反映），他方で，②選挙を通じて明確な多数派を形成し安定的政治をいかに実現させるか（民意の統合），この二つの視点を看過できない。やや単純化すれば，前者は，比例代表制に親和性を有し，後者は，小選挙区制に親和性を有する。いずれの選挙制度が妥当であるかは，各国の政治的・社会的事情に基づく必要があり，一概には評価できないが，我が国の衆議院・参議院の選挙制度は，現在，以下のとおりである。

【表】国政選挙のしくみ（2023年）

	選挙権	被選挙権	議員定数	任期
衆議院（衆議院議員総選挙）	満18歳以上の日本国民	満25歳以上の日本国民	465人（小選挙区制289人，比例代表制176人）	4年（解散あり）
参議院（参議院議員通常選挙）	満18歳以上の日本国民	満30歳以上の日本国民	248人（選挙区制148人，比例代表制100人）	6年（解散なし，3年ごとの半数改選）

　まず衆議院議員総選挙（以下，「総選挙」という）は，衆議院議員の任期満了（4年）による場合と，衆議院の解散による場合がある。総選挙は，現在，小選挙区比例代表並立制を採用しており，衆議院議員の総定数を465人とし，そのうち小選挙区選出議員を289人，比例代表選出議員を176人とする。小選挙区制は都道府県別に全国289選挙区に，比例代表制は全国を11ブロックに分割して行われている。有権者は，小選挙区では候補者個人に，比例区では政党にそれぞれ1票を投じる。以上の総選挙については，比例区で拘束名簿式が維持され，また，小選挙区と比例区の重複立候補制度が採用されている点に特徴がある。

　他方で，参議院議員通常選挙（以下，「通常選挙」という）は，常に参議院議員の任期満了（6年）による。参議院議員は，総定数を248人とし，そのうち選挙区選出議員を148人，比例代表選出議員を100人としている。また，参議院議員の任期は6年だが，3年ごとに半数ずつ改選されるため（46条），一度の通

常選挙では，総定数の半数のみを選出する。なお，比例代表制は全都道府県を一つの単位とし，2000年以降は非拘束名簿式が採用され，有権者は候補者個人又は政党に投票する。他方で，選挙区制は各都道府県を単位として，各選挙区の人口比に応じて定数が配分され，有権者は候補者個人に投票する。現行の選挙区制では，議員定数の不均衡が著しく拡大し，「違憲状態」が継続している問題が看過できない（本書56頁参照）。

このような定数不均衡の是正に際しては，現行憲法上，衆参両議院の議員は，あくまでも「全国民」の代表（43条）であって，「地域（都道府県）」の代表ではないことを看過してはならない。この点，衆議院では，各都道府県にあらかじめ1議席を配分し，残りの議席を人口比例で配分する「一人別枠方式」が，2011年の最高裁判決（最判平成23・3・23）においてその合理性が否定され，その後，2012年の法改正を通じて制度上は既に廃止されている。また，参議院でも，2010年通常選挙で生じた較差（5倍）及び2013年通常選挙で生じた較差（4.77倍）について，最高裁から「違憲状態」であるとの厳しい指摘を受け（最判平成24・10・17及び最判平成26・11・26），定数不均衡是正のために，2015年に公職選挙法が改正され，人口が少ない一部の選挙区では，「合区」が行われている。

なお，現行の選挙制度における最大の問題点は，衆参両議院の選挙制度に明確な相違を見出すことができず，両議院の構成が非常に酷似している現状にある。すなわち，衆参両議院の実質的な機能分化があまりに不分明であり，殊に，参議院の存在意義を希薄化させている点が，深刻な問題といわざるを得ない。したがって，今後の選挙制度の見直しに関しては，単に，一部の選挙区の定数を増減するといった弥縫策に止まることなく，二院制に関する憲法の趣旨や各議院の果たすべき役割・機能を検証し，それに適合的な選挙制度の実現に向けて抜本的な見直しが行われなければならない。

Ⅲ　国会の権能

1　立法

　かつて明治憲法下では，万世一系の天皇が主権者であり，元首にして統治権の総攬者であることを基本原理とするがゆえに（明憲1条・4条），当然に，国務大権の一つである立法権は天皇に属するものとされ，また，帝国議会は天皇の協賛機関にすぎず（同5条），両議院の議決は単に一つの機関意思を示すに止まり，天皇の裁可がなければ法律は成立しなかった（同6条）。

　しかし，現行憲法は，国民主権原理を採用するとともに，天皇を日本国及び日本国民統合の「象徴」と位置づけている（1条）。現在の「象徴」天皇は，国政に関する権能を持たず，内閣の「助言と承認」に基づいて，憲法の定める「国事行為」を行うのみである。その帰結として，現行憲法では，国会を「唯一の立法機関」と位置づけ，立法権を国会に独占させ，法律の成立要件に天皇の裁可を必要としていない（41条）。国会は，憲法上の例外規定が存しない限り，両議院の議決のみで法律を有効に成立させることができる（59条）。

2　予算の審議・議決

　現行憲法は，予算の作成・提出権を内閣に委ねつつも（73条5号・86条），予算の成立には，国会の審議・議決を必要としている（86条）。予算案は衆議院で先に審議され（60条1項），両議院で可決されたときに成立する。両議院で異なる議決をした場合，両院協議会で調整を図るが，それでも意見が一致しないとき，又は，参議院が衆議院の可決した予算を受け取った後，国会休会中の期間を除いて30日以内に議決しないときは，衆議院の議決が国会の議決とされ，衆議院の議決のみで予算は成立する（60条2項）（なお，国会の予算修正権については，本書263頁参照）。

3　条約締結の承認

　条約とは，広く文書による国家間の合意をいう。条約の締結についても，明

治憲法下では天皇大権とされ（明憲13条），議会は関与できなかったが，現行憲法では，条約締結を内閣の一権能としつつも，事前，時宜によっては事後における国会承認を，条約の成立要件としている（73条3号）。この条約の国会承認手続は，予算と同様である（61条）。条約の国内的影響力に考慮して，国会による民主的コントロールを担保しているのである。なお，ここでいう条約には，国会承認を経た条約の範囲内でする行政協定等は含まれない（最大判昭和34・12・16）。

　この点，国会承認が得られなかった条約の効力が問題となる。事前の国会承認が得られなかった場合，そもそも条約は不成立なので問題は生じない。他方，事後承認が得られなかった場合，実務上は，条約の国際法的効力には影響せず，内閣は国会の意向を体して，その改定・廃棄に努める義務を負うに止まるとされている。しかし，国会承認権の規定の具体的意味が諸外国にも周知の要件と解される場合には，国際法的にも無効とすべきであろう（芦部）。もっとも，これまでに国会が条約承認を否決した事例は存在しない。

4　内閣総理大臣の指名

　内閣総理大臣は，国会議員の中から国会の議決で指名され（67条1項），その指名に基づき，天皇が任命する（6条1項）。ここでは，内閣総理大臣の資格を「国会議員」と定めるのみであるが，過去に参議院議員が就任した例はない。両議院の指名が一致しない場合，参議院は両院協議会の開催を求めなければならず（国会86条2項），両院協議会を開いても意見が一致しないとき，また，衆議院が指名の議決をした後，国会休会中の期間を除いて10日以内に，参議院が指名の議決をしないときは，衆議院の議決が国会の議決となる（67条2項）（本書227頁参照）。

5　憲法改正の発議

　憲法上，憲法の改正に関しては，「各議院の総議員の三分の二以上の賛成で，国会が，これを発議」（96条1項）するものと規定され，憲法改正の発議権は，国会に付与されている。この「発議」とは，国民に提案される憲法改正案

を国会が決定することをいうが，国会の最も重要な権能の一つといえる（なお，憲法改正についての詳細は，本書15頁参照）。

6　弾劾裁判所の設置

憲法上，裁判官の罷免は，「心身の故障」で職務遂行が不可能と決定された場合と「公の弾劾」による場合に限定されている（78条）。前者の分限裁判は，裁判官分限法の訴訟手続に基づき，高等裁判所の合議体，又は最高裁判所の大法廷で行われる（裁限4条）。他方，後者の弾劾裁判は，裁判官が「職務上の義務に著しく違反し，又は職務を甚だしく怠ったとき」，「その他職務の内外を問わず，裁判官としての威信を著しく失うべき非行があったとき」に（裁弾2条），両議院の議員（各々10名）で構成される訴追委員会による訴追に基づき（国会126条，裁弾5条），国会が設置した弾劾裁判所において行われる（64条）。弾劾裁判所は，各議院から選挙された同数7名ずつの議員で構成される（国会125条1項，裁弾16条1項）。なお，罷免の裁判には，審理に関与した構成員の3分の2以上の多数を必要とする（裁弾31条2項但書）（本書255頁参照）。

7　その他の憲法上の権能

そのほかに，憲法上，国会の権能とされているものが幾つかある。例えば，国会は，皇室経済法施行法で定める一定価額を超えない場合や私的経済行為等の場合を除き，皇室財産の授受に関して議決権を有する（8条）。憲法上，公的な皇室財産を国有としつつも（88条），皇室が私有財産を持つことを禁じてはいない。ただし，皇室が戦前のように莫大な財産を所有することやその不適切な使用を防止するために，国会の議決を皇室財産授受の要件としている。

また，内閣が，予算の編成段階で予期できない事態の発生や事情の変更等に対応するために計上し，実際に支出した予備費に対して，国会は，事後の承諾権を有する（87条2項）。もっとも，この事後承諾によって内閣の責任が解除されるが，たとえ不承諾の場合でも，過去の支出の法的効果に影響はなく，内閣の政治責任が問題となるに止まる。近年，予備費の規模が拡大しているが，このような国会の民主的コントロールが十分に及ばない予備費が際限なく拡大す

第Ⅱ部　統治機構

る傾向は，財政民主主義の原則から，問題といわざるを得ない（本書262頁参照）。

　さらに，国会は，決算に関する審査権を有する（90条）。憲法上，内閣は，一会計年度ごとにおける歳出歳入の実績を，会計検査院に報告し，その検査を受けた後，国会へ提出する。この決算審査は，各議院で独立した審査を行うことで完結し，両議院一致の議決は必要とされない。憲法90条は，国会の議決を求めておらず，報告案件として処理される。ゆえに，予算と異なり，決算に法規範性はない。もっとも，憲法83条の趣旨から，この決算審査にも，通常の議案と同様に，国会の議決を要求する見解もある（佐藤功）（本書264頁参照）。

8　法律に基づく権能

　国会には憲法の規定に基づく権能以外にも，諸種の法律に基づく権能が数多く存する。例えば，自衛隊活動における政府の意思決定に対する国会の承認権が，自衛隊法76条，国際平和支援法6条，（武力攻撃事態等・存立危機事態）事態対処法9条，国連平和維持活動協力法6条7項，重要影響事態安全確保法（旧周辺事態法）5条等において制度化されている。これらは，拡大傾向にある自衛隊活動への合理的な国会（民主的）統制という文脈において非常に重要であり，今後，これらの国会承認権を形骸化させない運用が求められる。

Ⅳ　議院の権能

1　内部組織に関する自律権

　議院の自律権とは，各議院の憲法上独立した地位に由来する権能を総称する観念である（大石）。権力分立原理の要請から，各議院が独立した法的地位を有する以上，他の国家機関から何らの干渉も受けずに，その内部組織・議院運営等に関して自主的に決定できる権能を保持する必要がある。このような自律権に基づく行為には，裁判所の司法審査権も及ばない[*]。

　まず，憲法上，両議院は，内部組織に関して，各々その議長その他の役員を選任する「役員選任権」を有する（58条1項）。国会法上，「役員」とは，議長

のほか，副議長，仮議長，常任委員長，事務総長を指す（国会16条）。また，両議院は，各々その議員の資格に関する争訟を裁判する「議員の資格争訟の裁判権」を有する。ただし，議員の資格を失わせるには，出席議員の3分の2以上の多数による議決が必要である（55条）。そのほかに，両議院は議員の「逮捕許諾権」・「釈放要求権」を有する（本書221頁参照）。

> **＊ 警察法改正無効事件（最大判昭和37・3・7）**
> 1954（昭和29）年制定の新警察法は，野党側の強硬な反対のため議場が紛糾する中で可決された経緯から，この議決の有効性に違憲の疑義が持たれたが，最高裁は，「同法は両院において議決を経たものとされ適法な手続によって公布されている以上，裁判所は両院の自主性を尊重すべく同法制定の議事手続に関する所論のような事実を審理してその有効無効を判断すべきでない」と判示した（本書237頁参照）。

2　議院運営に関する自律権

憲法上，両議院は，各々その内部事項を規律する規則を自主的に制定する「議院規則制定権」を有する（58条2項）。しかし他方で，国会の組織・運営について定める国会法も併存し，両者の競合が問題となる。国会法と議院規則が矛盾抵触した場合，両者の効力関係をいかに捉えるべきか。この場合，国会法の成立には両議院の議決を要するのに対し，議院規則の成立には一院の議決で足りることから，国会法を優位させる法律優位説が通説である（宮沢）。しかし，この問題は二者択一的に捉えるべきではなく，参議院の自律性が損なわれないように，たとえ法律が優位するとしても，国会法の改正には衆議院優越の原則を適用しない慣行と，規則固有の所管に属する内部事項については規則を尊重し，法律をそれに適合するよう改訂する慣行の樹立が必要である（芦部）。

また，両議院は，院内秩序をみだした議員を懲罰する「議員懲罰権」を有する（58条2項）。懲罰事由には，会議の規律をみだす行為や不当欠席等が規定されているが（国会116条・119条・124条，衆規188条・238条・244条・245条，参規192条・235条・236条・244条・245条），これらに尽きるものではなく，また，「院内」

とは議院の建物内部という物理的概念ではなく，組織体としての議院内部という性質的概念であるから，たとえ議事堂外の行為であっても，院内の秩序をみだすことに相当因果関係のあるものは懲罰対象となる。そして，懲罰事由に該当する場合は，各議院は，国会法の手続に従って（国会121条以下），公開議場における戒告及び陳謝，一定期間の登院停止，除名の四つのうちのいずれかを決定する（国会122条）。なお，除名に関しては，出席議員の3分の2以上の多数による議決を必要とする（58条2項但書）。

3　国政調査権

憲法上，両議院は，各々国政に関する調査を行う権能を有する（62条）。この国政調査権は，各議院の法律制定や予算議決といった国政の遂行や，政府に対する監督・統制を実効化するために必要な調査活動を担保する権限である。各議院の権能ではあるが，通例，各委員会がこれを行使する。国政調査権についての規定がなかった明治憲法とは異なり，現行憲法ではこれが明文化され，さらに，証人証言や証拠提出を要求する強制的権限をも付与し，国政調査権を強化している。ここでは，国政調査権の性質とその範囲・限界が問題となる。

（1）国政調査権の性質

国政調査権の性質については，「国権の最高機関」性（41条）を根拠に国権を統括するための独立した権能と見る独立権能説（佐々木）と，議院に付与された権能を実効的に行使するために認められた補助的な権能と見る補助的権能説（宮沢，芦部）がある。かつて浦和事件を契機として学説上の対立が生じたが，補助的権能説が通説となった。そもそも独立権能説は，憲法41条の「最高機関」性を論拠とするため，当該規定に法的意味を承認しない限り採用できない難点がある。補助的権能説は，英米独仏における学説・判例の沿革及びそれを継受した現行憲法の経緯から，その妥当性が強調される（芦部）。両説の差異は，国政調査権の対象の広狭に現れるように思われるが，国会・議院に付与された権能は，立法権ほか広範な事項に及ぶことから，国政に関連のない私的事項を除き，国政調査権の対象は国政の全般に及ぶと解され，実際上の差異はほとんどないものと考えられる。

【浦和事件】
 1949年参議院法務委員会は，親子心中を図った母親の殺人被告事件について浦和地裁が下した判決の当否を調査し，その事実認定・量刑を不当とする決議を行った。これに対して，最高裁は，このような調査は司法権を侵害し，調査権の範囲を逸脱すると参議院に強く抗議した。参議院法務委員会は，独立権能説に基づき，国政の一部門たる司法の運営に対する調査権行使の正当性を主張したが，多くの学説は最高裁の見解を支持し，その結果，補助的権能説が通説となった。

（2）国政調査権の範囲・限界

　このように国政調査権を補助的権能説から捉えた場合，その目的は議院権能の実効的行使を担保することに限定される。また，国政調査権は広く国政全般を対象とするものの，権力分立原理や人権保障原理から以下の制約を受ける。

　(a) 司法権との関係　対司法の調査権行使には，「司法権の独立」の要請から慎重な配慮が求められる。すなわち，公正な裁判実現をもって人権保障を担保するには，司法権の独立が不可避である。この場合の司法権独立とは，単に他からの裁判官に対する法的指揮命令を排除するに止まらず，事実上，裁判官の職責の独立に重大な影響を及ぼすと考えられる行為を排除する趣旨である。したがって，現に進行中の事件の訴訟指揮を調査することや，たとえ確定した事件であっても裁判内容を批判することは許されない。もっとも，適正な調査目的（立法・予算審議等）である限り，国政調査権の対象は判決や裁判手続にも及び，また，裁判所が審理対象とする事実について，議院が裁判所と併行調査することも許容される（本書254頁参照）。

　(b) 行政権との関係　現行憲法が採用する議院内閣制の下では，内閣は国会に責任を負うと同時に，国会は広範な行政監督権を有することから，原則として行政作用の合法性・妥当性いずれにも全面的な国政調査権が及ぶと解される。この場合，公務員の守秘義務との関係が問題となるが，国政調査権の法的意義から，公務員が「職務上の秘密」として終局的に守秘できる事項は，「国家の重大な利益に悪影響を及ぼす」ものに限定される（野中他）。

　他方で，検察事務は行政作用に帰属するが，裁判と密接不可分な準司法的作用であるから，国政調査権が及ぶとはいえ，司法権の独立に類似した慎重な配

慮が要請される。すなわち，(a)起訴・不起訴に関する検察権行使に政治的圧力を加えることが「目的」と考えられる調査，(b)起訴事件に直接関係する事項や公訴追行の内容を「対象」とする調査，(c)捜査の続行に重大な支障を及ぼすような「方法」による調査等は違法ないし不当とされる（芦部）。

(c) 人権との関係　　たとえ国政調査権といえども，基本的人権を侵害するような調査が許容されないのは当然である。例えば，証人の思想開示を強制する質問は許容されず，また，黙秘権の保障（38条）は国政調査の領域にも妥当する。さらに，このような調査権行使に関して，刑事手続上の強制力（住居侵入・捜索・押収・逮捕等）は認められない（札幌高判昭和30・8・23）。

V　国会の活動

1　会　期

　国会が憲法上の権能を行使できる一定の期間を，会期という。明治憲法とは異なり，現行憲法は，この会期制の採否につき明記していないが，「常会（毎年1回定期に召集される会）」，「臨時会（臨時の必要に応じて召集される会）」，「特別会（衆議院が解散され総選挙が行われた後に召集される会）」の諸規定を設けていることから（52条〜54条），会期制を採用するものと推認される。会期日数は，常会は150日と法定され，臨時会・特別会は召集日に両議院一致の議決によって定められる（国会10条・11条）。また，会期の延長は両議院一致の議決によって，常会は1回，臨時会・特別会は2回まで可能である（国会12条）。

　各会期は独立して活動するのが原則で，会期中に議決されなかった案件は後会に継続しないという会期不継続の原則が存する（国会68条）。したがって，会期中に両議院で議決されなかった案件は廃案となる。ただし，例外として，常任委員会・特別委員会は，各議院の議決で付託された案件（懲罰事犯を含む）については閉会中も審査でき，閉会中審査した議案は後会に継続する（国会47条・68条但書）。もっとも，会期不継続の原則は，憲法上の要請ではなく，会期制からの必然的帰結でもない。専ら当該原則の採否は国会の裁量に委ねられているため，諸外国のように，総選挙から総選挙までを単位とする「立法期」と

して再構成する制度改革も可能である。

　また同様に，会期制に関連するものに，一事不再議の原則がある。これは，すでに議決された案件と同一の案件を，同一会期中に再び審議してはならないという原則である。明治憲法下では，この原則を明文で定めていたが（明憲39条），現在では，憲法，国会法，及び各議院規則にも同様の規定は存しない。しかし，成文化された規定はないものの，この原則は，議事運営の効率性・合理性を担保する趣旨から，議事運営上の条理として承認できる。もっとも，この原則にも例外がある。例えば，両議院関係において，法律案を衆議院先議で可決したものの，参議院がこれを否決したとき，衆議院が当該同一案件を同一会期中に再審議することには，この原則は適用されないし（59条2項等），また，会期が長期化すれば，時の経過によって，議院の意思を変更することが必要かつ合理的であり，事情変更の法理が妥当する場合も存する。なお，この原則の運用面では，何が「一事」であるかの認定が問題となるが，これは議案の目的・内容・方法等に鑑みて実質的同一性を検討するほかない。

2　会議の原則

（1）定足数

　定足数とは，会議体が活動するために必要な最小限の出席者数をいう。現行憲法は，本会議での議事・議決の定足数につき，各議院で「総議員の三分の一以上」と定めている（56条1項）。ここで定足数算定の解釈に際して，「総議員」を法定議員数，現在議員数のいずれに解すべきか問題となるが，両議院の先例は法定議員数説に従っている。開議時に，定足数に満たないとき，議長は延会を宣告し，また，会議中に定足数を欠くに至ったとき，議長は，休憩又は延会を宣告する（衆規106条，参規84条）。なお，委員会の定足数は「その委員の半数以上」であるが（国会49条），定足数算定の解釈について，衆議院では法定議員数説，参議院では現在議員数説に基づいている。

（2）表決数

　憲法上，「特別の定」がある場合を除いて，両議院における議事の表決数は「出席議員の過半数」とされ，可否同数の場合は議長が決する（56条2項）。憲

法上「特別の定」を有する例外として，議員資格争訟裁判（55条），秘密会の開催（57条1項），議員の除名（58条2項），法律案の衆議院再可決（59条2項）は，「出席議員の三分の二以上」を必要とし，また，憲法改正の発議（96条1項）は，「総議員の三分の二以上」を必要とする。なお，委員会の議事は，「出席委員の過半数」で決し，可否同数のときは委員長が決する（国会50条）。

(3) 公　開

両議院の本会議は公開が原則である（57条1項）。本会議では，会議公開の原則に基づき，傍聴の自由・報道の自由が保障される。ただし，各議院で出席議員の3分の2以上の多数をもって公開が不適当であると判断した場合には，公開を停止し秘密会とすることができる（57条1項但書）。しかし，議会制民主主義の趣旨からは，国民に対する会議情報の公開は強く要請されるところであり，そのため，現行憲法下において秘密会が開催された例はない。なお，本会議と異なり，委員会は公開を原則とせず，議員のほかは委員長の許可がなければ原則として傍聴できない（国会52条）。このように委員会は非公開を原則とするが，実際には，委員長の判断で報道関係者や一般の傍聴を許可し，テレビ中継も実施されており，事実上，原則公開に近い運用となっている。そのほか，会議公開の原則から，秘密会の記録の中で特に秘密を要する事項以外は，その会議記録の公開・一般頒布が憲法上義務づけられている（57条2項）。

(4) 委員会制度

かつての明治憲法下における本会議中心主義から，現行憲法は委員会中心主義へと転換し，委員会審査が議案の処理に関して極めて大きな役割を果たす。通例，議案が発議・提出されたとき，議長はこれを適当の委員会に付託し，その審査を経て本会議に付するのが原則である（国会56条2項。ただし「特に緊急を要するもの」は委員会審査を省略できる。同但書）。委員会には，常任委員会と特別委員会が存在する。常任委員会は，その部門に属する議案（決議案を含む）・請願等を審査する常設機関であり，現在，両議院にそれぞれ17設置されている（国会41条，衆規92条，参規74条）。他方で，特別委員会は，各議院がその院において特に必要があると認めた案件又は常任委員会の所管に属しない特定の案件を審査する（国会45条）。会期ごとに設置手続が必要であるが，近年では，いっ

3　衆議院の解散

　憲法上，衆議院にのみ解散がある（7条・45条・54条・69条）。解散とは，任期満了前に議員の資格を失わせる行為をいう。解散には，内閣・国会間の抑制均衡を維持する自由主義的意義と，解散に伴う総選挙を通じて内閣が自らの政策につき国民に信を問う民主主義的意義が存する。

　憲法上，解散は天皇の国事行為とされているが（7条3号），実質上，解散権は内閣に属する。ここで問題は，内閣が有する解散権の根拠である。これには，①憲法7条における内閣の助言・承認権を根拠に，内閣の自由な解散権を認める7条説（芦部），②解散権を立法・司法から控除した行政作用として，憲法65条を根拠に内閣の自由な解散権を認める65条説（入江），③権力分立・議院内閣制を採用した現行憲法の全体構造を根拠に内閣の自由な解散権を認める制度説（伊藤），他方で，④憲法69条の場合のみに解散を認め，内閣の自由な解散権行使を否定する69条説（小嶋）等が存する。現在，通説・実務は7条説に立っている（本書183頁参照）（解散に関する判例については，本書238頁参照）。

　もっとも，7条説に基づき自由な解散権を内閣に認めたとしても，このような内閣の裁量は無制約なものではなく，解散の制度趣旨から一定の制約が存すると解すべきである。例えば，国民に信を問う必要もない場合に，政権与党の一方的な都合や党利党略から解散を強行することは許されない。国民に信を問うべき相当の理由が認められるのは，69条の場合を除けば，(a)衆議院で内閣の重要案件（法律案，予算等）が否決され，又は審議未了になった場合，(b)政界再編等により内閣の性格が基本的に変わった場合，(c)総選挙の争点でなかった新しい重大な政治的課題（立法，条約締結等）に対処する場合，(d)内閣が基本政策を根本的に変更する場合，(e)議員の任期満了時期が接近している場合等に限られるべきである（芦部）（解散に関する判例については，本書238頁参照）。

4　参議院の緊急集会

　衆議院が解散されると同時に，参議院は閉会となり，衆議院議員総選挙後の

特別会が召集されるまで、国会はその機能を停止する。この期間中、緊急に国会の議決を要する事態が生じたときには、参議院が国会の権能を代行する。これが緊急集会の制度である（54条2項但書）。緊急集会は、内閣の求めに応じて召集され、内閣総理大臣から示された案件を審議し、議決する。ただし、緊急集会で採られた措置は「臨時」のもので、暫定的な効力を有するにとどまり、次の国会開会後10日以内に、衆議院の同意が得られない場合には、将来に向かってその効力を失う（54条3項）。

Ⅵ　国会議員

1　国会議員の地位と権能

（1）地位の得喪

　国会議員は全国民を代表する地位にある（43条）。この地位は選挙当選の効力発生（公選102条）をもって取得される。憲法上、立候補の自由は保障されており（最大判昭和43・12・4）、法律上の欠格事由に該当しない日本国民であれば、被選挙権を有する。ただし、衆議院議員には年齢満25歳以上、参議院議員には年齢満30歳以上という年齢要件がある（公選10条）。他方、この地位は、通常、衆議院議員4年・参議院議員6年の任期満了（衆議院解散の場合は任期満了前）によって喪失する（45条・46条）。その他、①他議院議員就任（48条・国会108条）、②被選挙権資格喪失（国会109条）、③兼務禁止職就任（国会39条）、④辞職（国会107条）、⑤除名（58条2項・国会122条4号）、⑥選挙無効・当選無効の判決確定（公選204条以下）、⑦比例代表選出議員の党籍変更（<u>国会109条の2・公選99条の2</u>）等の場合にも資格を喪失する。

【比例代表と党籍の変動（国会109条の2・公選99条の2）】
　法律上、当該規定により、比例代表選出議員はその選挙で争った他の選挙名簿届出政党等に移籍した場合には資格を喪失する（他方で、離党して無所属になったり、新党を設立したり、所属政党から除名された場合は資格を喪失しない）。この点、憲法上、いかなる選挙制度を前提にしても、いったん選出されれば「全国民の代表」（43条1項）なのであるから、たとえ比例代表選出議員が選挙時の政党に所属しなくなった場合でも、法的に

は，自由委任の原則から資格喪失には繋がらないと解するのが妥当である（議席保有説）。

（2）権　能

国会議員には，必要かつ十分な活動を保障するため，多くの権能が認められている。例えば，①国会召集要求権（53条），②議案の発議権・修正動議の提出権（国会56条・57条・57条の2），③憲法改正原案の発議権・修正動議の提出権（国会68条の2・68条の4），④内閣に対する質問権（国会74条・75条・76条），⑤議案に対する質疑権（衆規118条，参規108条等）・討論権（衆規135条，参規113条）・表決権（衆規148条以下，参規134条以下）等がある。

2　国会議員の特権

（1）不逮捕特権

国会議員は，法律の定める場合を除いては，国会の会期中逮捕されず，会期前に逮捕された議員は，その議院の要求があれば，会期中これを釈放しなければならない（50条，国会33条）。この不逮捕特権は，(a)政府の恣意的な逮捕権行使によって議員の職務遂行が妨げられないよう，その身体的自由を保障する，また，(b)議院の審議権を確保するという二つの意義を有する（芦部）。その法律上の例外としては，①院外における現行犯逮捕の場合と，②議員が所属する議院の許諾があった場合がある（国会33条）。ここで，議院の逮捕許諾につき，一定の期間制限を付する期限付許諾の可否が問題となる。かつて衆議院に逮捕期限付許諾の例があったが（昭和29年2月23日衆議院議決），判例はこれを「逮捕許諾権の本質を無視した不法な措置」と否定した（東京地決昭和29・3・6）。

（2）免責特権

国会議員は，議院で行った演説・討論・表決について，院外で責任を問われない（51条）。これは，国会議員の職務執行の自由を保障することが目的である。したがって，憲法上，その対象を文字どおり厳密に「議院で行った演説，討論又は表決」に限定する必要はなく，国会議員が議院の活動として職務上行った行為と解するのが妥当である（佐藤幸）。ゆえに，議事堂外の行為（地方公聴会等）や議員職務に付随する行為も，相当な範囲内で免責され得る。もっ

とも，このような免責は無制約なものではない。まず，免責とは，民事上・刑事上の法的責任を問われない趣旨であるから，政治的・倫理的責任は免れず，発言・表決につき所属政党等から除名その他の制裁を受けることや，有権者から政治責任を追及されることも当然である。また，院外での免責であるから，院内では，無礼の言，他人の私生活にわたる言論は制限され，侮辱等は懲罰事由となる（国会119条・120条）。さらに，刑事上，議員職務に付随する一体不可分の行為は免責されても，暴行・傷害等の犯罪行為は免責されず，その議院の告訴・告発を待たずに刑事訴追できる（東京地判昭和37・1・22，東京高判昭和44・12・17）。他方，民事上，議員の発言は絶対的に保障され，議員個人は一切の法的免責を受けるが，議員権限の趣旨に背いた行動と認められる特別の事情がある場合には，国の損害賠償責任が生じ得る（最判平成9・9・9）。

> **＊　国会議員の発言と民事責任（最判平成9・9・9）**
>
> 　衆議院社会労働委員会での法案審議に際して，衆議院議員Xの発言が私人Aの名誉を毀損したとして争われた事件において，最高裁は，国会議員Xの発言が仮に故意又は過失による違法な行為であるとしても，X個人はAに対して民事責任を負わないとする一方で，「当該国会議員が，その職務とはかかわりなく違法又は不当な目的をもって事実を摘示し，あるいは，虚偽であることを知りながらあえてその事実を摘示するなど，国会議員がその付与された権限の趣旨に明らかに背いてこれを行使したものと認め得るような特別の事情がある」場合には，国の損害賠償責任が生じると判示した。

Ⅶ　政　　党

1　政党と憲法

（1）政党の意義

「政党」の正確な定義は決して容易ではない。この点，法令上の定義規定は極めて限定的である。例えば，政治資金規正法及び政党助成法は，ほぼ同じ定義規定を共有しているが，その共通項として，政治資金規正法3条1項の「政治団体」規定に対して，①所属国会議員5名以上，又は，②直近の国政選挙得

票率2％以上という限定要件が存する（政資3条2項，政党助成法2条1項）。政党への公的助成を目的とする配慮であるが，講学上の理解としては狭きに失する。ここではやや抽象的に，政党とは，「政治上の意見を同じくする人々が，政治権力に参加して，その意見を実現するために組織する集団」（清宮）と理解しておく。

　このような政党は，(a)社会の多様な利益を集約し政策として有権者に提示することで，有権者の政策選択を実質化する役割，(b)有権者の支持を得て，政治的公職者を国政選挙で当選させ，政策実現を果たす役割を担い，さらに，(c)議会内で多数派を形成した政党（与党）は，現実の政策決定過程で主導的役割を果たし，少数派政党（野党）は，その多数派の軽率・誤謬をチェックする役割を果たすこととなる。このような政党機能が発達し，事実上，政党が国家統治に不可欠的役割を果たす国家形態を「政党国家」という。

（2）日本国憲法と政党

　かつてトリーペル（H.Triepel）は，『憲法と政党』（1928年）の中で，国家の政党に対する態度の歴史的変遷が，①敵視，②無視，③承認・合法化，④憲法的編入という4段階に分類されることを示した。この分類によると，ドイツやフランスは，既に政党を憲法上の機関として位置づけ，④の憲法的編入段階に至っている。我が国の場合，現行憲法では，政党に関する明文の規定は存しないが（間接的に21条の中に「結社の自由」の保障規定があるのみ），政党は「国民がその政治的意思を国政に反映させ実現させるための最も有効な媒体であって，議会制民主主義を支える上においてきわめて重要な存在」（最判昭和63・12・20）と評価でき，「憲法の定める議会制民主主義は政党を無視しては到底その円滑な運用を期待することはできないのであるから，憲法は，政党の存在を当然予定している」（最大判昭和45・6・24）といえる。また，政治資金規正法等の多くの法律で政党規定が存することから，日本では現在，③の承認・合法化段階にあると評価できる。

2　政党の法的規制

　現行法上，このような政党への法的規制として重要なものに，政治資金の規

制がある。概して，(a)選挙運動資金の規制と，(b)政治活動資金の規制に分類できる。前者は，公職選挙法上の規制で，候補者間の平等・公正な選挙の実現を目的として，①選挙の種類ごとに候補者が選挙運動へ支出できる総額規制（公選194条），②選挙運動に関わる一切の収入と支出に関する報告書の提出と公開（同189条・192条）を義務づけている。そして後者では，政治資金規正法上の規制があり，政治活動の公明・公正確保と，さらに民主政治の健全な発達を目的として，①政治団体の届出（政資6条以下），②政治団体に係る政治資金の収支報告書の提出と公開（同12条・20条），③政治団体及び公職の候補者に係る政治資金授受の制限（同21条以下）等を通じて政党等の政治資金を規制している。

　そもそも政党等の政治活動の自由は無制約なものではなく，この種の規制は，政党の公的機能，それに伴う公的助成，さらに，政治過程の腐敗防止という観点から受容すべき法的措置といえる。ただし，政党等の政治活動を規制する際には，政党の自律権に慎重な配慮が求められる。例えば，ドイツ基本法での「闘う民主制」と同様に，「自由な民主的基本秩序」を侵害・除去する政党の存立を禁止する制度枠組みは，そのための根拠規定を直接持たない我が国では採用できない。また同様に，党内民主主義を法的に規制することも消極に解される＊。

＊　**政党の内部的自律権（最判平成7・5・25）**

　参議院議員比例代表選出選挙において，Xは，Y党の候補者名簿5位に登載され，次点で落選となった。その後，同政党の参議院議員に2名の欠員が生じたが，その直前に，XはY党から除名されていたため，名簿順位6位・7位の者が繰り上げ当選した。そこでXは，除名処分の不存在・無効を争ったが，最高裁は，政党等の政治結社の内部的自律権をできる限り尊重し，除名処分の当否も政党の「自律的解決」に委ねられ，原則として司法審査は介入できないと判示した。

第4章 内　　閣

I　内閣の地位

1　行政権の主体

　憲法第5章は内閣について規定する。明治憲法においては，内閣の規定はなく，天皇が統治権を総攬し，「国務各大臣ハ天皇ヲ輔弼シ其ノ責ニ任ス」(55条) ものと定められ，行政権は各国務大臣の輔弼により天皇が行使するものとされていた。明治憲法と同年に公布された「内閣官制」という勅令により，内閣は「国務各大臣ヲ以テ組織」されるものと定められたが，内閣総理大臣は「各大臣ノ首班」として「旨ヲ承ケテ行政各部ノ統一ヲ保持」するものとされ，その地位は「同輩中の首席」に過ぎないものとされた。

　これに対し，日本国憲法では，内閣に行政権の主体としての地位を認め，内閣総理大臣については内閣の首長としての地位と権能を与えている。

2　行政権の意義

　憲法65条は，「行政権は内閣に属する」と定める。ここでいう行政権の範囲については，「すべての国家作用のうちから，立法作用と司法作用を除いた残りの作用である」と解する控除説がある。この説は，君主制の下での包括的な支配権が，まず立法権と執行権に分かれ，さらに執行権が行政権と司法権に分かれた国家作用の分化の過程と合致し，広範な行政活動を包括的に捉えることができることから，通説とされてきた。

　しかし，控除説では，行政権の内容が不明確であるだけでなく，重要な国家作用の定義としては消極的にすぎることから，行政権を積極的に定義しようとする見解が示されてきた。中でも，「法の下に法の規制を受けながら，現実に

国家目的の積極的な実現をめざして行われる全体として統一性をもった継続的な形成的国家活動である」(田中)と解する説は有力である。これに対し，多様な行政作用を理論的に捉える観点から「本来的及び擬制的公共事務の管理及び実施」(手島)と解する説も提唱されている。さらに，近年では，行政権を法律の執行と捉えるべきであるとする説（法律執行説）や国政の基本政策の決定と下部行政機関の指揮監督権と捉える説（執政説）なども唱えられている。

3 行政委員会

　行政権は内閣に帰属するが (65条)，実際にはほとんどの行政権は内閣の下にある行政機関が行使し，内閣は行政機関を指揮監督する地位に立つ。ところが，人事院，公正取引委員会，国家公安委員会，中央労働委員会のように，内閣から独立して活動する行政委員会の制度があり，これらの合憲性が問題になる。

　行政委員会制度は，その職務の性質上，政治的中立性や専門性を確保するために導入されたものであり，行政作用にとどまらず，裁決・審判といった準司法作用，規則制定などの準立法作用も行使する。学説は，憲法65条は内閣がすべての行政について直接指揮監督権を持つことまで要求しているわけではないこと，行政作用の中には政治的中立性が要求され内閣の指揮監督になじまない領域があること，最終的に国会によるコントロールが及ぶのであれば行政権の行使についての国会対する責任の原則が担保されうること，などから合憲と解している。

II　内閣の組織と権能

1　内閣の構成

(1) 内閣の組織

　内閣は，首長たる内閣総理大臣及びその他の国務大臣で組織される合議体である（憲法66条1項）。国務大臣の数については，内閣法で原則14人以内とされ，特別に必要な場合については17名まで増員することができるとされている（同2条2項）。

内閣総理大臣は，国会議員の中から国会の議決で指名され（67条），天皇が任命する（6条）。内閣総理大臣の指名には，衆議院の優越が認められる（本書210頁参照）。国務大臣は，内閣総理大臣が任命し，天皇が認証する（68条1項，7条5項）。

（2）内閣構成員の要件

内閣構成員に関する資格として，憲法は，①内閣総理大臣は国会議員でなければならないこと（67条），②国務大臣の過半数は国会議員でなければならないこと（68条），③内閣総理大臣その他の国務大臣は文民でなければならないこと（66条2項），という要件を定めている。

①について，憲法は内閣総理大臣の任命に際し，「国会議員の中から」指名すると定めているところ，これは就任の要件であると同時に在職の要件でもあり，国会議員の地位を喪失すると，内閣総理大臣の地位も喪失すると解されている。ただし，内閣総理大臣が衆議院の任期満了あるいは解散によって国会議員の地位を喪失した場合は，衆議院議員総選挙後の国会召集までは，内閣総理大臣の地位は喪失しない（憲法70条）。

なお，憲法には「国会議員の中から」とされているものの，歴代の内閣総理大臣はすべて衆議院議員のなかから指名されている。この点について，内閣の不信任決議や衆議院の解散など議院内閣制度の基礎は衆議院にあることから，内閣総理大臣は衆議院議員でなければならないとする説が有力である。

②国務大臣の過半数が国会議員でなければならないことは，各国務大臣の資格要件ではないが，内閣の構成要件である。国会と内閣の人的な結び付きを確保することで，協働をはかるものである。国務大臣の過半数とは，実際に任命される大臣の数を基準とすべきであり，また，内閣の成立要件であると同時に存続の要件と解すべきである。もっとも，内閣がこの要件を欠いたときは，直ちに行為能力を失うのではなく，内閣総理大臣は，その任免権の行使により，この要件を満たすようにすることが求められる。

③内閣総理大臣その他の国務大臣は文民でなければならないという要件は，議会に責任を負う大臣によって軍事権をコントロールし，軍の独走を抑止しようとする趣旨に基づく（文民統制の原則）。ここにいう「文民」の意味について

は，(a)現職の職業軍人でない者，(b)職業軍人の経歴のない者，(c)現職の職業軍人でない者と職業軍人の経歴のない者，等の説がある。言葉の本来の意味からすれば，(a)現職の職業軍人でない者となるが，そう解すると，軍隊を持たないとする現行憲法の下ではこの条文は確認の意味しか持たなくなり，他方で戦前の職業軍人も文民となることから，憲法制定当初は(b)職業軍人の経歴のない者と解する説が多数説であった。しかし，自衛隊の成長とともに，現職の自衛官及び退職した自衛官は文民であるかが問題になっている。

【自衛隊と文民条項】
　自衛隊の合憲・違憲論とも関連して議論の余地はあるが，現職の自衛官は文民ではなく，国務大臣にはなれないと解されている（内閣法制局見解）。自衛隊が実質的な実力組織であることに鑑みれば，妥当であろう。他方で，退職した自衛官についても，文民ではないとする説も有力であるが，法の下の平等や職業選択の自由との関係で行き過ぎであるとの批判もある。政府は，元自衛官は文民であると解しており，現に国務大臣に任命された例がある。

（3）内閣総理大臣の地位と権能

　明治憲法の下では，内閣総理大臣は「同輩中の首席」にすぎず，各大臣が天皇を輔弼するものとされていた。これに対し，現行憲法は内閣総理大臣を首長として位置づけており，それに基づいて以下の権能を認めている。

　(a)　国務大臣の任免（68条）　内閣総理大臣は，国務大臣を任命し，罷免することができる。この権能によって，内閣総理大臣は首長としての主導権を発揮し，内閣の一体性を確保することができる。この権能は内閣総理大臣の専権に属すると解されており，国務大臣の任免には天皇の認証を必要とするため（憲法7条5号）「内閣の助言と承認」が求められるが，内閣は「助言と承認」を拒否できないと解されている。

　(b)　国務大臣の訴追に対する同意（75条）　憲法75条は，国務大臣について，内閣総理大臣の同意なく訴追されないことを定めている。この規定の趣旨は，政治的動機による訴追を防止しようとしたものと解される。そのため公訴の提起だけでなく，逮捕・勾留も含まれるとする説が支配的であるが，明文の根拠なく権限を拡大する解釈に慎重な意見もある。75条ただし書は，「これが

ため，訴追の権利は，害されない」と定めており，内閣総理大臣の不同意は，公訴権を消滅させるのではなく，公訴時効を停止するものである。

(c) 議案の提出・国務等の報告（72条）　内閣総理大臣は，内閣を代表して国会に議案を提出し，一般国務及び外交関係について国会に報告する。これらの権能は，内閣を代表して行使されるものであるから，国会への議案の提出や報告には，閣議を経る必要がある。

議案の中に法律案や憲法改正案が含まれるか否かについては議論がある。学説の多くは法律案についてはこれを肯定しており，内閣法もその旨を定めている（内閣法5条）。これに対し，憲法改正案については否定的な意見が多く，国会法は国会議員及び憲法審査会にのみ提出権を認めている。

一般国務及び外交関係とは，内閣に属する行政事務の総称と解されており，これを国会に報告することは，議院内閣制の下の内閣の義務である。

(d) 行政各部の指揮監督（72条）　内閣は，行政各部を指揮監督する。行政権の多くは，実際には内閣の下にある行政機関を通じて行使されるため，行政権の行使の一体性を図るために内閣の指揮監督は不可欠である。内閣法6条は「内閣総理大臣は，閣議にかけて決定した方針に基づいて，行政各部を指揮監督する」と定めているが，判例は閣議にかけて決定した方針がない場合でも，内閣の明示の意思に反しない限り，行政各部に対し指示を与える権限を有すると解している（最大判平成7・2・22[*]）。

(e) その他の権能　憲法は，内閣総理大臣の権能として，その他に，議院に出席し発言すること（63条），法律・政令に主任の国務大臣として署名または主任の国務大臣とともに連署すること（74条）を定めている。63条は，議院への出席について，「答弁又は説明のため出席を求められたときは，出席しなければならない」と定め，権能であると同時に，義務であることを明示している。法律への署名や連署についても，国会が唯一の立法機関であること（41条），法律等の執行責任を負っていること（73条1号）に鑑みれば，内閣総理大臣の執行責任を明示するものであって，内閣総理大臣に拒否権はなく，義務であると解すべきである。

この他，内閣法は，閣議の主宰と発議（4条2項），大臣の権限に関する疑義

の裁定（7条），行政各部の処分・命令の中止（8条）等の権限を定めている。

> **＊ ロッキード事件（最大判平成7・2・22）**
>
> 　いわゆるロッキード事件の裁判では，内閣総理大臣が運輸大臣（当時）に対し，航空会社に特定の航空機の購入を勧奨するよう働きかけることが賄賂罪における職務行為に当たるかどうかが争点となった。最高裁は，「閣議にかけて決定した方針が存在しない場合においても，内閣総理大臣の…地位及び権限に照らすと，流動的で多様な行政需要に遅滞なく対応するため，内閣総理大臣は，少なくとも，内閣の明示の意思に反しない限り行政各部に対し，随時，その所掌事務について一定の方向で処理するよう指導，助言等の指示を与える権限を有する」と述べ，前記働きかけが職務行為に当たるとした原判決を維持した（平成7.2.22）。

（4）国務大臣の地位と権限

　国務大臣は，内閣の構成員であると同時に，主任の大臣として任命された場合には，行政各部の長として行政事務を分担管理する（内閣法3条1項）。ただし，行政各部の長を兼任しない国務大臣を置くこともできる（無任所大臣）。

　国務大臣の憲法上の権能は，議院に出席し発言すること（63条），主任の大臣として法律・政令に署名すること（74条）である。これらは，内閣総理大臣の場合と同様に，権能であると同時に義務である。

　国務大臣は，内閣の構成員として，議案を提出し，閣議を求めることができる（内閣法4条3項）。他方，主任の大臣として，所管の行政事務を統括し，職員の服務について統督する（行組10条）。

2　内閣の権能

　内閣は，行政権の主体として，また，他の国家機関との関係で，広範な権能を行使する。

（1）行政権の行使に関する権能

　(a)　**法律の誠実な執行と国務の総理（73条1号）**　　内閣は，国会が制定した法律を誠実に執行しなければならない。したがって，内閣が法律について違憲の疑義があると考える場合でも，最高裁判所の違憲判決が出された場合を除いて，執行しなければならない。国務の総理とは，内閣が最高行政機関として，

行政事務全般を統括し，行政各部を指揮監督することである。

(b) 外交関係の処理（同2号）　憲法73条2号は，条約の締結以外のすべての外交事務を内閣の権限としている。この権限には，外交使節の任免，批准書・全権委任状，大使・公使の信任状など外交文書の作成，外国の外交使節の接受などが含まれる。これらの外交事務の多くは天皇の国事行為であるが，実質的決定権は内閣にある。

(c) 条約の締結（同3号）　条約とは，広く国家間の文書による合意を意味する。条約の締結権は内閣に属するが，外交関係の処理の中でも極めて重要なことから，憲法は，事前に，時宜によっては事後に，国会の承認を必要とすると定めている。国会の事後の承認が得られなかった場合の条約の効力及び国会の承認の際に修正を加えることができるかという点については，解釈が分かれている（本書210頁参照）。

(d) 官吏に関する事務の掌理（同4号）　一般には，官吏とは，国の公務に従事する公務員（国家公務員）を指すが，本号でいう官吏は内閣の権能に属する事務を担当する国家公務員を意味し，国会や裁判所の職員等は含まないと解されている。官吏に関する事務の掌理とは，これらの国家公務員の人事に関する事務を処理することである。

(e) 予算の作成と国会への提出（5号）　予算とは国の財政行為の準則である。憲法は，「内閣は，毎会計年度の予算を作成し，国会に提出して，その審議を受け議決を経なければならない」と定めている。内閣が作成・提出した予算案について，国会でどこまで修正が認められるのかという点については，解釈が分かれている（本書263頁参照）。

(f) 政令の制定（同6号）　政令とは，行政機関が制定する命令の中で，内閣が定めるものをいう。憲法41条は国会を唯一の立法機関としているので，政令は法律の委任がある場合（委任命令），又は，新たな規範を制定するのではなく法律執行の範囲にとどまる場合（執行命令）にのみ，制定することができる。委任命令については，一般的包括的な白紙委任は認められない。また，政令に罰則を設けるためには，法律による個別的な委任が必要である（本書204頁参照）。

(g) 恩赦の決定（同7条）　憲法は，大赦，特赦，減刑，刑の執行の免除及

び復権の決定を内閣の権限としている。恩赦は，天皇の国事行為であるが，実質的決定権は内閣にある。恩赦は，立法権や司法権の判断を覆すものであるから，その決定は慎重に行われなければならない。

（2）他の国家機関との関係における権能

（a）天皇の国事行為に対する助言と承認　内閣は，天皇の国事行為に対し助言と承認を与える（3条，7条）。国事行為の実質的決定権の所在が憲法上不明確な場合に，助言と承認を行う内閣に実質的決定権があるいう考え方が有力だが，助言と承認に決定権を認めることに対する異論もある（本書182頁参照）。

（b）臨時会の召集（53条）　内閣は，国会の臨時会の召集を自ら決定でき，いずれかの議院の総議員の4分の1以上の要求があれば，召集を決定しなければならない。議員が要求した場合の召集の期日について，憲法及び法律上の定めはないが，相当の期間内に召集を決定すべきである。ただし，相当の期間内に常会又は特別会が召集される場合は，必ずしも臨時会を召集する必要はない（召集決定の遅滞について，最判令和5・9・12）。

（c）参議院の緊急集会の決定（54条2号）　衆議院が解散され，国の緊急の必要があるときは，内閣は参議院の緊急集会を求めることができる。参議院の緊急集会は，天皇の国事行為を要しない（本書220頁参照）。

（d）衆議院の解散の決定（69条）　憲法69条は，衆議院で内閣不信任の決議がなされた場合の衆議院の解散について定めており，実際にはこの場合に限らず，衆議院の解散が行われている。このような解散の決定権は，内閣にあるという考え方が通説である（本書219頁参照）。

（e）最高裁判所長官の指名とその他の裁判官の任命（6条2項，79条）　内閣は，最高裁判所の長官を指名し，その他の最高裁判所裁判官を任命する。また，「最高裁判所の指名した者の名簿によって」，下級裁判所の裁判官を任命する（本書240頁参照）。

（3）閣　議

閣議は，内閣総理大臣と国務大臣の会議である。内閣法は，「内閣がその職務を行うのは，閣議によるものとする」と定めている（4条1項）。内閣総理大臣は，閣議を主宰し，内閣の重要政策に関する基本的な方針その他の案件を発

議することができる（同2項）。国務大臣は，議案を内閣総理大臣に提出して閣議を求めることができる（同3項）。

閣議の運営について特別の規定はなく，慣習により，非公開で行われ，全員一致で決定される。ただし，2014年に，閣議の情報については公文書の管理に関する法律4条の趣旨に基づき，閣議及び閣僚懇談会の議事録を作成し公表することが閣議決定され，議事録は首相官邸のホームページで公開されている。

Ⅲ　内閣と国会の関係

1　内閣の責任と総辞職
(1) 内閣の責任

憲法66条3項は，「内閣は行政権の行使について，国会に対し連帯して責任を負う」と定める。明治憲法においては，国務各大臣は個別に天皇を輔弼し，天皇に対して責任を負うとされていた。これに対し，日本国憲法においては，内閣が国民の代表機関である国会に対し責任を負うとすることで，行政権もまた国会を通じて民主的責任を負うことが明確にされた。

内閣の責任は，政治責任であり，内閣の職権行使全般の妥当性が問われる。憲法では，衆議院において内閣不信任決議案が可決された場合については，衆議院を解散しない限り，内閣は総辞職をしなければならないとされている（69条）。それ以外に，内閣総理大臣や国務大臣が両議院に出席して説明責任を果たすことが求められ（62条），国政調査権を通じて，責任を追及される場合もある（62条）。なお，参議院が問責決議などによって内閣の責任を追及することができるかという点については，議論がある。

「連帯して」責任を負うとは，内閣が一体となって責任を負うことで，閣議によって決定された方針や政策について，各国務大臣は責任を免れることはできない。もっとも，各国務大臣が独自に行った職務行使について，または個人的な失言や不祥事について，個別に単独責任を追及することは，憲法上否定されていない。

（2）総辞職

総辞職とは，内閣の構成員がすべて同時に辞職することを意味する。内閣は，その存続が適当でないと考えるときは，自らの判断でいつでも総辞職することができる（任意的総辞職）。

他方，憲法は，①衆議院が不信任の決議案を可決し，又は信任の決議案を否決し，10日以内に衆議院が解散されないとき（69条），②内閣総理大臣が欠けたとき（70条），③衆議院総選挙のあとに初めて国会の召集があったとき（70条）は，内閣は必ず総辞職しなければならないと定めている（必要的総辞職）。

「内閣総理大臣が欠けたとき」とは，死亡した場合や国会議員の資格を喪失するなどの理由により総理大臣の地位を失った場合のほか，辞職した場合も含むと解されている。病気や生死不明の場合については，一時的な事故として，内閣総理大臣によりあらかじめ指定された国務大臣（副総理）が臨時に職務を代行する。

内閣は，総辞職した後も，あらたに内閣総理大臣が任命されるまで引き続きその職務を行う（71条）。これは行政権の主体の不在を避けるための規定である。したがって，総辞職後の内閣の職務の範囲については，行政の継続性の確保のために必要な日常的な行政事務の執行にとどまると解されている。

2　議院内閣制

（1）政府と議会の関係

代表民主制の下での政府と議会との関係は，国によって多種多様であるが，典型的なものとして，イギリス型の議院内閣制とアメリカ型の大統領制が挙げられる。

イギリス型の議院内閣制では，行政権を担う内閣（政府）と議会が分立した上で，内閣は議会の信任を基礎とし，議会に責任を負う。また，内閣は，内閣総理大臣と大臣から構成される合議体で，内閣総理大臣は議会の中から議会で選ばれ，他の大臣も議員を兼任するなど，内閣と議会は人的にも密接な関係にある。

これに対し，アメリカ型の大統領制は，政府と議会は完全に独立し，相互に

牽制し合う厳格な権力分立の体制である。政府の長は独任制の大統領で，議会とは別に国民の選挙によって選出され，大統領と議員の兼任は禁止される。大統領は，弾劾の場合を除いて，議会により辞職を迫られるなどの責任を追及されることはない。

(2) 議院内閣制の本質的要素

　前述したように議院内閣制は，議会と内閣（政府）が分立した上で，内閣は議会に対し連帯責任を負う。このように，内閣が議会の信任を存立の基礎としていることを重視し，議会に対する連帯責任を議院内閣制の本質的要素とする考え方を責任本質説という。これに対し，内閣は議会に責任を負うとともに議会解散権を有することで両者が均衡を保っていることを議院内閣制の本質的要素とする考え方もあり，均衡本質説と呼ばれる。

　均衡本質説は，議院内閣制が成立したイギリスで，当初，行政権が国王と内閣に分属し，議会の不信任決議権と国王（と内閣）の議会解散権という相互の抑制手段によって，議会と国王・内閣が均衡を保ちながら協働する関係にあった歴史的経緯に即している。しかし，その後君主の権限が名目化し，民主主義の進展とともに，議会による内閣のコントロールが重視されるようになると，議会の解散権は必ずしも議院内閣制にとって不可欠な要素ではないと考えられるようになってくる。内閣が議会に対して責任を負うという責任の要素を備えている限りにおいて，解散権を制限し，あるいは廃止したとしても，議院内閣制の一形態とされよう。

(3) 日本国憲法における内閣と国会の関係

　日本国憲法では，内閣は行政権の行使について，国会に連帯して責任を負う（66条3項）とされ，衆議院は内閣不信任決議をすることができる（69条）。また，内閣総理大臣は，国会議員の中から国会で選ばれ，国務大臣の過半数は，国会議員でなければならないとされている。衆議院の解散権の根拠については，学説の対立はあるものの，日本国憲法は議院内閣制を採用していると考えられる。

第5章 裁　判　所

I　司法権の概念と範囲

1　司法権の概念

　憲法76条1項は,「すべて司法権は,最高裁判所及び法律の定めるところにより設置する下級裁判所に属する」とし,司法権が裁判所に与えられることを定める。ここでいう「司法権」とは伝統的に,「具体的な争訟について,法を適用し,宣言することによって,これを裁定する国家の作用」を意味すると解されてきた。ここでいう「具体的な争訟」とは,一般に,裁判所の権限について定める裁判所法3条1項の「法律上の争訟」と同じ意味であると理解されており,この「法律上の争訟」は,「当事者間の具体的な権利義務ないし法律関係の存否に関する紛争であって,かつ,それが法令の適用により終局的に解決することができるもの」と解されている（最判昭和56・4・7〔板まんだら事件〕）。

　このように,司法権は,「具体的な権利義務ないし法律関係の存否に関する紛争」であること,かつ「法令の適用により終局的に解決することができるもの」であることという二つの要素を満たす場合に行使される。そのため,「法令の適用によつて解決するに適さない単なる政治的または経済的問題や技術上または学術上に関する争は,裁判所の裁判を受けうべき事柄ではない」とされ,たとえば,国家試験の合否判定は「学問または技術上の知識,能力,意見等の優劣,当否の判断を内容とする行為であるから,……その判断の当否を審査し具体的に法令を適用して,その争を解決調整できるものとはいえない」とされる（最判昭和41・2・8〔技術士国家試験事件〕）。

2　司法権の範囲

　明治憲法の下では，民事・刑事事件を扱う司法裁判所（司法権）と行政事件を扱う行政裁判所（行政権）とに分かれて裁判所が存在していた（明憲61条）。この点，日本国憲法における司法権の下では，民事事件や刑事事件，さらには行政事件が扱われる。このように，行政事件をも含むすべての事件を司法裁判所が扱うスタイルは英米法系の国々でよくみられ，司法裁判所と行政裁判所が分立するスタイルはドイツやフランスなど大陸法系の国々でよくみられる。

3　司法権の限界

　法律上の争訟にあたる場合であっても，裁判所が司法権を及ぼさない場合がある。例えば，憲法が明文で規定するものとして，国会議員の資格争訟の裁判（55条）と裁判官の弾劾裁判（64条）がある。また，国際法上の限界として，国際慣習法や特別の条約によるものがあり，外交官の裁判権免除（外交関係に関するウィーン条約31条）などがこれにあたる。その他，解釈によるものとして以下のようなものがある。

（1）他の機関の自律権に属する事項

　立法・行政それぞれの機関の自律権に属する事項には司法権は及ばないとされる。定足数の認定・議決の有無等の議事手続や議員の懲罰など議院の自律権に関わるものや閣議の方式など内閣の内部事項等がこれにあたる。衆議院において議場混乱の中なされた会期延長の議決の有効性が争われた警察法改正無効事件では，「裁判所は両院の自主性を尊重すべく同法制定の議事手続に関する所論のような事実を審理してその有効無効を判断すべきでない」として，最高裁判所は議院の自律権を尊重する判断をした（最大判昭和37・3・7）（本書213頁参照）。

（2）他の機関の裁量行為

　どのような立法を行うかというような，立法に際して立法府に与えられた裁量（立法裁量）や行政活動に際して行政機関に委ねられる判断の余地（行政裁量）が一般に認められる。こうした裁量行為に対しては，一般に，裁量権の逸脱や濫用がある場合に，裁判所の介入が認められるとされている。

（3）団体の内部事項

宗教団体・政党・大学・地方議会など，自律的な規範（団体各々のルール）をもつ団体の内部での争いについては，それぞれの団体の自律性を尊重して，争いが一般市民法秩序に直接の関係を有しない限り，団体での自主的・自律的な解決に委ね，司法審査を及ぼさないという考え方が裁判所でとられてきた（部分社会論）。大学における単位認定行為が司法審査の対象となるか否かが問題となった富山大学事件において，最高裁判所は，「一般市民社会の中にあつてこれとは別個に自律的な法規範を有する特殊な部分社会における法律上の係争のごときは，それが一般市民法秩序と直接の関係を有しない内部的な問題にとどまる限り，その自主的，自律的な解決に委ねるのを適当とし，裁判所の司法審査の対象にはならないものと解するのが，相当である」としたうえで，単位認定行為については，「他にそれが一般市民法秩序と直接の関係を有するものであることを肯認するに足りる特段の事情のない限り，純然たる大学内部の問題として大学の自主的，自律的な判断に委ねられるべきものであつて，裁判所の司法審査の対象にはならない」とした（最判昭和52・3・15）。

こうした部分社会論に対して学説からは，様々な団体をひとまとめにして包括的に司法権を排除する考え方は妥当ではなく，それぞれの団体の目的・性質・機能やそれぞれの自律性を支える憲法上の根拠（例えば，大学であれば23条など），争われている権利の性質などをふまえて，個別具体的に検討すべきであると批判されてきた。この点，岩沼市議会出席停止事件最高裁判決は，地方議会の議員に対する出席停止の懲罰議決を司法審査の対象外としていた従来の判例を明示的に変更し，地方議会の自律的権能が尊重される根拠を検討したうえで，出席停止の懲罰の性質をふまえて司法審査該当性を認めており注目される（最大判令和2・11・25）。

（4）統治行為

統治行為とは，国家の行為の中でも高度の政治性を有する行為を指し，こうした行為に対しては，法律上の争訟にあたる場合であっても裁判所の審査権が及ばないとされる。例えば，衆議院の解散が違憲無効かどうかが争われた苫米地事件では，「直接国家統治の基本に関する高度に政治性のある国家行為のご

ときは……裁判所の審査権の外にあり，その判断は主権者たる国民に対して政治的責任を負うところの政府，国会等の政治部門の判断に委され，最終的には国民の政治判断に委ねられているものと解すべき」として，衆議院の解散が有効か否かについては裁判所の審査権の外にあるとされた（最大判昭和35・6・8）。また，駐留米軍の合憲性が問題となった砂川事件においては，旧日米安全保障条約は，「主権国としてのわが国の存立の基礎に極めて重大な関係をもつ高度の政治性を有するものというべきであ」り，「一見極めて明白に違憲無効であると認められない限りは，裁判所の司法審査権の範囲外のものである」ると判断された（最大判昭和34・12・16）。*

学説では，こうした統治行為であっても裁判所は審査をすべきであると考える否定説のほかに，統治行為論を肯定する場合もその根拠をめぐっていくつかの見解がある。一方で，国民に直接責任を負うわけではない裁判所は統治行為を審査するべきでなく，これは三権分立の下での司法権の本質に含まれる制約であると考える立場がある（内在的制約説）。先述の苫米地事件最高裁判決はこの立場を採ったものと理解される。他方で，高度の政治性を有する国家行為について司法判断を及ぼしてしまうと政治的混乱を招く恐れがあるため，裁判所は判断を控えるべきであるという考え方がある（自制説）。これらの見解に対して通説的見解は，自律権・自由裁量等で説明できるものは統治行為論のカテゴリーから除外し，統治行為論の論拠が民主的決定の尊重にある以上，基本的人権とりわけ精神的自由権の侵害を争点とする事件には適用しないという限定を付し，具体的事情を考慮しつつ，ケース・バイ・ケースで判断すべきであるとする。近時では，こうした見解をさらに進めて，統治行為というカテゴリー自体を不要とする見解もある。

* **砂川事件（最大判昭和34・12・16）**

砂川事件最高裁判決は，苫米地事件最高裁判決と異なり，「一見極めて明白に違憲無効であると認められない限りは」（裁判所の司法審査権の範囲外のものである）という留保を付しているため，変則的な統治行為論を採ったといわれる。

第Ⅱ部　統治機構

Ⅱ　裁判所の組織と権能

　司法権は，最高裁判所と下級裁判所によって担われる（76条1項）。以下では，最高裁判所（**1**）と下級裁判所（**2**）それぞれについて，その組織や権能などをみていくことにしたい。また，特別裁判所の禁止（76条2項）についてもここで確認する（**3**）。

1　最高裁判所
（1）裁判官の構成と任命
　まず，最高裁判所の組織についてみていく。最高裁判所は，長たる裁判官1名と裁判官14名の，合わせて15名の裁判官から構成される（79条1項，裁5条）。最高裁判所長官は，内閣の指名に基づいて天皇によって任命され（6条2項），その他の裁判官は内閣によって任命される（79条1項）。
　最高裁判所の裁判官は，弾劾裁判による罷免（後述）のほか，国民審査によって罷免（つまりクビに）されうる。国民審査とは，裁判官の任命後初めて行われる衆議院議員総選挙の際及びその後10年を経過するごとに実施されるもので（79条2項），投票者の多数が罷免を可とする場合にその裁判官は罷免される（79条3項）という制度である（投票者は罷免を可とする裁判官には×を記載し，そうでない裁判官には何も記載しないという仕組みである）。
　この最高裁判所裁判官の国民審査制度は，有権者が審査をすることで，裁判官の選任に民主的なコントロールを及ぼす意義があると考えられている。また，国民審査は一般に，裁判官を解職するための制度であると理解されている（判例として，最大判昭和27・2・20）が，これとは別に，裁判官の任命を確定させるものとして国民審査を捉える見方などもある。いずれにしても，これまでに国民審査によって罷免された裁判官はいない（本書156頁参照）。

> **＊　在外邦人国民審査権訴訟（最大判令和4・5・25）**
> 　最高裁判所裁判官国民審査法では，外国で暮らす日本国民には審査権が認められていなかったが，最高裁判所は，「憲法は，……最高裁判所の地位と権能に鑑み，この制度〔筆者注：国民審査制度〕を設け，主権者である国民の権利として審査権を保障して」いるとした上で，「審査権又はその行使を制限するためには，そのような制限をすることがやむを得ないと認められる事由がなければならないというべきである。そして，そのような制限をすることなしには国民審査の公正を確保しつつ審査権の行使を認めることが事実上不可能ないし著しく困難であると認められる場合でない限り，上記のやむを得ない事由があるとはいえ」ないが，そうした状況は認められないとして，審査権の行使が認められていないことを憲法15条1項・79条2項・3項に違反するとした。

（2）審理および裁判

　最高裁判所は，下級裁判所とともに司法権を行使し（76条1項），とりわけ上告と，訴訟法において特に定める抗告について裁判権を有する（裁7条）。上告とは，控訴審判決（第一審判決に不服がある場合になされる訴えに対する判決）に対して不服がある場合の上訴（上級審に訴えること）を指し，抗告とは，裁判所が下した決定あるいは命令に対する上訴を指す。最高裁判所への上告及び抗告は，憲法解釈の誤りや憲法違反を理由とするものなど，いくつかの場合に限られる（民訴312条・336条，刑訴405条・433条など）（違憲審査権については後述）。

　最高裁判所は通常，5名ずつからなる小法廷で審理・裁判をする（最高裁判所裁判事務処理規則2条）。ただし，新たな憲法判断をする場合などには，15名からなる大法廷で審理・裁判することが求められる（裁10条）。また，各裁判官は，判決文の中で個別意見を表明することができる（裁11条）。個別意見には慣例上，次のような種類がある。すなわち，多数意見と理由づけや結論を同じくし，多数意見に付け足して意見を述べる「補足意見」，多数意見と結論は同じであるが，異なる理由づけを述べる「意見」，多数意見に反対し，多数意見と結論が異なる場合に述べられる「反対意見」である。

（3）規則制定権

　憲法77条1項では，「最高裁判所は，訴訟に関する手続，弁護士，裁判所の内部規律及び司法事務処理に関する事項について，規則を定める権限を有す

る」と定められ，最高裁判所に規則制定権が認められる。これは，権力分立の観点から，司法に関する事項については立法・行政部の干渉を排除し，裁判所の自主性を確保することや司法部内における最高裁判所の統制権と監督権を強化すること，また，裁判手続の詳細を定めるのにふさわしいのは裁判実務に精通する裁判所であるとして裁判所の専門性を尊重することなどを趣旨として定められたものである。

　規則で定められる事項については法律で定めることもできると解する見解が一般的である。そうすると，法律と規則が矛盾する場合に両者のうちどちらの効力が優越するかが問題となる。この点について，規則が法律に優位すると解する見解や両者は同位にあると解する見解もあるが，通説的見解は，憲法41条は憲法の下で法律を他の法形式に優位させることを意味すると解するなどして，法律が規則に優位すると解する。

　ところで，規則で定められる事項には訴訟手続なども含まれるが，刑事手続については憲法31条で「法律の定める手続」が要求されており，刑事手続について規則で定めることが可能かどうかが問題となる。この点，刑事手続の基本構造および被告人の重要な利益に関する事項は法律の所管事項で，訴訟手続の技術的・細目的事項は規則の所管事項というように，両者の所管事項を分ける見解と，憲法が規則事項を何らの留保なしに定めている点を重視し，法律で定められない限り規則で定められるとする見解がある。

（4）下級裁判所の裁判官の指名権

　下級裁判所の裁判官は内閣によって任命される。その際，内閣は最高裁判所の指名した者の名簿から任命することになっており，最高裁判所は下級裁判所裁判官の任命に一定の役割をもつ（80条1項）。2003年には，最高裁判所による指名過程の透明性を高め，国民の意見を反映するために，国民的視野に立って多角的見地から意見を述べる機関として，最高裁判所規則によって下級裁判所裁判官指名諮問委員会が設置された。これは，法曹三者（裁判官・検察官・弁護士）と学識経験者の中から最高裁判所によって任命された11名の委員で構成されるもので，最高裁判所の諮問に応じて下級裁判所裁判官の指名の適否について審議し，その結果を答申することを担当事務とするものである。

（5）司法行政権

　司法行政とは，裁判官の人事や裁判所の組織・構成等の運営・管理などの裁判所内における行政作用を指す。司法行政権について憲法に明文の規定があるわけではないが，先にみた規則制定権が認められていることや下級裁判所裁判官指名権があることなどから，最高裁判所に司法行政権が認められるものと解される。最高裁判所が司法行政事務を行う際には，全員の裁判官からなる裁判官会議よるものとされ（裁12条），これとは別に，最高裁判所の庶務を掌るために事務総局が置かれる（裁13条）。ちなみに，下級裁判所もまたそれぞれ司法行政事務を担う（裁20条・29条・37条）。

2　下級裁判所

（1）構成と権限

　下級裁判所には，高等裁判所・地方裁判所・家庭裁判所・簡易裁判所の4つがあり（裁2条1項），それぞれ裁判所法などで定められた権限を行使する。裁判は原則として三審制で行われる（審級関係と各裁判所の設置数などについては，次頁の図1を参照）。

　高等裁判所は，控訴・抗告・上告事件などを扱い（裁16条），原則3名からなる合議制で裁判を行う（裁18条）。また，地方裁判所は，第一審としての裁判のほか，簡易裁判所に対する控訴・抗告事件を扱い（裁24条），一人制または3名からなる合議制で裁判を行う（裁26条）。そして，家庭裁判所は，家庭に関する事件の審判・調停や少年の保護事件の審判などを行い（裁31条の3），審判・裁判は一人制または3名からなる合議制で行う（裁31条の4）。最後に，簡易裁判所は，少額の民事訴訟や軽微な刑事事件を扱い（裁33条），裁判は一人制である（裁35条）。

（2）裁判員制度

　裁判員制度は，刑事事件の中の一定の重罪事件につき，第一審で3名の裁判官に加えて，国民から選ばれた6名の裁判員によって審理をするという仕組みである。この仕組みは，司法制度改革の一環として，「司法に対する国民の理解の増進とその信頼の向上」のために（裁判員法1条）2009年から導入され

第Ⅱ部　統治機構

図1　裁判所の審級関係

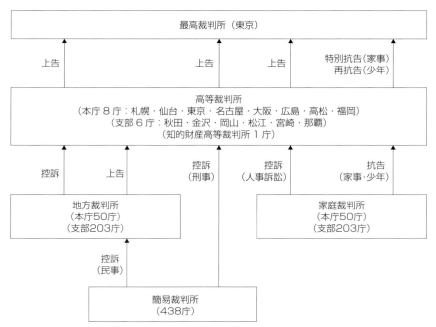

た。6名の裁判員は，衆議院議員選挙の有権者名簿から無作為に選ばれ，裁判官とともに事実認定や量刑について判断する。

　裁判員制度では，必ずしも法律の専門家ではない一般国民が裁判に参加することになるため，裁判を受ける権利や裁判官の職権行使の独立（司法権の独立については後述）などの観点からその合憲性が問題となりうるが，最高裁判所は次のように判断し，その合憲性を認めた（最大判平成23・11・16）。すなわち，憲法は一般的に国民が司法に参加することを禁止しておらず，国民の司法参加を制度化する場合には，適正な刑事裁判を実現するための諸原則が確保されている限り，その内容は立法政策に委ねられているとした上で，「裁判員制度の仕組みを考慮すれば，公平な『裁判所』における法と証拠に基づく適正な裁判が行われること（憲法31条，32条，37条1項）は制度的に十分保障されている上，裁判官は刑事裁判の基本的な担い手とされているものと認められ，憲法

が定める刑事裁判の諸原則を確保する上での支障はない」として，適正な刑事裁判を受ける権利は侵害されないとした。また，「裁判員法が規定する評決制度の下で，裁判官が時に自らの意見と異なる結論に従わざるを得ない場合があるとしても，それは憲法に適合する法律に拘束される結果である」ため，職権行使の独立は侵されないと判断した（これらとは別に，裁判官と裁判員から構成される裁判体は特別裁判所にあたらないこと（76条2項）・裁判員の職務等が「意に反する苦役」（18条）にあたらないことも述べられた）。

（3）下級裁判所裁判官の任命と再任

先述の通り，下級裁判所の裁判官は，最高裁判所の指名した者が登載された名簿から内閣によって任命されることが憲法80条1項で定められている。その80条1項の後段では，「その裁判官は，任期を10年とし，再任されることができる」と定められているが，この「再任されることができる」の意味がいかなるものかについて議論がある。この点，実務上は，再任は任命権者の裁量に委ねられたものと解しているが，学説では，裁判官の弾劾事由に該当する場合（裁判官弾劾法2条参照），心身の故障に基づく職務不能の場合，成績不良など不適格者であることが客観的に明白である場合などに該当しない限り，原則として再任されると解する見解が有力である。

【宮本裁判官再任拒否事件（1971年）】
　裁判官の再任に関しては，任期を終えた宮本康昭判事補が，最高裁判所の作成した名簿に登載されず，再任されなかったという事件が有名である。最高裁判所は再任拒否理由を明らかにしていないが，宮本判事補が当時，リベラルな団体として最高裁判所から問題視されていた青年法律家協会の会員であったことから，これを原因とするものではないかと批判された。

3　特別裁判所の禁止

憲法76条2項前段は，「特別裁判所は，これを設置することができない」と定める。特別裁判所とは，特別の人や事件を扱い，通常裁判所の系列（日本国憲法でいうと最高裁判所を頂点とする司法裁判所系列）とは別に設けられる裁判所であり，たとえば，主に軍人に関する裁判を扱った戦前の軍法会議などがこれ

にあたる。家庭裁判所や知的財産高等裁判所などは特別の人や事件を扱うが、通常裁判所の系列に属するため特別裁判所にはあたらないと解される。

また、憲法76条2項後段では、「行政機関は、終審として裁判を行ふことができない」と定められる。「終審」としての裁判を禁止するものであるため、行政機関が「前審」として裁判を行うことは認められる（裁3条2項）。その例として、人事院による公平審査（国公90条以下）、海難審判所による海難審判（海難審判法）などが挙げられる。これらの判断（行政審判）に不服がある場合は通常裁判所へ出訴することができる。

III 違憲審査制

1 違憲審査制の意義と類型

憲法の最高法規性を確かなものにするためには、法令や国家の行為が憲法に違反していないかどうかをチェックする仕組みが有用である。このような仕組みを違憲審査制といい、憲法81条は、「最高裁判所は、一切の法律、命令、規則又は処分が憲法に適合するかしないかを決定する権限を有する終審裁判所である」と定め、最高裁判所に違憲審査権を認める。日本では下級裁判所も含めた裁判所に違憲審査権が認められると解されており、裁判所が違憲審査権を適切に行使することで、憲法に違反する法令や国家の行為を改めて、憲法の最高法規性を守り、人権保障を実現することが期待される。

裁判所が違憲審査の役割を担う場合、違憲審査制は次の二つの類型に整理される。一つは、具体的な事件の解決に付随して違憲審査権を行使するもの——つまり、その事件で問題となる法令等が憲法に適合するかどうかを審査するもの——で、こうした制度を付随的審査制と呼ぶ。もう一つは、抽象的審査制と呼ばれるもので、こちらはおよそ法令が違憲かどうかを抽象的に——つまり、具体的な事件とは関係なく——審査するものである。日本では、憲法81条が「司法権」の章に含まれていることや抽象的審査制を前提とした規定がないことなどから、日本の違憲審査制は付随的審査制を採用するものと解されている。最高裁判所は、自衛隊の前身である警察予備隊の違憲性が主張された警察

予備隊違憲訴訟において，裁判所が「具体的事件を離れて抽象的に法律命令等の合憲性を判断する権限を有するとの見解には，憲法上及び法令上何等の根拠も存しない」としており，これは付随的審査制を採る旨を述べたものと解されている（最大判昭和27・10・8）。

このように，裁判所による違憲審査制には二つの類型があるが，これはあくまでも理念的な分類であり，実際には，付随的審査制を採ると考えられる国でも抽象的審査制のような運用がなされることがあったり，その逆の状況もあったりすることに注意が必要である（合一化傾向）。たとえば，付随的審査制の国として知られるアメリカでは，具体的な事件として扱うための要件（事件性の要件や当事者適格）を緩やかに解して，個別的な事件を越えた効果をももたらす判断を下す場合がある。

2　違憲審査の対象

憲法81条では，違憲審査の対象となるものとして「一切の法律，命令，規則又は処分」が挙げられる。このほか，（1）条約，（2）立法不作為，（3）国の私法行為などが違憲審査の対象となるかについて議論がある。

（1）条　約

国内法体系における憲法と条約の関係について，条約優位説は，前文で日本国憲法が採用する国際協調主義の精神に合致することや憲法98条2項で条約の誠実遵守義務が定められていることなどから，条約は憲法に優位すると解する。この見解からすると，条約は違憲審査の対象外となる。

これに対して憲法優位説は，国際協調主義から直ちに条約が憲法に優位することを導き出せないことや，条約が憲法に優位すると法律よりも簡単な手続によって憲法に反する条約を締結できてしまい（61条参照）問題があることなどを根拠として，憲法が条約に優位すると解する。憲法優位説をとりつつも，条約が憲法81条に列挙されていないことや条約には外国との合意である（そのため一国の意思だけで効力を失わせることはできない）という特殊性があることなどを理由として，条約を違憲審査の対象とすることを否定する見解もあるが，81条は違憲審査の対象を列挙されたものに限定する趣旨ではなく，条約も国内で

は国内法として効力をもつことなどから，違憲審査の対象となると解する見解が支配的である。

最高裁判所は，先述の砂川事件において，旧日米安全保障条約は「主権国としてのわが国の存立の基礎に極めて重大な関係をもつ高度の政治性を有するもの」であり，「一見極めて明白に違憲無効であると認められない限りは，裁判所の司法審査権の範囲外のものであ」るとして，条約の違憲審査が可能であることを前提とした判断をしている（最大判昭和34・12・16）。

（2）立法不作為

立法不作為とは，立法府が制定すべき立法をせずにそのままにしている場合や立法が不十分な状況が放置されている場合を指す。この状況では，違憲審査の対象となるべき法律が存在しなかったり，立法行為それ自体を問題としたりするため，裁判でどのようにしてその違憲性を問うかが問題となる。

立法不作為の違憲性が争われる主な訴訟形式の一つに，国家賠償請求訴訟がある。国会議員の立法行為についての国の損害賠償責任を追及する中で立法不作為の違憲性を問おうとするわけである。判例の展開としては，まず，在宅投票制度廃止事件において，歩行が著しく困難なため投票所に行くことができない選挙人のために設けられていた在宅投票制度が廃止されたままであることについて，これが国会議員の違法な公権力の行使にあたるか否かが争われたが，最高裁判所は，「国会議員は，立法に関しては，原則として，国民全体に対する関係で政治的責任を負うにとどまり，個別の国民の権利に対応した関係での法的義務を負うものではない」としたうえで，「国会議員の立法行為は，立法の内容が憲法の一義的な文言に違反しているにもかかわらず国会があえて当該立法を行うというごとき，容易に想定し難いような例外的な場合でない限り，国家賠償法1条1項の規定の適用上，違法の評価を受けないものといわなければならない」として立法行為の違憲性が問われる場合を極めて限定的に捉えた（最判昭和60・11・21）。

その後，外国に居住する日本国民の選挙権が公職選挙法で認められていなかったことなどが争われた在外国民選挙権訴訟において，最高裁判所は，在宅投票制度廃止事件の立場を実質的に緩和し，国家賠償責任を認めており（最大

判平成17・9・14)，近時では，再婚禁止期間訴訟において，「法律の規定が憲法上保障され又は保護されている権利利益を合理的な理由なく制約するものとして憲法の規定に違反するものであることが明白であるにもかかわらず，国会が正当な理由なく長期にわたってその改廃等の立法措置を怠る場合などに」立法不作為が国家賠償法上違法となりうると述べ，立法不作為の国家賠償法上の違法性判断基準を定式化している（最大判平成27・12・16)。再婚禁止期間訴訟では，この定式から判断して，再婚禁止期間について定める民法733条1項（当時）を改廃しなかった国会の立法不作為について違法との評価は導かれなかった（そのため原告としては敗訴である）が，立法不作為の状況を審査する中で民法733条1項の違憲判断が下されている点に意義が認められる（その後，民法733条1項は改正される)。さらにこの定式は，前述の在外邦人国民審査権訴訟でも引き継がれ，ここでは国家賠償法上の違法も認められた（最大判令和4・5・25)。

(3) 私法行為

　国や地方公共団体が私人を相手方として土地の売買契約をする場合など，国や地方公共団体の私法上の行為に対する違憲審査のあり方も問題となる。憲法98条1項は，憲法の最高法規性を規定し，法律や命令のほか，「国務に関するその他の行為」が憲法に適合することを求めるが，百里基地訴訟では，「国務に関するその他の行為」は公権力を行使して法規範を定立する国の行為を意味し，私人と対等の立場で行う国の行為はこれにあたらないとして，国と私人の間の土地の売買契約を直接違憲審査の対象とはせず，私人間効力論における間接適用説のような立場に立って事案を解決した（最判平成元・6・20)。こうした判例の立場に対しては，国家の行為である以上，憲法の（直接的な）適用を受けるべきだといった批判がある（本書200頁参照)。

3　憲法判断の方法

(1) 法令違憲と適用違憲

　裁判所が憲法違反の判断をするとして，その違憲判断にはいくつかの種類がある。法令違憲は，文字通り法令そのものを違憲とする判断であり，例とし

て，通常の殺人と比べて，自己又は配偶者の直系尊属（親や祖父母など）への殺人を重く処罰する旨を定めた刑法200条を憲法14条1項に違反するとした尊属殺重罰規定違憲判決が挙げられる（最大判昭和48・4・4）。また，適用違憲は，法令が当該事件の当事者に適用される限りにおいて違憲とする判断を指す。適用違憲の特徴は，法令の中に違憲な部分が含まれるけれどもそれが不可分である場合——つまり合憲限定解釈（後述）ができない場合——に，違憲な部分をその事件の当事者に適用することを違憲とするところにある。下級審判決ではあるが，猿払事件一審判決（旭川地判昭和43・3・25）は，「本件被告人の所為に，国公法110条1項19号が適用される限度において，同号が憲法21条および31条に違反するもので，これを被告人に適用できない」とし，適用違憲の判断をしたものと解される（ただし，後に最高裁判所で猿払事件一審判決の判断は覆された）。

　法令違憲・適用違憲とは別に，法令そのものは合憲であっても，（法令の適用ではない）個別の処分そのものを違憲とする処分違憲という判断がある。公金の支出行為（これは法令の適用ではない）が政教分離原則違反と判断された愛媛玉串料事件（最大判平成9・4・2）などはこうした処分違憲の例である。

（2）憲法判断回避の準則

　付随的審査制の下では，憲法判断はあくまでも具体的な事件の解決を目指す司法権の行使に付随するものであると解される。こうした付随的審査制の性質や裁判所の政策的配慮（国民から直接に選挙で選ばれた国会の判断に敬意を払うという裁判所の自己抑制など）から，違憲審査の際に裁判所が従うべき準則として，憲法判断回避の準則が知られる。これは，付随的審査制をとるアメリカで発展したものであり，特に，1936年のアシュワンダー判決の補足意見のなかでブランダイス裁判官が定式化したものがよく知られる（ブランダイス・ルール）。

　ブランダイス・ルールは7つの準則からなるが，とりわけ，憲法問題が提起されてもそれ以外の論点で事件を解決できるならば，憲法問題には立ち入らないというもの（第4準則）と，法律の合憲性に重大な疑いが提起されても，その憲法問題を避けられるような法律の解釈が可能かどうかを確かめるべきというもの（第7準則）が重要なものとして知られる。後者については，2つの

ケースが想定される。一方で，憲法判断をしないで事件を解決できるように法律を解釈するというケースがありうる。自衛隊法121条違反で起訴された被告人が，同規定が憲法9条に違反することを主張した恵庭事件では，被告人の行為は同規定の構成要件に該当しない（したがって，被告人は無罪のため，同規定の違憲性を問う必要はない）と判断することで，憲法問題に立ち入らずに事案を解決した（札幌地判昭和42・3・29）。もう一方で，憲法に違反しないような法令解釈をすることで，法令の違憲判断を回避するケースがありうる（合憲限定解釈）。これについては次の項目で説明する。

憲法判断回避の準則は，付随的審査制をとる日本の違憲審査制においても妥当するものと解されるが，これを絶対的なルールと捉えずに，事件の重大性，違憲状態の程度，その及ぼす影響の範囲や事件で問題にされている権利の性質等を総合的に考慮し，十分理由があれば憲法判断に踏み切るべきとする考え方が有力である（芦部）。

（3）合憲限定解釈

法令に違憲の疑いがあっても，その法令を憲法に適合するように限定的に（違憲の部分を取り除いて）解釈することで違憲判断を回避する解釈方法を合憲限定解釈という。合憲限定解釈は，憲法を最高法規とする法体系の統一性を維持するという観点から，法令は憲法に違反しないように解釈されるべきとする考えや，国民から直接選ばれた国会によって作られる法律をできるだけ尊重するという民主主義的な考えなどをその根拠とする。

日本の最高裁判所では，これまでに多くの判決で合憲限定解釈の手法が用いられてきた。たとえば，地方公務員の労働基本権の制限が問題となった都教組事件判決（最大判昭和44・4・2）では，争議行為を禁止する地方公務員法37条1項と，そうした行為へのあおり行為等を刑罰をもって禁止する61条4号（当時）について，一切の争議行為を禁止し，あおり行為等をすべて処罰する趣旨と解すると違憲の疑いがあるとの前提から，争議行為とあおり行為等はそれぞれ違法性の強いものに限定されるという解釈がなされ（「二重のしぼり」論と呼ばれる），被告人無罪の結論が導かれた（ただし，この判決の考え方は後の岩手教組学テ事件判決（最大判昭和51・5・21）によって変更された）。

合憲限定解釈には，法令の文言や立法の目的に明らかに反する解釈は許されないなどの限界があるものと考えられる。税関検査事件判決では，表現の自由を規制する法律の限定解釈が許されるのは，「解釈により，規制の対象となるものとそうでないものとが明確に区別され，かつ，合憲的に規制し得るもののみが規制の対象となることが明らかにされる場合でなければならず，また，一般国民の理解において，具体的場合に当該表現物が規制の対象となるかどうかの判断を可能ならしめるような基準をその規定から読みとることができるものでなければならない」と述べられる（最大判昭和59・12・12）。

4　違憲判決の効力

　ある法令が憲法違反と判断された場合に，その違憲判決の効力はどの範囲まで及ぶであろうか。一般的効力説は，違憲とされた法令が（当該事件だけではなく）一般的客観的に効力を失うとする考え方で，違憲判決によって当該法令が法令集から削除されるのと同様の効果をもつことになる。この一般的効力説に対しては，裁判所が法律の改廃という消極的立法をすることになり，国会を「国の唯一の立法機関」とする憲法41条の趣旨に反するという批判が加えられる。こうした点や日本の違憲審査制は付随的審査制であるということから，違憲判決の効力はその事件に限られるとする個別的効力説が通説的見解であるとされる。これらの見解とは別に，違憲判決の効力をどのようなものにするかは法律に委ねられると解する見解もある（ただし，現在までにそうした法律は制定されていない）。

　もっとも，法令違憲判決が出たときには，国会はその法令を速やかに改廃し，政府はその執行を控え，検察はその法令に基づく起訴を行わないといったことが憲法上期待され（芦部），実際，日本においては，法令違憲判決後にほとんどの法令が国会で迅速に改正されている（ただし，日本で初めての法令違憲判決である先述の尊属殺重罰規定違憲判決後の国会の改廃作業はスムーズには進まず，1973年に違憲とされた刑法200条が廃止されたのは，1995年になってからのことであった）。

5　日本の違憲審査制の現況

　立法府をはじめとする政治部門の判断を尊重し，違憲審査権の行使を控えめにする傾向を司法消極主義，その反対の傾向を司法積極主義という。最高裁判所がこれまでに出した法令違憲判断の数が少ないこと（最大判令和4・5・25までで11件）などから，日本は司法消極主義をとる国だと考えられてきた（ただし，11件の法令違憲判断のうち6件は2000年代に入ってからのものであり，近時の最高裁判所は活性化してきているという指摘もある）。もっとも，日本の最高裁判所は，あくまでも違憲判断に消極的なのであって，憲法判断自体には積極的であり，憲法判断を通じて合憲判決を多く出してきたという分析（樋口）がなされていることには注意が必要である。

　いずれにしても，諸外国と比べると違憲判断が少ないことは事実であり（例えば，フランスでは2010年から新しい違憲審査制が始まったが，これまでに約300件の違憲判断が下されている），こうした司法消極主義の原因とその改善策については様々な議論があるが，国民から直接に選挙で選ばれた議員からなる国会と比べて民主的正統性の弱い裁判所（先述の通り，最高裁判所裁判官は内閣によって任命される）が国会で作られた法律を違憲無効にできるという点で，違憲審査制は民主主義と対立する側面があることも意識しておく必要があろう。

> たとえば，司法消極主義の原因としては内閣法制局による法令の厳格な事前審査の存在や最高裁判所裁判官の多忙さ（そのため憲法問題について十分な検討ができない）などが，その改善策としては憲法裁判所の設置などが主張される。

Ⅳ　裁判所の活動に関する原則

1　司法権の独立
（1）司法権の独立の意義

　公正な裁判を実現するためには，裁判官が外部からの圧力や干渉を受けることなく，独立して職権を行使できるようにすることが求められる（司法権の独立）。この司法権の独立は，まずもって司法権が他の国家権力である立法権・

第Ⅱ部　統治機構

行政権から独立していることを意味する。さらに，これにとどまらず，司法権の独立は，個々の裁判官がそれぞれ独立して職務にあたることをも意味する。実際に裁判を行うのは個々の裁判官であり，この裁判官の職権行使の独立こそが司法権の独立の核心となる。

憲法76条3項では，「すべて裁判官は，その良心に従ひ独立してその職権を行ひ，この憲法及び法律にのみ拘束される」と定められ，司法権の独立が規定される。ここでいう「良心」の意味については，個々の裁判官が有する個人的な良心を意味すると解する主観的良心説とそうした主観的な良心ではなく，客観的な「裁判官としての良心」を指すと解する客観的良心説とが対立する。この点，判例は「裁判官が良心に従うというのは，裁判官が有形無形の外部の圧迫乃至誘惑に屈しないで自己内心の良識と道徳感に従うの意味である」（最大判昭和23・11・17）と述べるが，これが主観的良心説・客観的良心説のどちらの立場を採るものかは判然としない。

司法権の独立をめぐる事件として，大津事件・浦和事件・吹田黙祷事件・平賀書簡事件などがよく知られる。こうした事件から，他の国家権力に対する対外的な独立が脅かされる事態だけでなく，司法権内部における裁判官の職権行使の独立が脅かされる事態も生じてきたことがわかる（本書215頁参照）。

【大津事件（1891年）】
　明治憲法下の時代に，滋賀県大津で津田三蔵巡査が来日中のロシア皇太子をサーベルで斬りつけるという事件が起こった。当時，皇族に危害を加えた場合は死刑という規定があり，政府は外交上の影響を考え，死刑を科すよう大審院（当時の司法裁判所の最上級審裁判所）に働きかけたが，当時の大審院長児島惟謙は，当該規定は外国皇族に適用されることを想定していないとして，政府の干渉に抵抗し，担当裁判官を説得した結果，津田は一般の殺人未遂の最高刑である無期徒刑（終身刑）に処された。この事例は，外部の干渉から司法の独立を守ったものとして知られるが，司法部内で個々の裁判官へ働きかけがあったという問題点も指摘される。

【吹田黙祷事件（1953年）】
　朝鮮戦争に反対する労働者等と警官隊が衝突したいわゆる吹田騒擾事件の裁判法廷で，朝鮮戦争の戦死者に対して被告人らが行った黙祷などを大阪地方裁判所の佐々木哲蔵裁判長が制止しなかったことに対して，国会の裁判官訴追委員会（裁判官を裁判官弾劾裁判所

に訴追する役割を担う。弾劾裁判については後述）が佐々木裁判長の訴訟指揮（訴訟を円滑に進めるために行う行為）を調査し，最高裁判所もこの訴訟指揮について遺憾の意を示す「法廷の威信について」という通達を各裁判官に出した事件。この通達が裁判官の職権行使の独立を脅かすものでないか問題視される。

【平賀書簡事件（1969年）】
　長沼事件第一審の審理にあたって，札幌地方裁判所の平賀健太所長が事件担当の福島重雄裁判長に対して，判断の一助にしてほしいとの前置きのもと自衛隊の違憲判断を避けるべきである旨を示唆する書簡を送付した。裁判への不当な干渉にあたると考えられ，札幌地裁裁判官会議は平賀所長を厳重注意処分に，最高裁判所は同所長を注意処分に付し所長を解任した。

（2）裁判官の身分保障

　裁判官の職権行使の独立を確かなものにするために，憲法78条は，「裁判官は，裁判により，心身の故障のために職務を執ることができないと決定された場合を除いては，公の弾劾によらなければ罷免されない。裁判官の懲戒処分は，行政機関がこれを行ふことはできない」と定め，裁判官の身分保障を規定する。裁判官が罷免されるのは，心身の故障（裁判官分限法1条は「回復の困難な心身の故障」とする）の場合以外では，公の弾劾，すなわち国会で設置される弾劾裁判所での裁判（憲法64条参照）による場合に限定される。弾劾罷免事由は，①「職務上の義務に著しく違反し，又は職務を甚だしく怠ったとき」，②「その他職務の内外を問わず，裁判官としての威信を著しく失うべき非行があったとき」とされる（裁判官弾劾法2条）（本書211頁参照）。

　それから憲法78条後段にある通り，裁判官の懲戒処分を行政機関が行うことはできず，裁判所による分限裁判によることとなっている。裁判所法49条は懲戒事由として，「職務上の義務に違反し，若しくは職務を怠り，又は品位を辱める行状があったとき」と規定する。また，裁判官の報酬については，定期に相当額の報酬を受け，在任中は減額されない旨憲法で保障される（79条6項，80条2項）。

2　裁判の公開

　裁判の公正と裁判に対する国民の信頼を確保するために（参照，最大判平成

第Ⅱ部　統治機構

> **＊　寺西判事補事件（最大決平成10・10・1）**
> 　仙台地方裁判所の寺西和史判事補は，組織的犯罪対策法案に反対する市民集会において，自らの身分を明らかにしたうえで，自身は仮に法案に反対の立場で発言しても裁判所法52条1号で禁止される積極的な政治運動にあたるとは考えないが，事前に所長から警告を受けたことからパネリストとしての発言は辞退する旨述べた。最高裁判所は，猿払事件最高裁判決（最大判昭和49・11・6）と同様の論理で裁判所法52条1号は憲法21条に違反しない旨を述べたうえで，寺西判事補の当該行為は積極的な政治運動にあたり，裁判所法49条の懲戒事由にも該当すると判断した。こうした最高裁判所の判断に対しては批判も多い。

元・3・8〔レペタ事件〕），憲法82条1項は，「裁判の対審及び判決は，公開法廷でこれを行ふ」として裁判の公開について定める。「対審」とは，当事者が裁判官の前でそれぞれの主張を口頭で述べることであり，民事訴訟における口頭弁論・刑事訴訟における公判手続がこれにあたる。「判決」は対審に基づいて下される裁判官の判断を指す。ここで公開が求められている「裁判」とは，判例によると，当事者の権利義務を確定するような「純然たる訴訟事件」についての裁判のことであり（最大決昭和35・7・6），たとえば夫婦同居義務の具体的内容を定める審判などは「本質的に非訟事件の裁判」であって，憲法82条にいう「裁判」にあたらないと解される（最大決昭和40・6・30）。訴訟事件と非訟事件を区別の基準とするこうした判例の立場に対しては批判もある。

　また，憲法82条2項では，政治犯罪・出版に関する犯罪・憲法第3章で保障する国民の権利が問題となっている事件を除いて，「裁判所が，裁判官の全員一致で，公の秩序又は善良の風俗を害する虞があると決した場合には」対審を非公開でできる旨が定められる。近時では2000年の刑事訴訟法改正によって，証人の負担軽減やプライバシー保護のため，被告人または傍聴人と証人との間についたてなどを置く遮蔽措置を採ったり（刑訴157条の5），別室からモニターを使って証人尋問を行うビデオリンク方式を採ったりすること（刑訴157条の6）ができるようになった。

第6章 財　政

I　財政に関する原則

1　財政民主主義

（1）財政民主主義の意義

　財政とは，国家がその任務を遂行するにあたり，必要な財源を調達し，管理し，使用する作用のことをいう。この「財源を調達」する主な手段が課税行為である。これについては，過去，国王などの時の権力者により恣意的になされることが往々にしてあった。このような恣意的な課税に対して，国民（市民）は当然に抵抗し，また，課税に対する国民（市民）の同意が求められるようになった。これを端的に表しているのが，アメリカの独立に際し，イギリス本国議会からの課税に抵抗して掲げられた，「代表なければ，課税なし」というスローガンであろう。これは，国王の課税に対して国民（市民）の代表者で構成される議会の同意が必要であるという理念である。そして今日，この理念は課税にとどまらず，議会による財政全般のコントロールへと拡大するに至った。これを財政民主主義という。また，議会中心の財政処理という観点からは財政議会主義とも呼ばれる（我が国では，国会財政中心主義ともいう）。

（2）日本国憲法における財政民主主義

　日本国憲法は，第7章で「財政」に関する章を設け，9か条の規定を置き，財政の基本原則を定めるとともに，財政が国会の強い統制の下に置かれていることを示している。大日本帝国憲法（明治憲法）でも，第6章「会計」において，租税の賦課・変更や国の財政支出，予算について帝国議会の関与（協賛）などに関する定めを置いていた。しかし，さまざまな例外があり，財政民主主義の点からして，非常に不十分なものであった。

そこで，日本国憲法では，まず83条で「国の財政を処理する権限は，国会の議決に基づいて，これを行使しなければならない」と規定して財政の基本原則を定め，財政民主主義あるいは国会財政中心主義の立場を明確にしている。そして具体的に，課税の要件（84条），国費の支出・債務負担（85条），予算（86条），予備費（87条），皇室の財産・費用（88条），公の財産の支出又は利用の制限（89条），決算審査（90条），財政状況の報告（91条）の規定を置き，財政全般について，国会のコントロールが強化されている。

2　租税法律主義
（1）租税法律主義の意義と内容
　憲法84条は，「新たに租税を課し，又は現行の租税を変更するには，法律又は法律の定める条件によることを必要とする」と定め，租税の新設や変更については法律の形式により，国会の議決が必要であることを示しており，「代表なければ，課税なし」の理念を具体化している。これを租税法律主義の原則と呼び，「国民は，法律の定めるところにより，納税の義務を負ふ」として国民の納税の義務を定める憲法30条と呼応している（本書168頁参照）。

　ここにいう租税とは，「国又は地方公共団体が，課税権に基づき，その経費に充てるための資金を調達する目的をもって，特別の給付に対する反対給付としてではなく，一定の要件に該当するすべての者に対して課する金銭給付」のことをいう（最大判平成18・3・1）。

　この租税法律主義は，課税要件（納税義務者，課税物件，課税標準，税率等）及び租税の賦課徴収手続が法律で定められていなければならないこと（課税要件法定主義）を意味する（最大判昭和30・3・23）だけではなく，これらの内容は明確でなければならないこと（課税要件明確主義）も意味する（仙台高秋田支判昭和57・7・23）。

（2）命令等への委任
　租税法律主義は，租税の賦課・徴収について，原則として法律以外の形式でのそれを禁じることを意味するが，租税に関する細目をすべて法定することは現実的ではなく，憲法84条の「法律の定める条件」という規定からすれば，命

令（政令・省令）への委任は許容されると解される。しかし、課税要件法定主義からすると、命令への委任は厳格な要件に限るものでなければならず、その内容は具体的かつ個別的でなければならない。

　ここで、地方公共団体の制定する「条例」が、この「法律」に含まれるか否か、換言すれば、条例によって課税が許されるかということが問題となる。これについては、一般的に地方公共団体は地方自治権の一つとして課税権を有しているところから、憲法84条の「法律」に条例も含まれると解されている。そして、地方自治法が「普通地方公共団体は、法律の定めるところにより、地方税を賦課徴収することができる」（223条）と規定しており、これを受けて、「地方団体は、この法律の定めるところによつて、地方税を賦課徴収することができる」（地税2条）とされ、「地方団体は、その地方税の税目、課税客体、課税標準、税率その他賦課徴収について定をするには、当該自治体の条例によらなければならない」（地税3条）との規定から、条例による賦課徴収が認められている（本書269頁参照）。

　また、「通達」によって課税する、いわゆる通達課税が問題となる。この通達とは、上級行政庁が下級行政庁を指揮監督する手段であり、具体的には法令の解釈・運用についての行政内部の指針・規則に過ぎず、一般の国民を拘束するものではない。しかし、実務においては、従来、非課税物件として取り扱われていたものが「通達」によって改めて課税物件として取り扱うことが行われている。これについて、「通達の内容が法の正しい解釈に合致するものである以上、本件課税処分は法の根拠に基づく処分」であり、合憲と判断した判例（最判昭和33・3・28）もある。しかし、通達はあくまでも行政内部の運用指針でしかなく、それにより実質的に課税要件を変更することは、課税要件主義に反し、許されないというべきであろう。

3　国費の支出及び国の債務負担行為

　憲法85条は、「国費を支出し、又は国が債務を負担するには、国会の議決に基くことを必要とする」と定める。国費の支出とは、「国の各般の需要を充たすための現金の支払」（財2条1項）のことをいう。国費の支出に対する国会の

議決は，憲法86条が定める「予算」の議決によることとされている。すなわち，国の支出についての国会の決議は，すべて予算の形式でなされることになる。また，「国が債務を負担する」（国の債務負担行為）とは，国が財政上の必要から各種の経費を調達するために債務を負うことを意味する。なお，この国の債務負担には，金銭債務のほか，債務の支払い保証，損失補償なども含まれる。

4　公の財産支出又は利用の制限

　憲法89条は，「公金その他の公の財産は，宗教上の組織若しくは団体の使用，便益若しくは維持のため，又は公の支配に属しない慈善，教育若しくは博愛の事業に対し，これを支出し，又はその利用に供してはならない」と規定する。前段は，国による宗教団体に対する特権付与と国の宗教活動を禁じている憲法20条の政教分離原則を財政面から裏づけるものであり，後段は，私的な慈善・教育・博愛事業への公金支出等を介しての国家の干渉を避け，国費の濫費を防止するための規定と解されている（本書72頁以下参照）。

　前段については，文化財保護の観点から，当該建造物・絵画・彫刻・工芸品・書跡・典籍・古文書等が宗教上の組織もしくは団体の所有であっても，文化財保護法により，それらの維持のために非宗教上の目的で宗教団体への助成は許される。後段については，政教分離原則との関連が明確な前段と異なり，「公の支配」について争いがあり，特に問題となったのが，私立学校への助成措置の合憲性であった。

　私立学校法が「国又は地方公共団体は，教育の振興上必要があると認める場合には，別に法律で定めるところにより，学校法人に対し，私立学校教育に関し必要な助成をすることができる」と定めている（59条）。また，同法は所轄庁による学校法人に対する是正命令（60条）や解散命令（62条），報告及び検査（63条）などの権限を認めている。そして，助成措置の内容を具体的に定める私立学校振興助成法は，助成を受けている学校法人に対して，業務・会計の報告要求や質問・検査，著しい定員超過に対する是正措置，予算が不適当な場合の変更勧告，法令等に違反した役員の解職勧告などの権限を所轄庁に認めてい

る（12条）。このような権限（一般的監督権）をもって「公の支配」と捉えるならば，私学助成は合憲となる。これに対し，所轄庁による私立学校等への関与が経営への決定的支配力を持つ場合を意味すると捉えるのであれば，私学助成は違憲となる。この問題について裁判例は，一般的監督権の立場にある（新潟地判平4・11・26）。また，憲法26条の「教育を受ける権利」との関係から，本来，国がすべての公教育を施すべきであるところであるが，現実には私立学校により公教育が補われていることに鑑み，私立学校に対する助成は当然のことと考えられる。

II 予算・決算

1 予算の意義と法的性格

憲法86条は，「内閣は，毎会計年度の予算を作成し，国会に提出して，その審議を受け議決を経なければならない」と規定している。予算とは，一会計年度における歳入（収入）と歳出（支出）の見積もりを内容とする財政行為の準則のことである。国の歳入歳出はすべて予算に編入しなければならない（財14条）。毎年，内閣によって作成された予算という形式で国会に提出され，そこでの審議を経て議決されることで成立する。そして，この予算に従って財政が運用される。

予算の法的性格として，予算を行政として捉える予算行政説（承認説），予算を法律とは異なる法形式であるとする予算法規範説（予算法形式説），予算を法律の一種と捉える予算法律説などの学説上の対立が見られるが，予算法規範説が多数説となっている。

2 予算の種類

いわゆる本予算のほかに補正予算と暫定予算といわれるものがある。まず，補正予算であるが，これは，当初の予算成立後に，法律上又は契約上の国の義務に関する経費の不足を追加により補うほか，予算作成後に生じた事由に基づき特に緊要となった経費の支出または債務の負担を行なうため必要な予算の追

加を行なう場合（これを追加予算という），および予算作成後に生じた事由に基づいて，予算に追加以外の変更を加える場合（これを修正予算という）に，内閣は予算編成手続に準じて補正予算を作成し，国会に提出することができるとされている（財29条）。このように，補正予算には追加予算と修正予算がある。

　また本予算は，次年度4月からの新たな会計年度の始まる前に国会の議決を経て成立することが好ましいが，これが難しい場合，内閣は，必要に応じて，一会計年度のうちの一定期間に係る暫定予算を作成し，これを国会に提出することができる（財30条1項）。これは，本予算成立までの間の「つなぎ」であるから，義務的な経費のみが計上される。暫定予算は，当該年度の予算が成立したときは，失効するものとし，暫定予算に基づく支出又はこれに基づく債務の負担があるときは，これを当該年度の予算に基いてなしたものとみなされる（財30条2項）。

　憲法87条1項は，「予見しがたい予算の不足に充てるため，国会の議決に基いて予備費を設け，内閣の責任でこれを支出することができる」と規定し，同条2項で，「すべて予備費の支出については，内閣は，事後に国会の承認を得なければならない」とする。予算は，次年度の歳出と歳入の見積もりであることから，実際に予算を執行する上で不足する場合がありうる。このようなとき，補正予算で対応することがベストであるが，直ちに補正予算の成立を期すことが難しい事態もありうる。そこで設けられたのが，この規定である。予備費の金額についてとくに制限はないが，無制限というわけにはいかず，「相当と認める金額」とされている（財24条）。しかし，最近の予算において「相当と認める金額」をはるかに超えると考えざるを得ない予備費の計上がなされている。災害などに備える一般的な予備費は年3000億円前後で推移していたが，近年は5000億円が計上されている。これとは別枠で，コロナ対応予備費として，2020年度は数次の補正予算で計9.65兆円を積み，21〜23年度も当初予算で5兆円ずつを計上するなど異例の規模に及んでいる。予備費は政府の判断で支出が可能であり，その使途に制限がない。実際，コロナ対応予備費として計上されているにもかかわらず，他の用途に流用されている。また，国会の監視が及びにくく，このままの規模での計上が続くと，「財政民主主義」に反するとのそ

しりは免れないであろう（本書211-212頁参照）。

3　予算の作成と審議・議決
(1) 予算の作成

内閣は，毎会計年度の予算を作成し，国会に提出して，その審議を受け議決を経なければならない（86条）。会計年度の期間について，憲法に規定はないが，財政法では4月1日から翌3月31年までの期間とされている（財11条）。

(2) 予算の審議・議決

憲法によると，予算に関してはまず，内閣がこれを作成し，国会に提出し，(73条5号)，次いで衆議院が先議することとなっている（60条1項）。その後，参議院で審議されるが，参議院で衆議院と異なる議決が行われた場合には，両院協議会を開いても意見が一致しないとき，または参議院が衆議院から予算案を受け取った後，国会の休会中を除いて30日以内に議決しない場合，衆議院の議決を国会の議決となる（60条2項）（本書209頁参照）。

予算の議決に際して，国会が予算の修正権を有するか否かが問題となる。この予算の修正には，減額修正と増額修正がある。一般的に，減額修正には制限がないと解されている。しかし，増額修正については，学説の分かれるところである。予算行政説では，国会に予算の発案権がないことから，増額修正を認めない。予算法規範説では，ある程度の増額修正は認められるが，予算の同一性を損なうような修正は認められないとの立場である。予算法律説は，予算も法律の一つであることから，予算の修正は国会に認められる当然の権限であり，無制限に修正が可能であるとする。政府は国会の予算修正について，「内閣の予算提出権と国会の審議権の調整の問題であり，憲法の規定から見て，国会の予算修正は内閣の予算提案権を損なわない範囲内において可能と考えられる」との立場である（答弁集485）。

(3) 予算と法律の不一致

予算と法律は法形式や制定手続が異なるため，別のものとして扱われる。その結果，両者の不一致という問題が生じる。この不一致には，法律は制定されたにもかかわらず，その執行に必要な予算が存在しない場合，予算は成立して

いるが，その支出を命じる法律が制定されていない場合の二つが考えられる。

　これらを解消するには，内閣が必要な法案を国会に提出して議決を求めたり，また，内閣が補正予算を提出して国会の議決を求める，予備費の支出などで対応することとなる。

4　決算及び財政状況の報告

　憲法は，「国の収入支出の決算は，すべて毎年会計検査院がこれを検査し，内閣は次の年度に，その検査報告とともに，これを国会に提出しなければならない」（90条1項）と定めている。決算とは，一会計年度の国の歳入歳出の実績を示す確定的計数を内容とする計算書であるが，予算と異なり法規範性をもたない。国費の多くは国民の税金であることから，適正な執行が要請され，財政処理の監督ないし統制は，最終的には決算審査によることとされている（本書212頁参照）。

　会計検査院法によると，会計検査院は，内閣に対して独立の地位を有し（1条），3人の検査官によって構成される検査官会議と事務総局で組織され（2条），検査官は，衆議院及び参議院の同意を経て，内閣が任命する（4条1項）。会計検査院は，国の収入支出の決算を確認し，違法・不当な事項の有無などを含む検査報告を作成する（29条）。そして，内閣は，決算を翌年度開会の常会で国会に提出するのを常例とする（財40条）。

　憲法91条は，「内閣は，国会及び国民に対し，定期に，少なくとも毎年一回，国の財政状況について報告をしなければならない」と定め，内閣に財政状況の報告義務を課している。

第7章 地方自治

I 地方自治の保障とその意義

1 地方自治権の本質

　明治憲法には地方制度に関する規定はなく,法律や勅令で定められるのみであった。しかし,日本国憲法は,新たに1章を設け,独立した地方団体が「従来と面目を異にする原理と実際とによって運営」する(第90回帝国議会における金森徳次郎国務大臣答弁)地方自治を保障している。こうして憲法上保障されるに至った地方自治の本質をめぐっては,以下のような見解の対立がある。

　伝来(承認)説によれば,近代国家の統治権は国家に統合的に帰属し,地方団体は,国家の統治機構の一部として国家の統治権に由来する自治権を国家の承認ないし委任に基づき行使できるにすぎない。この見解では,地方団体の自治権は,国から分与されたものとして,国の立法裁量によりどのようにでも変更できると解しうることになる。これに対して,固有権説は,自治権は国から与えられるのではなく,個人の基本的人権と同様に地方団体が本来的に有する固有の権利(前国家的権利)であり,国家権力による侵害は許されないとする。

　こうした対立がみられるなか,通説は,地方団体は国の存在を前提とするものであり憲法も地方自治制度の具体的内容を国の立法政策に委ねる趣旨であるが,地方自治の本質的内容は侵害できないとする。すなわち,憲法は,立法に「地方自治の本旨に基づ」く(92条)ことを要請し,当該要請に即して定められた地方自治制度を保障していると解するのである(制度的保障説)。

　以上のほか,自治権の根拠を国民主権と人権保障の各憲法原理に直接求める新固有権説や,住民の同意や信託(社会契約)に求める説も有力に主張されている。いずれにせよ,地方自治の憲法的保障により,国や中央政府が恣意的に

地方自治制度を改変することはできず，「地方自治の本旨」に適合的な具体的制度の形成・運営が求められていることに留意すべきであろう。

2　地方自治の本旨――地方自治の「本質的内容」

では，立法による侵害が許されない地方自治の「本質的内容」とはなにか。それは，憲法の規定でいえば「地方自治の本旨」（92条）であり，住民自治と団体自治という2つの要素からなるとされている。

（1）住民自治

住民自治とは，地域における公共事務の処理は当該地域の住民の意思に基づくという民主主義的要素であり，日本国憲法は，民選議員で構成される民主的議事機関としての議会を設置する（93条）ことによりこれを具体化している。

憲法による住民自治の具体化に関しては，「一の地方公共団体のみに適用される特別法」（地方特別法ないし地方自治特別法）は，「住民の投票においてその過半数の同意を得なければ，国会は，これを制定することができない」とする95条にも注目すべきであろう。これは，国会単独立法の原則（本書205頁参照）の例外を明文で定めるものであるが，特定（特定複数を含む）の地域に向けて行使される国の立法権に対して，これを制限し場合によっては覆す住民の総意，すなわち住民自治を特に尊重しようとするものといえる。よって，特定の地域が何らかの不利益を被る場面で特に重要な規定と解されるが，実際の適用例は，広島平和記念都市建設法（1949年），長崎国際文化都市建設法（1949年），旧軍港市転換法（1950年，横須賀，呉，佐世保，舞鶴の旧軍港市を対象とする法律）など国の財政援助（利益）を目的とする立法にとどまっている。

（2）団体自治

団体自治とは，国家の中に一定の地域を単位とする国から独立した法人格を有する地方団体が存在し，自らの事務をその意思と責任において処理するという自由主義的要素である。すなわち，団体の意思決定に対する国などの不当な干渉は排除され，地方団体は，自治立法権，自治行政権，自主課税（財政）権等を行使してその意思を「自由に」実行できる。地方公共団体についてこれらの基本的権能を定める憲法94条は，団体自治を具体化したものとされる。

（3）住民自治と団体自治の関係

　住民自治と団体自治の関係性については，住民自治が目的であり団体自治はそれを実現する手段であるとされる。住民の意思に基づいて地域の公共事務を処理する（住民自治）ためには，地方団体が国や中央政府から不当な干渉を受けることなく独立して意思決定ができる（団体自治）という手段が確保されなければならないと解されるからである。

II　地方公共団体

1　地方公共団体の意義

　憲法は，地方公共団体の定義を具体的に規定していないが，地方自治法が「普通地方公共団体」として定める「都道府県及び市町村」（地方自治法1条の3・2項）が憲法の予定する地方公共団体であると解されている。この理解は，憲法上の地方公共団体といえるためには，「事実上住民が経済的文化的に密接な共同生活を営み，共同体意識をもっているという社会的基盤が存在し，沿革的にみても，また現実の行政の上においても，相当程度の自主立法権，自主行政権，自主財政権等地方自治の基本的権能を附与された地域団体であること」が必要であるとする判例（最大判昭和38・3・27）の基準にも適合的である。

　もっとも現行の都道府県・市町村体制，特に都道府県制をめぐっては，古くは「地方制」（1957年地方制度調査会答申）から近年の「道州制」まで，都道府県を廃止して全国をより大きな単位（地方ないし道州）に再編しようとする構想が検討されてきた。こうした改革も，地方公共団体の全廃など地方自治の憲法的保障の意義を没却しない限りでは，許容されると考えられている。

2　地方公共団体の機関

　憲法は，地方公共団体に団体意思の決定を行う合議制の議事機関として地方議会を設置している（93条1項）。なお，町と村には，条例で「議会を置かず，選挙権を有する者の総会を設ける」（町村総会）という直接民主制のしくみが地

方自治法上用意されている（同法94条）。長は、地方公共団体を代表する独任制の執行機関であり、具体的には都道府県の知事、市長・町長・村長である。執行機関には、長のほか、中立性・専門性が求められる事務を処理する教育委員会、人事委員会、選挙管理委員会、監査委員などがある。

　議会の議員と長は、ともに住民による直接選挙により選出される（憲法93条）が、長の直接公選制は日本国憲法により導入された。すなわち、現行憲法は、地方公共団体における民主的構造を徹底したものといえる。

3　地方公共団体の権能

　憲法が定める地方公共団体の権能は、「財産を管理」すること（財産の取得・利用・処分）、「事務を処理」すること（非権力的な公共事務の処理）、「行政を執行」すること（権力的・統治的作用）、および「条例を制定」すること（94条）である。また、いわゆる地方分権改革以降、国は、「国が本来果たすべき役割を重点的に担い、住民に身近な行政はできる限り地方公共団体にゆだねること」が基本とされ、地方公共団体は、「地域における行政を自主的かつ総合的に実施する役割を広く担うもの」となっている（地自1条の2）。

Ⅲ　条例制定権

1　条例制定権の意味・内容

　既に見たように、憲法は、「法律の範囲内で条例を制定することができる」（94条）として地方公共団体の自主立法権を認めている。なお、憲法は地方公共団体の諸機関が定める自主立法を広く「条例」とする趣旨であり、議会の制定する条例のほか長（及び法令が認める行政委員会）が定める規則や規程（長や行政委員会等が指揮監督する機関や職員に対して発する事務処理上必要な事項に関する命令）も憲法上の条例に含まれると解されている。

2　条例制定権の範囲と限界

　条例は「法律の範囲内」で制定できるものとされ、その及ぶ範囲は地方公共

団体の処理する事務に限られる（もっとも，当該事務自体極めて広範である）。また，法律留保事項について条例で定めることができるのかも問題となる。
（1）条例による地域的な差異と平等原則
　各地方公共団体が独自に制定するため，条例による規制は，対象が同一でもその程度・内容が地域で異なる場合がある。こうした地域的差異と憲法の法の下の平等の関係について，最高裁は，「憲法が各地方公共団体の条例制定権を認める以上，地域によって差別を生ずることは当然に予期」され，「憲法自ら容認するところ」と解すべきである（最大判昭和33・10・15）としている。
（2）条例による財産権の規制
　憲法は，「財産権の内容は，……法律でこれを定める」（29条2項）と定めていることから，条例による財産権規制の可否が議論されてきた。
　この点，災害防止の目的でため池の堤とう（堤防）に農作物を植えることなどを禁止した条例が問題となった奈良県ため池条例事件判決（最大判昭和38・6・26）が注目されるが，判決は，本件規制は災害の未然防止のためのやむを得ない制約として当然受忍しなければならず，「決かいの原因となるため池の堤とうの使用行為は，……憲法，民法の保障する財産権の行使の埒外にある」としており，条例による財産権規制の可否自体について明確に判断したものとはいいがたい。
　学説では，条例による規制には法律の具体的委任が必要とする説，財産権の「内容」の規制は法律によらなければならないが「行使」は条例で規制可能とする説，地方公共団体の事務として処理することが必要かつ適当な場合は法令に反しない限り条例による規制が可能とする説がある。地方公共団体にその事務の処理に関する独自の条例制定権を認める憲法94条の趣旨や，議会の民主的手続により制定される条例は準法律的なものとして29条の要請に応えうると解されることに照らせば，条例による規制も許されるとするのが通説である。
（3）条例による課税
　租税法律主義（憲法30条・84条）と条例による課税の可否も問題になる。
　通説は，地方公共団体の「行政を執行する」（憲法94条）権能には課税が含まれること，租税法律主義の目的は行政権による専断的課税を防止し課税政策に民意

を反映させるところにあること，そして，条例には準法律的な性格が認められること等の根拠を挙げて，条例による課税も可能であるとする（本書259頁参照）。

最高裁は，地方自治の不可欠の要素として，地方公共団体は「国とは別途に課税権の主体となることが憲法上予定されている」とする一方で，税目や課税客体，課税標準，税率等については，租税法律主義のもと法律で地方自治の本旨を踏まえて準則を定めることが予定されており，「普通地方公共団体の課税権は，これに従ってその範囲内で行使されなければならない」とする（最判平成25・3・21〔神奈川県臨時特例企業税事件〕）。しかし，判決のように法律の優越性を認めるならば，法律の詳細な規定により自主課税権が無に帰すことにもなりかねない。条例による課税の可否については，条例が国の法令の趣旨に矛盾抵触するか否か，また，それが認められる場合でも法令と条例のいずれに合理的根拠があるのかを検討すべきである（渋谷）と解するのが妥当であろう。なお，現行の地方税法は，地方公共団体が独自に法定外普通税（使途を特定せず税収を一般財源に充てる目的の租税）を課すこと認め（4条3項・5条3項），その新設・変更も総務大臣との協議と同意があれば足りるとしている（259条）。

(4) 条例による罰則の規定

憲法は，31条で罪刑法定主義を定め，73条6号は命令への罰則の一般的委任を禁止するが，条例に罰則規定を定めることは許されるのだろうか。

学説には，憲法94条の条例制定権にはその実効性を担保するための罰則設定権が当然に含まれ法律の委任は不要であるとする説，法律の委任が必要であるとする立場でも，条例の準法律性により一般的・包括的な委任で足りるとする説と個別具体的な法律の委任が必要であるとする説がみられる。

判例は，法律の授権の必要性を認めつつ，条例は地方公共団体の自治立法であり法律に類するものであるから，当該授権は「相当な程度に具体的であり，限定されておればたりると解するのが正当である」（最大判昭和37・5・30〔大阪市売春取締条例事件〕）とするが，上記学説のいずれにも完全には一致しない。

憲法が，統治団体としての地方公共団体がその責務を果たすための権能として条例制定権を認めていることからすれば，条例の実効性担保手段として罰則を規定できるのは当然であると考えるのが妥当であろう（条例違反に対して「2

年以下の懲役若しくは禁錮，100万円以下の罰金，拘留，科料若しくは没収の刑又は5万円以下の過料を科する旨の規定」を条例中に設けることができるとする地方自治法14条3項も，上述したような理解を前提に，条例で定めうる罰則の上限を明らかにしたものと解される）。

（5）「法律の範囲内」の判断基準

　憲法94条は，「法律の範囲内で条例を制定できる」とし，これを受けて地方自治法も「法令に違反しない限りにおいて第2条第2項の事務に関し，条例を制定することができる」とする（14条1項）。これら規定の意味するところ，すなわち法律と条例の関係についてはどのように考えるべきだろうか。

　かつて，同一の事項に対する法律と条例の所管の競合については，法律による規制がある場合，法律の明示的委任がなければ条例を定めることはできないとされた（法律先占論）。しかし，今日では，法律による先占を安易に認めるべきではなく，対象は同一でも目的が法律と異なる場合には条例による規制が可能とされ，さらに，同一対象・同一目的のより厳しい規制（上乗せ規制。但し，法律がそれを排除する趣旨ではない場合）や，同一目的の法律が規制対象外とする事項の規制（横出し規制）も可能である（成田，芦部）とされている。

　最高裁が徳島市公安条例事件判決（最大判昭和50・9・10）で示したこの問題に対する判断基準は，学説においても妥当なものとして概ね支持されている。

＊　徳島市公安条例事件（最大判昭和50・9・10）

　道路交通法（以下，道交法）77条1項は，公安委員会が「道路における危険を防止し，その他交通の安全と円滑を図るため必要と認めて定めた」行為をしようとする者（4号）に所轄警察署長の許可を得るよう求め，同条3項はこの許可に条件を付すことができるとする。徳島県では，当該規定に基づき道路において「集団行進」をする場合を許可の対象としていた（徳島県道路交通施行細則11号3号）。また，徳島市は「集団行進及び集団示威運動に関する条例」（以下，本件条例）を制定し，集団示威運動について，市公安委員会への届出制（1条）とこれを行う者が「公共の安寧を維持するため」遵守すべき事項として「交通秩序を維持すること」（3条3号）を罰則付き（5条）で定めていた。

　1968年12月10日，蛇行進等の交通秩序を乱すおそれがある行為をしないという条件付きで許可を得た集団示威運動が徳島市で行われた。これに参加したYは，自ら蛇行進

を行った点が道路交通法77条3項・(旧)119条1項13号に，笛を吹くなどして蛇行進をするよう他の集団行進者をせん動した点が本件条例3条3号・5条に該当するとして起訴された。第一審判決は，本件条例は規制対象が不明確であり憲法31条の趣旨に反するとして道交法違反は有罪，条例違反については無罪とし，第二審もこれを支持した。これに対して最高裁は，以下のように判示して原判決を破棄し条例違反についても有罪とした。

「条例が国の法令に違反するかどうかは，両者の対象事項と規定文言を対比するのみでなく，それぞれの趣旨，目的，内容及び効果を比較し，両者の間に矛盾牴触があるかどうかによってこれを決しなければならない。例えば，ある事項について国の法令中にこれを規律する明文の規定がない場合でも，当該法令全体からみて，右規定の欠如が特に当該事項についていかなる規制をも施すことなく放置すべきものとする趣旨であると解されるときは，これについて規律を設ける条例の規定は国の法令に違反することとなりうるし，逆に，特定事項についてこれを規律する国の法令と条例とが併存する場合でも，後者が前者とは別の目的に基づく規律を意図するものであり，その適用によって前者の規定の意図する目的と効果をなんら阻害することがないときや，両者が同一の目的に出たものであっても，国の法令が必ずしもその規定によって全国的に一律に同一内容の規制を施す趣旨ではなく，それぞれの普通地方公共団体において，その地方の実情に応じて，別段の規制を施すことを容認する趣旨であると解されるときは，国の法令と条例との間にはなんらの矛盾牴触はなく，条例が国の法令に違反する問題は生じえないのである」。本件条例は，道交法とは別の「独自の目的と意義を有し，それなりにその合理性を肯定することができ」，届出制の採用は，道交法上の許可の必要を排除する趣旨ではなく，遵守事項も，「道路交通法に基づいて禁止される行為を特に禁止から解除する等同法の規定の趣旨を妨げるようなものを含んでおらず，これと矛盾牴触する点はみあたらない」。

事項索引

あ行

新しい人権 …………………………… 39, 41
アメリカ独立宣言 ………………… 22, 23, 48
違憲審査基準 …………………………… 37
萎縮効果 ………………………………… 89
一事不再理 ……………………………… 137
営業の自由 ……………………………… 108
営利広告（営利的言論） ………………… 94
押し付け憲法 …………………………… 13

か行

会　期 …………………………………… 216
閣　議 …………………………………… 232
学習指導要領 …………………………… 149
環境権 ……………………………… 47, 144
間接的, 付随的制約 ……………………… 93
間接適用（効力）説 …………………… 33
完全補償説 ……………………………… 121
議院規則制定権 ………………………… 213
規制目的二分論 ……… 109, 111, 117, 119, 120
教育の自由 ……………………………… 81
教科書検定 ………………………… 81, 101
教授の自由 ……………………………… 81
行政委員会 ……………………………… 226
緊急逮捕 ………………………………… 130
欽定憲法 ………………………………… 10
君　主 …………………………………… 176
形式的平等 ……………………………… 48
検　閲 …………………………………… 91
元　首 …………………………………… 177
憲政擁護運動 ……………………… 10, 11
限定放棄説 ……………………………… 188
憲法改正草案 …………………………… 13
公安条例 ………………………………… 104
合憲限定解釈 …………………………… 251
皇室典範 …………………………… 177, 178
公務員の労働基本権の制限 …………… 152
国事行為 …………………………… 180, 181

国政調査権 ……………………………… 214
国選弁護人制度 ………………………… 135
国体（思想） ……………………… 170, 171
告知と聴聞 ……………………………… 126
国民投票法 ……………………………… 17
国会開設の勅諭 ………………………… 10
国会単独立法の原則 …………………… 205
国会中心立法の原則 …………………… 204
国家賠償法 ……………………………… 141
国旗国歌法 ……………………………… 61
国有権説 ………………………………… 265

さ行

罪刑法定主義 …………………………… 125
最高裁判所裁判官国民審査 ……… 162, 240
再婚禁止期間 …………………………… 53
裁判員制度 ……………………………… 243
参議院の緊急集会 ……………………… 219
自己決定権 ……………………………… 45
自己情報コントロール権 ……………… 41
自然権（思想） ………………………… 7, 23
事前差止め ……………………………… 100
事前抑制（事前規制） ………………… 90
思想の自由市場 ………………………… 88
実質的平等 ……………………………… 49
自　白 …………………………………… 135
司法消極主義 …………………………… 253
社会契約思想・社会契約説 …………… 7, 23
衆議院の解散 …………………………… 219
私有財産制度 ……………………… 117, 119
自由選挙 ………………………………… 158
集団的自衛権 …………………………… 196
住民自治 ………………………………… 266
住民訴訟 ………………………………… 74
取材の自由 ……………………………… 86
象　徴 ……………………………… 172-174
証人審問権・喚問権 …………………… 133
条　約 ……………………………… 209, 231
条例制定権 ……………………………… 268

273

知る権利	86	二重の基準論	37
新ガイドライン	194	日米安全保障条約	192
信条説	59		

は 行

迅速な裁判	132	比較衡量論	37, 38
遂行不能説	189	必要最小限度の実力	191
税関検査	100	一人別枠方式	57, 208
政　党	222	秘密選挙	158
制度的保障（説）	73, 82, 265	表決数	217
摂　政	179	表現内容規制	91
煽　動	94	表現内容中立規制	92
全面放棄説	188	平等選挙	158
総辞職	234	夫婦同氏制	54
相対的平等	50	不逮捕特権	221
相当補償説	121	普通選挙	158
遡及処罰の禁止	136	部分社会論	238
租税法律主義	258	プライバシー（権）	41, 96

た 行

		フランス人権宣言	22, 23, 48, 115
大学の自治	82	プログラム規定説	144
大統領制	234	文民	227
大日本帝国憲法（明治憲法）	5, 9-11, 14	ヘイトスピーチ	96
弾劾裁判所	211	平和的生存権	197
団体自治	266	弁護人依頼権	134
治安維持法	11	法人（団体）	31
徴兵制	124	法令違憲	249
直接選挙	158	ポストノーティス命令	62
直接適用（効力）説	33	ポツダム宣言	12
沈黙の自由	61		

ま 行

定義づけ衡量（限界画定衡量）	92		
適正手続	125	マッカーサー・ノート	12
適用違憲	250	民定憲法	10
天皇機関説	11	無適用（効力）説	33
伝来（承認）説	265	「明白かつ現在の危険」の基準	95
同性婚	55	名誉毀損	95
統治行為	238	免責特権	221
特別権力関係論	35	目的効果基準	75
特別裁判所	139, 245, 246		

や 行

特別の犠牲	120-122	抑留・拘禁	130

な 行

		予算	209, 231, 261
内閣の助言と承認	182, 183	予備費	262
内心説	59		
二院制	205		

ら　行

立法不作為……………………156, 248
令状主義………………………128
連座制…………………………157

わ　行

わいせつ………………………97
ワイマール憲法………………143

判例索引

頁数が太字の箇所は，本文中＊注で詳しく解説をしている。

大審院

大審院大正5・6・1 ……………………………………………………………… 140

最高裁判所

最大判昭和23・3・12（死刑の合憲性） ……………………………………… 137
最大判昭和23・5・5 …………………………………………………………… 132
最判昭和23・6・1 ……………………………………………………………… 161
最大判昭和23・6・23（死刑の合憲性） ……………………………………… 137
最大判昭和23・7・19 …………………………………………………………… 134
最大判昭和23・7・29 …………………………………………………………… 134
最大判昭和23・9・29（食糧管理法違反事件） ……………………………… 145
最大判昭和23・12・27 …………………………………………………………… 135
最大判昭和24・5・18 …………………………………………………………… 95
最大判昭和25・2・1 …………………………………………………………… 134
最大判昭和25・4・26 …………………………………………………………… 136
最大判昭和25・9・27 …………………………………………………………… 137
最大判昭和25・11・15（山田鋼業事件） ……………………………………… 152
最大判昭和25・11・22 …………………………………………………………… 47
最大判昭和27・2・20（最高裁判所裁判官の国民審査） ………………… 163, 240
最大判昭和27・8・6（石井記者事件） ……………………………………… 87
最大判昭和27・10・8（警察予備隊違憲訴訟） …………………………… 197, 247
最大判昭和28・4・8（弘前機関区事件判決） ……………………………… 152
最大判昭和28・12・23（農地改革事件判決） ………………………………… 121
最大判昭和29・11・24（新潟県公安条例事件） ……………………………… 104
最大判昭和30・1・26 …………………………………………………………… 112
最大判昭和30・2・9（選挙犯罪処刑者の選挙権等停止事件） …………… **155**, 159
最大判昭和30・3・23（課税要件法定主義） ………………………………… 258
最大判昭和30・4・27 …………………………………………………………… 132
最大判昭和30・6・22（三鷹事件判決） ……………………………………… 152
最大判昭和30・12・14 …………………………………………………………… 130
最大判昭和31・7・4（謝罪広告命令事件） ………………………………… **60**
最大決昭和31・12・24 …………………………………………………………… 142
最大判昭和32・2・20 …………………………………………………………… 135
最大判昭和32・3・13（チャタレイ事件） …………………………………… 98
最大判昭和32・6・19 …………………………………………………………… 114
最判昭和33・3・28（通達課税と租税法律主義） …………………………… 259
最大判昭和33・5・28 …………………………………………………………… 135

判例索引

最大判昭和33・9 ・10……………………………………………………………………115
最大判昭和33・9 ・19……………………………………………………………………114
最大判昭和33・10・15（条例による地域的差異）……………………………………269
最大判昭和34・12・16（砂川事件）……………………………………201, 210, **239**, 248
最大判昭和35・6 ・8 （苫米地事件）…………………………………………………239
最大決昭和35・7 ・6 （裁判の公開）…………………………………………………256
最大判昭和35・7 ・20（東京都公安条例事件）………………………………………104
最大判昭和36・2 ・15……………………………………………………………………94
最大判昭和37・3 ・7 （警察法改正無効事件）………………………………**213**, 237
最大判昭和37・5 ・30（大阪市売春取締条例事件）…………………………………270
最大判昭和37・11・28（第三者所有物没収事件）……………………………………**126**
最判昭和38・3 ・18（国鉄檜山丸事件判決）…………………………………………152
最大判昭和38・3 ・27（特別区と地方公共団体）……………………………………267
最大判昭和38・5 ・15（加持祈祷事件）………………………………………………70
最大判昭和38・5 ・22（東大ポポロ事件）……………………………………………81, 83
最大判昭和38・6 ・26（奈良県ため池条例事件）……………………………………269
最大判昭和39・2 ・26……………………………………………………………148, 167
最大決昭和40・6 ・30（家事審判の合憲性）…………………………………………256
最判昭和41・2 ・8 （技術士国家試験事件）…………………………………………236
最判昭和41・6 ・23（署名狂やら殺人前科事件）……………………………………95
最大判昭和41・10・26（全逓東京中郵事件）……………………………………35, 37, 152
最判昭和42・5 ・24（朝日訴訟）………………………………………………………**146**
最大判昭和43・11・27……………………………………………………………………121
最大判昭和43・12・4 ……………………………………………………………157, 220
最大判昭和43・12・18（大阪市屋外広告物条例事件）………………………………99
最大判昭和44・4 ・2 （都教組事件判決）………………………………………153, 251
最大判昭和44・6 ・25（夕刊和歌山時事事件）………………………………………95
最大決昭和44・11・26（博多駅事件）………………………………………………86, 87
最大判昭和44・12・24（京都府学連事件）……………………………………………39, **40**
最大判昭和45・6 ・17（愛知県原水協ビラ貼り事件）………………………………99
最大判昭和45・6 ・24（八幡製鉄政治献金事件）………………………………**31**, 223
最判昭和45・8 ・20………………………………………………………………………141
最大判昭和45・9 ・16（未決拘禁者の喫煙禁止）…………………………………36, 47
最大判昭和47・11・22（小売市場事件判決）…………………………………………**109**
最大判昭和47・11・22（川崎民商事件）………………………………………………127
最判昭和47・11・30（長野勤務評定事件）……………………………………………63
最大判昭和47・12・20（高田事件）……………………………………………………132, **133**
最大判昭和48・4 ・4 （尊属殺重罰規定違憲判決）……………………………52, 250
最大判昭和48・4 ・25（全農林警職法事件）………………………………35, 152, 153
最判昭和48・10・18………………………………………………………………………121
最判昭和48・12・12（三菱樹脂事件）………………………………………………**34**, 65
最大判昭和49・11・6 （猿払事件）……………………………………………………**93**
最判昭和49・7 ・19（昭和女子大事件）………………………………………………34

277

最判昭和49・9・26	52
最大判昭和50・4・30（薬事法事件判決）	38, 110
最大判昭和50・9・10（徳島市公安条例事件）	126, **271**
最大判昭和51・4・14（衆議院議員定数配分規定違憲判決）	**56**, 160
最大判昭和51・5・21（岩手教組学テ事件）	153, 251
最大判昭和51・5・21（旭川学力テスト事件）	81, 148, **149**
最判昭和52・3・15（富山大学事件）	238
最大判昭和52・5・4（全逓名古屋中郵事件判決）	153
最大判昭和52・7・13（津地鎮祭訴訟）	73, 75, **76**, 165
最大判昭和53・5・31（外務省機密漏洩［西山記者］事件）	87
最大判昭和53・9・7	132
最大判昭和53・10・4（マクリーン事件）	28
最判昭和55・11・28（「四畳半襖の下張」事件）	98
最判昭和56・3・24（日産自動車事件）	34, 56
最判昭和56・4・7（板まんだら事件）	236
最判昭和56・4・14（前科照会事件）	43
最判昭和56・6・15	93
最大判昭和57・7・7（堀木訴訟）	145
最判昭和57・9・9（長沼事件最高裁判決）	199
最大判昭和57・11・16（エンタープライズ寄港阻止佐世保闘争事件）	105
最大判昭和58・4・27（参議院議員定数不均衡訴訟）	58
最大判昭和58・6・22（「よど号」ハイジャック新聞記事抹消事件）	**36**, 86
最大判昭和58・11・7（衆議院議員定数不均衡訴訟）	160
最大判昭和59・12・12（税関検査事件）	90, 91, 100, 252
最判昭和59・12・18（吉祥寺駅構内ビラ配布事件）	99
最大判昭和60・7・17（衆議院議員定数不均衡訴訟）	160
最判昭和60・9・12	165
最判昭和60・11・21（在宅投票制度廃止事件）	155, 248
最大判昭和61・6・11（「北方ジャーナル」事件）	47, 90, 111
最大判昭和62・4・22（森林法事件判決）	117, **118**
最大判昭和63・2・5（東電塩山営業所事件）	65
最大判昭和63・6・1（自衛官合祀事件）	**76**
最判昭和63・7・15（麹町中学校事件）	62
最判昭和63・12・20（政党内部の自治と司法審査）	223
最判平成元・1・20（公衆浴場法事件）	112
最判平成元・1・30	88
最判平成元・3・2（塩見訴訟）	30
最判平成元・3・7	112
最大判平成元・3・8（レペタ事件）	86, 255
最判平成元・6・20（百里基地訴訟）	200, 249
最判平成元・9・5	165
最判平成元・9・19（岐阜県青少年健全育成条例事件）	98
最判平成元・12・14	47

最判平成元・12・21（長崎教師批判ビラ事件）……………………………………96
最判平成2・1・18（伝習館高校事件）…………………………………………149
最判平成2・3・6（ポストノーティス命令の合憲性）…………………………63
最判平成2・7・9……………………………………………………………………88
最判平成2・9・28……………………………………………………………………95
最大判平成4・7・1（成田新法事件）……………………………102, 127, **128**
最判平成4・11・16（森川キャサリーン事件）……………………………………30
最判平成4・11・16……………………………………………………………………76
最判平成4・12・15（酒類販売免許制訴訟）……………………………………112
最大判平成5・1・20（衆議院議員定数不均衡訴訟）……………………………160
最判平成5・2・16（箕面忠魂碑訴訟）……………………………………………73
最判平成5・2・26…………………………………………………………………159
最判平成5・3・16（第1次家永訴訟）………………………………………81, 101
最判平成6・2・8（ノンフィクション「逆転」事件）………………………44, 97
最判平成7・2・22（ロッキード事件丸紅ルート）…………………………229, **230**
最判平成7・2・28……………………………………………………………29, 159
最判平成7・3・7（泉佐野市民会館事件）………………………………………**103**
最判平成7・5・25（日本新党繰り上げ補充事件）……………………………224
最大決平成7・7・5…………………………………………………………………53
最判平成7・12・5……………………………………………………………………54
最決平成8・1・30（宗教法人オウム真理教解散命令事件）……………………69
最判平成8・3・8（剣道実技拒否事件）………………………………………70, **71**
最判平成8・3・15（上尾市福祉会館事件）……………………………………103
最判平成8・3・19（南九州税理士会政治献金事件）………………………31, **32**
最判平成8・7・18……………………………………………………………………47
最大判平成8・8・28（沖縄代理署名訴訟）…………………………………163, 201
最判平成9・3・13…………………………………………………………………157
最判平成9・3・28…………………………………………………………………161
最大判平成9・4・2（愛媛玉串料事件）……………………………………78, 250
最判平成9・9・9（国会議員の発言と国家賠償）……………………………**222**
最決平成10・12・1（寺西判事補事件）……………………………………93, **256**
最大判平成11・3・24………………………………………………………………131
最判平成12・2・29（「エホバの証人」輸血拒否事件）…………………………46
最判平成12・6・13…………………………………………………………………131
最大判平成14・2・13（証券取引法事件判決）…………………………………119
最判平成14・4・25（群馬司法書士会事件）……………………………………65
最判平成14・6・11…………………………………………………………………121
最判平成14・7・11…………………………………………………………………76
最大判平成14・9・11（郵便法違憲判決）………………………………………**141**
最判平成14・9・24（「石に泳ぐ魚」事件）………………………………43, 101
最判平成15・3・14（長良川リンチ殺人報道事件）……………………………97
最判平成15・6・26…………………………………………………………………114
最判平成15・9・12（早稲田大学江沢民講演会名簿提出事件）………………45

最大判平成17・1 ・26（東京都管理職選考試験受験拒否事件）	29
最大判平成17・4 ・14	133, 134
最大判平成17・9 ・14（在外国民選挙権訴訟）	155, **156**, 159, 248
最大判平成18・2 ・7（呉市教研修会事件）	103
最大判平成18・3 ・1（旭川市国民健康保険条例事件）	258
最大判平成18・6 ・23（内閣総理大臣靖国参拝訴訟）	74
最大判平成18・7 ・13	156
最大判平成18・10・3（NHK記者事件）	87
最大判平成19・2 ・27（君が代ピアノ伴奏拒否事件）	64
最大判平成19・9 ・18（広島市暴走族追放条例事件）	90, 102
最大判平成19・9 ・28（学生無年金障害者訴訟）	145
最大判平成20・2 ・19（メイプルソープ事件）	98
最大判平成20・3 ・6（住基ネット事件）	45
最大判平成20・4 ・11（立川テント村事件）	99
最大判平成20・6 ・4（国籍法違憲判決）	26
最大判平成22・1 ・20（空知太神社事件）	75, **78**, 165
最大判平成22・1 ・20（富平神社事件）	78
最大判平成22・7 ・22（白山比咩神社事件）	75
最大判平成23・3 ・23（衆議院議員定数不均衡訴訟）	57, 160, 208
最大判平成23・5 ・30（最判平成23・6 ・6，最判平成23・6 ・14，最判平成23・6 ・21〔君が代起立斉唱拒否事件〕）	**64**
最大判平成23・11・16（裁判員制度の合憲性）	125, 244
最大判平成24・2 ・28（生活保護老齢加算廃止違憲訴訟）	146
最大判平成24・10・17（参議院議員定数不均衡訴訟）	58, 161, 208
最大判平成24・12・7（堀越事件）	**93**
最大判平成25・3 ・21（神奈川県臨時特例企業税事件）	270
最大決平成25・9 ・4（非嫡出子法定相続分差別違憲決定）	53
最大判平成25・11・20	57
最大判平成25・11・30	160
最大判平成26・11・26（参議院議員定数不均衡訴訟）	58, 208
最大判平成27・3 ・27	114
最大判平成27・11・25	57
最大判平成27・12・16（再婚禁止期間違憲判決）	**54**, 249
最大判平成27・12・16（夫婦同氏制合憲判決）	55
最大判平成29・1 ・31（検索結果削除請求事件）	97
最大判平成29・3 ・15（GPS捜査の適法性）	129, 131
最大判平成30・12・19（衆議院議員定数不均衡訴訟）	57
最大判令和2 ・10・19	97
最大判令和2 ・11・25（岩沼市議会出席停止事件）	238
最大判令和3 ・2 ・24（那覇孔子廟事件）	78
最大決令和3 ・6 ・23	55
最大判令和4 ・2 ・15（大阪市ヘイトスピーチ対処条例事件）	96
最大判令和4 ・5 ・25（在外邦人国民審査権訴訟）	163, **241**, 249

最判令和4・6・24………………………………………………………………………97
最判令和5・2・21（金沢市庁舎前広場事件）……………………………………103
最判令和5・9・12（臨時会の召集決定）…………………………………………232

高等裁判所

札幌高判昭和30・8・23（国政調査権の強制力）…………………………………216
東京高判昭和31・5・8………………………………………………………………83
札幌高判昭和43・6・26………………………………………………………………84
東京高判昭和44・12・17（国会議員の刑事訴追）…………………………………222
名古屋高判昭和46・5・14……………………………………………………………67
札幌高判昭和51・8・5（長沼事件二審判決）……………………………………199
東京高判昭和56・7・7（百里基地訴訟二審判決）………………………………200
仙台高秋田支判昭和57・7・23（課税要件明確主義）……………………………258
高松高判平成2・2・19………………………………………………………………47
大阪高判平成9・3・18………………………………………………………………157
東京高判平成13・4・11………………………………………………………………62
大阪高判平成28・3・25………………………………………………………………61

地方裁判所

東京地決昭和29・3・6（期限付の逮捕許諾）……………………………………221
東京地判昭和29・5・11………………………………………………………………83
東京地判昭和34・3・30（砂川事件一審判決）……………………………………200
東京地判昭和37・1・22（国会議員の刑事訴追）…………………………………222
東京地判昭和38・7・29………………………………………………………………47
東京地判昭和39・9・28（「宴のあと」事件）…………………………………41, 42
旭川地判昭和41・5・25………………………………………………………………84
東京地判昭和41・12・20………………………………………………………………56
札幌地判昭和42・3・29（恵庭事件）…………………………………………198, 251
旭川地判昭和43・3・25（猿払事件第一審判決）…………………………………250
東京地判昭和45・7・17………………………………………………………………81
札幌地判昭和48・9・7（長沼事件一審判決）……………………………………199
水戸地判昭和52・2・17（百里基地訴訟一審判決）………………………………199
東京地判昭和60・3・20（日曜日授業参観事件）…………………………………70
神戸地判平成4・3・13（市立尼崎高校事件）……………………………………148
新潟地判平成4・11・26（私学助成の合憲性）……………………………………261
大阪地判平成6・4・27（釜ヶ崎監視カメラ事件）………………………………44
横浜地判平成7・3・28（東海大学病院安楽死事件）……………………………47
熊本地判平成13・5・11（ハンセン病国賠訴訟）…………………………………113
東京地判平成14・2・20………………………………………………………………56
大阪地判平成27・3・30（大阪高判平成28・3・25）（大阪市アンケート事件）……61
札幌地判令和3・3・17（同性婚訴訟）……………………………………………55
大阪地判令和4・6・20（同性婚訴訟）……………………………………………55
東京地判令和4・11・30（同性婚訴訟）……………………………………………55

名古屋地判令和5・5・30（同性婚訴訟）……………………………………………………55
福岡地判令和5・6・8（同性婚訴訟）……………………………………………………55

簡易裁判所

神戸簡判昭和50・2・20（牧会活動事件）…………………………………………………70, **71**

◆編者・執筆者紹介◆　（担当：部－章－節）

中村　英樹（北九州市立大学法学部教授）　〔編者〕Ⅰ-2，Ⅰ-4
相澤　直子（久留米大学法学部准教授）　〔編者〕序-Ⅴ，Ⅰ-3-Ⅰ，Ⅱ-7
井上　亜紀（佐賀大学経済学部教授）　〔編者〕Ⅰ-3-Ⅲ，Ⅱ-4
山本　弘（星薬科大学薬学部准教授）　序-Ⅰ・Ⅱ・Ⅲ・Ⅳ
木村　貴（福岡女子大学国際文理学部教授）　Ⅰ-1
梶原　健佑（九州大学基幹教育院准教授）　Ⅰ-3-Ⅱ・Ⅳ
河北　洋介（名城大学法学部教授）　Ⅰ-5
大西　斎（元・東京未来大学こども心理学部教授）　Ⅰ-6
牧本　公明（松山大学法学部准教授）　Ⅰ-7・8
德永　達哉（熊本大学大学院人文社会科学研究部准教授）　Ⅱ-1
浮田　徹（摂南大学法学部准教授）　Ⅱ-2
田中　祥貴（桃山学院大学法学部教授）　Ⅱ-3
棟形　康平（大阪教育大学多文化教育系特任講師）　Ⅱ-5
平　誠一（日本経済大学経済学部教授）　Ⅱ-6

エッセンス憲法〔新版〕

2024年1月15日 新版第1刷発行

編　者　中村英樹・井上亜紀
　　　　相澤直子

発行者　畑　　　光

発行所　株式会社 法律文化社

〒603-8053
京都市北区上賀茂岩ヶ垣内町71
電話 075(791)7131　FAX 075(721)8400
https://www.hou-bun.com/

印刷：中村印刷㈱／製本：㈲坂井製本所
装幀：白沢　正
ISBN 978-4-589-04289-7

Ⓒ2024　H. Nakamura, A. Inoue, N. Aizawa
Printed in Japan

乱丁など不良本がありましたら、ご連絡下さい。送料小社負担にて
お取り替えいたします。
本書についてのご意見・ご感想は、小社ウェブサイト、トップページの
「読者カード」にてお聞かせ下さい。

JCOPY 〈出版者著作権管理機構　委託出版物〉

本書の無断複写は著作権法上での例外を除き禁じられています。複写される
場合は、そのつど事前に、出版者著作権管理機構（電話 03-5244-5088、
FAX 03-5244-5089、e-mail: info@jcopy.or.jp）の許諾を得て下さい。

吉永一行編
法学部入門〔第4版〕
―はじめて法律を学ぶ人のための道案内―
A5判・198頁・2310円

法学部はどんなところ？「学生のつまずきの石」を出発点に，新入生の学習をサポート。「何を学ぶか」「どう学ぶか」の二部構成で法学部生らしい考え方が身につく一冊。成年年齢を18歳とする民法改正施行に合わせ，法律上の年齢にまつわるコラムを加筆・追加。

倉持孝司・村田尚紀・塚田哲之編著
比較から読み解く日本国憲法
A5判・248頁・3190円

憲法学習にとって必要な項目を網羅し，判例・学説と各論点に関連する外国の憲法動向を紹介し比較検討。日本の憲法状況を外側から眺める視点を提供するとともに，日本と外国の制度の違いを内側から考えられるように工夫した。

水島朝穂著〔〈18歳から〉シリーズ〕
18歳からはじめる憲法〔第2版〕
B5判・128頁・2420円

18歳選挙権が実現し，これまで以上に憲法についての知識と問題意識が問われるなか，「憲法とは何か？」という疑問に応える。最新の動向をもりこみ，水島憲法学のエッセンスをわかりやすく伝授する好評書。

小島秀夫編
刑法総論
―理論と実践―
A5判・264頁・2970円

最先端の刑法理論を踏まえつつ，基本判例や実例などを用いて解説する入門書。「因果関係」「故意」「過失」など，初学者がつまずきやすいところを詳しく説明。通説に偏らず反対仮説も解説することで多様な考え方を学ぶ。

石堂典秀・建石真公子編
スポーツ法へのファーストステップ
A5判・256頁・2970円

サッカーや野球，陸上はじめeスポーツや，「ゆるスポーツ」など拡大と進化を続けるスポーツを通じて，法・政策や権利を考える入門書。「問い」を設定し，それを解き明かしながらスポーツと法に関する基本を大づかみできるよう設計。

瀧川裕英編
問いかける法哲学
A5判・288頁・2750円

私たちの生活に大きくかかわっている法や制度を根本的に見つめ直すことによって，それらがどのように成り立っているのかを考える「いきなり実戦」型の入門書。賛否が分かれる15の問いを根源的に検討するなかで，法哲学の魅力に触れることができる。

―法律文化社―

表示価格は消費税10%を含んだ価格です